———— 좋건 싫건,
　　　　나의 시대

좋건 싫건, 나의 시대

초판 1쇄 발행 2025년 7월 5일

지은이 조지 오웰
펴낸이 안병률
펴낸곳 북인더갭
등록 제396-2010-000040호
주소 10364 경기도 고양시 일산동구 고봉로 20-32, B동 617호
전화 031-901-8268
팩스 031-901-8280
홈페이지 www.bookinthegap.com
이메일 mokdong70@hanmail.net

ⓒ 북인더갭 2025
ISBN 979-11-85359-51-9 03840

* 이 책의 전부 또는 일부를 다시 사용하려면
  반드시 저작권자와 북인더갭 모두의 동의를 받아야 합니다.
* 책값은 표지 뒷면에 표시되어 있습니다.

조지 오웰의 에세이와 리뷰
George Orwell Essays and Reviews

좋건 싫건, 나의 시대

조지 오웰 지음
안병률 옮김

차례

1부 거울을 통해, 장밋빛으로 _에세이 외

- 009 자전적 메모
- 012 소설을 변호하며
- 023 새로운 단어
- 039 프로파간다와 대중 연설
- 050 W. B. 예이츠
- 061 조지 기싱
- 074 『율리시스』에 대하여
- 081 몽상으로 어슬렁거리는 방식
- 086 키플링의 죽음을 맞이하여
- 089 흑인은 제외하기
- 097 길 위에서의 메모
- 104 영국의 반유대주의
- 119 거울을 통해, 장밋빛으로
- 125 파국적 점진주의
- 132 유럽연방을 향하여
- 142 유럽의 재발견
- 158 예술과 프로파간다의 최첨단
- 165 문학과 좌파
- 170 프롤레타리아 작가

2부 예술과 프로파간다는 다르다고? _리뷰

- 185 멜빌을 지지하는 이들을 위하여
- 190 그린 교수가 발견한 '스탕달'이라는 주제
- 196 엘리엇의 헛발질
- 207 낭만적이고도 고전적인 포프
- 214 서툰 악인처럼 보였던 히틀러
- 219 지적 기사도를 발휘하는 러셀
- 222 너무 멀리 갔지만 올바른 방향으로 나아간 책
- 226 순수한 꿈속으로 미끄러진 현실
- 230 과잉된 명성에 가려진 이기주의자
- 236 불만을 스스로 치유한 작가의 말년작에 대하여
- 239 사회를 전달한 소설과 사회를 회피한 소설
- 245 야만이 승리할 것을 깨달은 어느 지식인의 일기
- 249 제국 출신의 고뇌하는 판사
- 252 예술과 프로파간다는 다르다고?
- 257 어떤 상황에서도 전쟁을 거부하라
- 260 원수끼리의 연합, 인민전선
- 263 특파원이 바라본 스탈린체제의 민낯
- 268 경제 이론이 아닌, 삶의 방식으로서의 사회주의
- 272 좌나 우나 전쟁을 준비하는 이유

277 논쟁적인 주제를 인간의 목소리로 비판하기
282 전례 없는 독재자들
287 경제적 정의 앞에서 갈팡질팡하는 교회
291 전체주의의 속내를 간파하다
295 모두가 피할 수 없는 체험, 전쟁과 똥
299 영국은 왜 인도에서 품위 있게 사라지지 못할까

315 옮긴이의 말

1부

거울을 통해, 장밋빛으로
_에세이 외

자전적 메모

나는 1903년 벵갈의 모티하리에서 인도 거주 영국인 가정의 두번째 아이로 태어났다. 운 좋게 장학금을 탄 덕분에 1917년에서 1921년까지 이튼(영국의 명문 사립학교—옮긴이)에서 교육받았지만 그곳에선 별로 이룬 것도 없고 배운 것도 없었으므로 그 학교가 내 인생의 초반에 큰 영향을 끼쳤다고 생각하진 않는다.

1922년에서 1927년까지는 버마(미얀마의 영국식 표기—옮긴이)에서 인도제국경찰로 복무했다. 한편으론 건강을 해치는 기후 때문에, 다른 한편으론 책을 써야겠다는 막연한 구상 때문에, 하지만 더 중요하게는 쓰레기 같은 돈벌이로 결론내린 제국주의의 심복으로 더이상 복무할 수 없었기 때문에 경찰직을 그만두었다. 유럽으로 돌아와서 파리에 1년 반을 머물면서 아무도 출간해주지 않을 단편소설을 썼다. 돈이 떨어지면 접시닦이, 개인

교사, 싸구려 사립학교의 교사로 생활하며 수년간 극심한 가난을 겪었다. 1년 간은 런던의 서점에서 파트타임 점원으로도 일했는데 일은 흥미로웠지만 내가 싫어하는 런던에 살아야 한다는 약점이 있었다. 1935년에야 글을 써서 번 돈으로 생계를 유지했고 그해 말 시골로 내려가 작은 잡화점을 차렸다. 그 일로 먹고살기는 빠듯했지만 내가 그쪽 방면으로 도전했다면 유용했을 상업적 감을 얻었다. 1936년 여름엔 결혼을 했다. 그해 연말 스페인으로 가서 시민전쟁에 참여했으며 아내도 곧 나를 따라왔다. 나는 POUM(통합마르크스노동자당)[*] 민병대와 함께 아라곤 Aragon 전장에서 복무하다 치명적인 부상을 당했으나 운 좋게도 심각한 후유증 없이 회복되었다. 그때 이후로 겨울을 모로코에서 보내는 것 빼고는 거의 책을 쓰고 닭과 채소를 키우는 일만 해왔다.

스페인에서 본 것, 그리고 좌파 정치 집단에서 일하면서 목격한 것 때문에 나는 정치 혐오에 빠져들었다. 한동안 독립노동당의 일원이었지만 이번 전쟁이 발발하자 그 조직을 떠났다. 노동당은 말도 안 되는 소릴 할뿐더러 히틀러에게 유리할 뿐인 정책 전선을 펴고 있기 때문이다. 감정적으로 나는 완전히 '좌파'였으나 작가라면 정당의 딱지에 상관없이 정직하게 살아야 한다는 것이 내 지론이다.

늘 관심이 가며 절대 질리지 않는 작가들로는 셰익스피어,

---

[*] Partido Obrero de Unificacion Marxista. 공산주의 정당으로 스페인내전 시에 활동한 반스탈린주의 노선의 정당.

스위프트, 필딩, 디킨스, 찰스 리드, 새뮤얼 버틀러, 졸라, 플로베르 등이 있고, 현대 작가로는 제임스 조이스, T. S. 엘리엇, 그리고 D. H. 로렌스가 있다. 하지만 나에게 가장 큰 영향을 끼친 작가로 서머싯 몸을 꼽고 싶다. 특히 아무 장식 없이 이야기를 직설적으로 끌어가는 힘에 찬탄하지 않을 수 없다.

업무 외에 가장 공들이는 일은 정원 가꾸기이며 그중에서도 채소밭에 열심이다. 나는 영국 음식과 영국 맥주, 프랑스 레드 와인, 스페인 화이트 와인, 인도 차, 강한 담배, 석탄 난로, 양초, 그리고 안락 의자를 좋아한다. 반면 대도시, 소음, 자동차, 라디오, 깡통에 든 식품, 중앙난방, 그리고 '현대적' 가구들을 싫어한다. 아내의 취향은 나와 거의 완벽하게 일치한다. 내 건강은 끔찍할 정도지만 그렇다고 전쟁터에 나가서 싸우는 일 빼고는 건강 때문에 원하는 일을 하지 못한 적은 없다. 여기 쓴 것들은 사실이지만 조지 오웰만큼은 내 본명이 아님을 고백해둬야 할 거 같다.*

현재 나는 이번 전쟁으로 비위가 상하는 바람에 소설을 쓰지 못하고 있다. 하지만 '사자와 유니콘' 아니면 '산 자와 죽은 자'라는 제목으로 3부 정도의 장편소설을 기획하고 있으며 내년까지는 1부를 완성하려고 한다.

1940년 4월 17일.

『20세기의 작가들』(W. H. Wilson & Co, 1942) 수록.

* 오웰의 본명은 에릭 아서 블레어Eric Arthur Blair다. 편지 등에서는 본명을 사용했다.

소설을 변호하며

오늘날 소설의 위신은 땅에 떨어질 만큼 떨어져서 십여 년 전 같으면 "나는 소설을 읽지 않습니다"라고 할 때 그나마 미안해하는 태도가 있었지만 지금은 항상 확신에 찬 말투다. 지식인들이 읽을 만하다고 여기는 몇몇 현대 소설가들이 있는 것은 사실이다. 하지만 평범하고 그만그만한 시나 비평은 여전히 진지하게 수용되는 반면, 보통의 그만그만한 소설은 대개 무시당한다는 것이 중요하다. 이 말은 소설을 쓰면 다른 장르의 글보다 덜 지적인 대중을 상대하리라는 것을 의미한다.

오늘날 좋은 소설이 창작될 수 없는 두 가지의 명백한 이유가 있다. 바로 이 순간 소설은 현저하게 질이 떨어지고 있으며 소설가들이 자신의 독자들에 대해 뭘 좀 안다면 소설의 질은 더 빨리 떨어질 것이다. 물론 벨록$^{Hilaire Belloc}$*의 기괴할 정도로 신랄한 에세이를 인용하여 소설이 경멸할 만한 예술형식이며 그 운명 따위는 관심 없다고 주장하기는 쉬울 것이다. 그런 견해가 논쟁할 가치가 있는지는 의문스럽다. 아무튼 나는 소설은 지킬 만한 가치가 있으며 그러기 위해선 지식인들이 소설을 진지하게 받아들이도록 설득함이 마땅하다고 생각한다. 따라서 소설의 위상이 추락하게 된 주요 요인들—내 생각엔 단 하나의 요인—을 분석하는 것은 가치 있는 일이 될 것이다.

문제는 소설이 존재하지 못하도록 외치는 자들이 있다는 것이다. 생각 있는 사람들에게 왜 "절대 소설을 읽지 않느냐"고 물었을 때 주례사를 쓰는 평론가들의 혐오스런 추천사 때문이라는 대답을 흔히 듣는다. 여러 사례를 들 필요조차 없다. 지난주『선데이 타임스』에 실린 한 문장을 보자.

"이 책을 읽고 기쁨에 소리를 지르지 않으면, 그 영혼은 죽은 것이다."

추천사를 보면 알 수 있듯 모든 소설이 출간될 때마다 이런 식의 광고가 넘친다.『선데이 타임스』를 곧이곧대로 믿는 사람에게 인생은 따라잡기 급급한 긴 투쟁이 될 것이다. 소설은 하루에 15권씩 당신 앞에 쏟아지는데 그 모든 작품이 영혼에 간직될 잊을 수 없는 명작이라니. 도서관에서 책 한 권을 고르는 것도 고역일 테고 기쁨에 소리 지르지 못하면 죄책감을 느낄

---

* 프랑스 태생의 영국의 작가이자 역사가. 유럽 문명과 가톨릭에 관한 저서를 다수 저술했고 자본주의와 사회주의 모두를 비판하면서 분배주의를 대안으로 제시했다.

것이다. 실제로 제정신인 사람은 이런 추천사에 속아 넘어가지 않겠지만 소설 비평이 받아든 경멸은 소설 자체로까지 확장되었다. 온갖 소설이 천재적인 작품으로 추앙받을 때 그 모든 작품들이 시시하게 보이는 것은 당연한 일이다. 문학 지식인 내에서 이런 가정은 이제 당연하게 받아들여진다. 오늘날 소설을 좋아한다고 인정하는 것은 코코넛 아이스가 먹고 싶다거나 제라드 맨리 홉킨스Gerard Manley Hopkins*보다는 루퍼트 브룩Rupert Brooke**이 좋다고 말하는 것과 거의 유사하다.

이 모든 것은 명확하다. 내가 보기에 덜 명확한 것은 지금과 같은 상황이 벌어진 방식이다. 표면적으로 출판계의 연결고리는 아주 단순하고 냉소적인 사기처럼 보인다. Z는 책을 쓰고 Y가 출판하며 X가 『위클리 W』에 서평을 쓴다. 서평이 좋지 못하면 Y는 광고를 철회하므로 X는 "잊지 못할 걸작"이라고 지어내든지 아니면 해고당하든지 해야 한다. 이게 기본 상황이고 모든 서평가들은 출판업자들에게 매여 있기 때문에 이 지경까지 추락한 것이다. 하지만 상황이 보이는 것처럼 사악한 건 아니다. 사기에 가담한 여러 분야의 인사들이 의도적으로 공모한 것은 아니며 자신들의 의지에 반하여 이런 상황에 휩쓸렸기 때문이다.

우선, 흔히 그러는 것처럼 소설가들이 즐기고 있으며 심지어

* 영국의 예수회 신부이자 시인. 혁신적인 언어, 리듬, 상상력으로 유명하며 생전에는 알려지지 못하다가 사후에 현대시의 개척자로 평가받는다.
** 영국의 군인이자 시인으로 1차 세계대전에 대한 이상주의적이고 애국적인 시를 남겼다.

그들이 받은 서평에 책임이 있다고 가정해서는 안 된다. 어떤 작가도 자신이 영국의 언어가 존속하는 만큼이나 오래갈 가슴 벅찬 열정적 이야기를 썼다는 말을 듣고 싶어 하진 않는다. 물론 모든 소설가들이 그런 말을 듣기 때문에 자신만 못 듣는 게 실망스러울 수 있고 그렇게 배제되는 것은 결국 책이 팔리지 않는다는 의미이기도 하다.

사실 주례사비평은 책 뒤표지의 추천사처럼 상업적 필요에 따른 것이며 추천사의 연장에 불과하다. 하지만 한심한 주례사비평일지라도 그의 잡문 때문에 비난받아서는 안 된다. 그런 독특한 환경 속에서 그는 그렇게 쓸 수밖에 없기 때문이다. 직간접적인 뇌물 문제가 없다 하더라도 "모든 소설은 언급될 가치가 있다"는 말이 난무하는 한 좋은 소설 비평이 나올 수 없을 것이다.

잡지사는 매주 책 더미를 가져와 십여 권을 서평자 X에게 보낸다. 그 서평자에겐 배우자도 있고 가족도 있으니 돈을 벌어야 하고 자신이 받은 서평용 책을 팔아서 푼돈이라도 더 챙겨야 한다. X가 책에 대해 진실을 말할 수 없는 결정적인 두 이유가 있다. 첫째는 12권의 책 중에서 11권은 아주 작은 흥미도 불러일으키지 않을 가능성이 높기 때문이다. 그 책들은 형편없는 게 아니라 그저 특색이 없고 생기도 없으며 요점이 없을 뿐이다. 돈을 받지 않았다면 아마 손도 대지 않았을 것이며 그가 쓸 수밖에 없는 한줄의 진실한 평가가 있다면 "이 책은 도대체 아무런 생각도 불러일으키지 않는다"가 전부일 것이다. 그러나 그렇게 쓴다면 누가 돈을 지불하겠는가? 절대 안 될 일이다. 그러므로 처음부터 X는 자신에게 아무 의미도 없는 책에 관한 300자 평을 만들어낼 처지에 내몰린다. 보통 그는 플롯을 간단하게 정리하고(여기서 의도하지 않게 책을 읽지 않았다는 사실을 저자에게 들킨다) 몇 마디 칭찬을 내뱉는데 그 칭찬이란 매춘부의 미소만큼이나 진정성이 떨어지는 것이다.

하지만 이보다 더 지독한 사악함이 있다. X는 무슨 책인지에 대해 설명해야 할 뿐 아니라 그 책이 좋은지 나쁜지도 써야 한다. X가 펜을 들 수 있는 한 그는 절대 『변함없는 님프』$^{The\ Constant\ Nymph}$*가 가장 형편없는 비극이라고 쓸 만큼 바보는 아닐 것이다. 그가 소설을 좋아한다면 아마도 선호하는 작가는 스탕달이나 디킨스, 제인 오스틴이나 D. H. 로렌스, 아니면 도스토예프스키일 것이다. 또는 적어도 평균적인 현대 소설가들보다 현저하게 나은 작가들을 좋아할 것이다. 그러므로 그는 자신의 기준을 엄청 낮춰서 시작해야 한다. 내가 다른 곳에서 언급했듯이, 빼어난 표준을 보통의 소설에 적용하는 것은 코끼리를 재는 저울에 벼룩을 올려놓는 것과 같다. 그런 저울에 벼룩의 무게는 표시되지도 못할 것이다. 그러므로 우리는 큰 벼룩과 작은 벼룩을 표시할 수 있는 다른 저울을 마련하는 데서 시작해야 한다. 이것이 아마도 X가 하는 일일 것이다.

책마다 "이 책은 쓰레기다"라는 말을 단조롭게 거듭해야 소용이 없다. 다시 말하지만 그런 식의 글에 아무도 돈을 지불하

* 영국의 작가 마거릿 케네디가 1924년에 발표한 로맨스 소설.

지 않기 때문이다. X는 쓰레기가 아닌 것을 발견해야 하며 그것도 꽤 부지런히 찾아내야 해고되지 않을 것이다. 이것은 자신의 기준을 낮춰 에설 델Ethel M. Dell(영국의 로맨스 소설가—옮긴이)의 『독수리의 길』Way of an Eagle을 꽤 괜찮은 책이라고 말하는 걸 의미한다. 『독수리의 길』이 괜찮은 책이라는 평가가 가능하다면 『변함없는 님프』는 뛰어난 책이 될 테니 『자산가』The Man of Property*는 어떤 평가를 받아야 하는가? 두근거리는 열정의 서사, 영혼을 흔드는 엄청난 걸작, 영어가 존재하는 한 잊히지 않을 이야기 등등이 되지 않을까. (진짜 좋은 책이라면 당연히 온 도계를 터뜨리고도 남을 것이다.)

모든 소설은 좋다는 가정에서 출발했기에 서평자는 형용사의 사다리를 타고 끝없이 올라간다. 그리하여 서평자는 굴드Gould의 경지에 이른다.** 우리는 서평자들이 같은 길을 걷는 것을 목격한다. 아무튼 제법 정직한 의도로 시작하지만 그는 불과 2년이 되기 전에 바버라 베드워시Barbara Bedworthy의 『크림슨 나이트』Crimson Night가 가장 강렬하고 예리하며 사무치면서도 잊히지 않는 자연스러운 걸작이라고 주절거리게 된다. 나쁜 책을 좋은 책으로 둔갑시키는 원죄에 한번 발을 들여놓으면 빠져나갈 길이 없다. 하지만 생계를 위한 서평을 쓰려면 그런 죄를 지어야만 한다. 결국 그 사이 모든 지적인 독자들은 역겨움에 등

---

* 1932년 노벨 문학상을 받은 존 골즈워디John Galsworthy의 작품. 『포사이트 연대기』Forsyte Saga 3부작 중 한 편이다.

** 원서 주: 제라드 굴드Gerald Gould는 당시 『옵저버』지의 영향력 있는 서평자다.

을 돌리고 소설에 대한 경멸은 하나의 속물적인 의무가 된다. 그 과정에서 정말 좋은 소설들이 쓰레기들과 똑같은 칭찬을 받았다는 이유로 주목받지 못하는 희한한 경우가 생길 수 있다.

어떤 소설도 서평을 하지 않는 게 더 나을 것이라고 많은 사람들이 제안해왔다. 하지만 그런 일은 벌어지지 않을 것이기에 제안은 소용이 없을 것이다. 출판사의 광고에 의존하는 한 어떤 매체도 서평을 없애지는 못할 것이며 조금이라도 생각이 있는 출판사가 주례사비평이 사라져도 손해볼 건 없다는 걸 깨닫는다 해도 서평을 중단하지는 못할 것이다. 어느 누구도 먼저 매를 맞고 싶어 하지는 않기 때문이며 그건 어떤 나라도 먼저 무장을 해제하지 않는 것과 똑같다. 영원무궁히 주례사비평은 지속될 것이고 점점 더 나빠질 것이다.

단 하나의 대책은 그런 평론들이 무시되도록 만드는 것이다. 하지만 이것이 가능하려면 어딘가에 비교의 기준이 될 정도로 품격을 갖춘 소설 비평이 존재해야 한다. 말하자면 형편없는 작품에는 눈길을 주지 않고 전문적인 소설 비평을 실천하는 하나의 전문지(처음에는 하나라도 충분하다)가 필요하며 그 잡지에서 서평자는 출판업자가 줄을 당길 때마다 턱을 움직이는 복화술사의 인형이 아니라 진정한 서평자로 활약해야 한다.

그런 잡지가 이미 존재한다는 답변이 있을 수 있다. 수많은 교양있는 잡지들이 존재하며, 실제로 그런 잡지에선 소설을 평하되 어디에도 매수당하지 않고 지적인 기준에서 평가한다. 맞다, 하지만 그런 잡지들은 소설 서평을 전문적으로 다루지 않으며 최근 소설의 성과들을 따라잡으려고 노력하지 않는다는 점이 문제다. 그 잡지들은 교양있는 세계에 속하며 그 세계에서 소설은 이미 파렴치한 것으로 치부되고 있다. 하지만 소설은 대중적인 예술양식이며, 『크라이테리언』^{Criterion}이나 『스크루티니』^{Scrutiny}지가 그러하듯이 문학을 교양있는 소그룹들이 서로 등이나 긁어주는(상황에 따라 손톱을 세웠다가 감췄다가 하면서) 게임으로 치부해선 안 된다. 소설가는 근본적으로 이야기꾼이며 아주 좋은 이야기꾼(가령 트롤럽, 찰스 리드, 서머싯 몸 같은)들이 꼭 협소한 의미에서 '지식인'일 필요는 없다. 해마다 5천권의 소설이 출간되며 랄프 스트라우스$^{Ralph\ Straus}$*는 그 소설 전부를 읽어보라고 간청하며 할 수만 있다면 다 읽어볼 것이다. 『크라이테리언』은 아마 그중 열두 권 정도에 주목할 것이다. 그러나 그 열두 권과 5천권 사이에는 백권이나 2백권, 많게는 5백권까지 이런저런 차원에서 고유한 가치를 지닌 책들이 있을 것이며 바로 이런 이유로 소설에 관심을 가진 비평가들은 작품에 집중해야 하는 것이다.

하지만 우선 필요한 것은 평가의 방법이다. 많은 수의 소설들은 언급될 필요조차 없지만(가령 『페그스 페이퍼』$^{Peg's\ Paper}$**에 실린 모든 연재들이 엄숙하게 평가된다면 비평은 뭐가 되겠나!), 언급할 가치가 있는 작품들도 여러 분야에 걸쳐 있다. 『래플스』^{Raffles}는 좋은 책이고 『모로 박사의 섬』$^{The\ Island\ of\ Dr.\ Moreau}$도 마찬가지다. 『파르

---

* 원서 주: 1928년부터 사망할 때까지 『선데이 타임스』의 소설 서평자.
** 1919~40년 런던에서 발행된 여성 주간지로 로맨틱 소설을 주로 실었음.

마의 수도원』^{La Chartreuse de Parme}이나 『맥베스』^{Macbeth}도 훌륭한 작품이지만 그들은 각각 매우 다른 수준에서 그렇다. 마찬가지로 『겨울이 오면』^{If Winter Comes}, 『웰 비러비드』^{The Well-Beloved}, 『비사회적인 사회주의자』^{An Unsocial Socialist}, 그리고 『랜슬럿 그리브스 경』^{Sir Lancelot Greaves}은 모두 나쁜 소설들이지만 각각 나쁨의 수준 또한 서로 다르다.

그야말로 주례사비평가들은 비평을 모호하게 만드는 데 각별히 헌신했다. 그들은 소설을 A, B, C 등으로 등급화하는 견고한 장치를 고안해야 하고 그렇게 함으로써 서평자가 작품을 칭찬하는지 비난하는지가 밝혀지고 적어도 그가 작품을 얼마나 진지하게 받아들이는지를 알 수 있게끔 해야 한다.

서평자들은 소설이라는 예술을 정말 좋아하는 사람들이어야 한다. 이 말은 고차원이냐 저차원이냐 떠드는 문제가 아니라 얼마나 탄력적인 시각을 갖느냐의 문제다. 그들은 테크닉에 관심이 있어야 하고, 책의 주제를 파고드는 데도 관심을 가져야 한다. 그런 사람들이 실제로 많이 존재한다. 아주 형편없는 주례사서평자들도 처음에는 그런 관심을 기울이며 그들의 초기 작업을 보면 그 사실을 알 수 있다. 또한 아마추어들이 좀더 많이 서평에 참여하면 좋을 것이다. 훈련되지 않은 필자지만 방금 책을 읽고 깊이 감명을 받은 사람이 능력은 있으나 지루한 전문가들보다 훨씬 나은 서평을 내놓을 것이다. 아주 얕은 수준에도 불구하고 미국 서평이 영국 서평보다 나은 이유가 바로 그것이다. 미국인들은 좀더 아마추어에 가깝고 그렇기 때문에 좀더 진지하다.

 나는 위에 제시한 방법으로 소설의 위엄이 회복될 것이라 믿는다. 현대 소설의 흐름을 따라가면서 그 수준을 떨어트리지 않는 신문이 절실하게 필요하다. 출판사들이 기사를 광고에 인용하지 않기 때문에 신문은 잘 알려지지 않는다. 하지만 출판사가 진실한 칭찬이 실리는 신문을 발견하면 광고에 그 문구를 인용할 것이다. 비록 유명하지 않은 신문이더라도 소설 서평의 수준을 높이는 데 기여할 것이다. 일요일자 신문들의 쓸데없는 잡문은 그것과 비교할 만한 글이 없기 때문에 유지되는 것이다.

 주례사서평자들은 예전 행동을 답습할 테지만 많은 사람들에게 진지한 두뇌가 여전히 소설과 함께 있다는 사실을 상기시켜주는 교양있는 평론이 존재하는 한 문제될 것이 없다. 성경에서 하느님이 열 명의 의인만 있다면 소돔을 멸망시키지 않겠다고 약속한 것처럼 머릿속에 빨대가 꽂혀 있지 않은 한줌의 서평자가 있다는 사실이 알려진다면 소설은 완전히 경멸당하지 않을 것이다.

 현재 당신이 소설을 좋아하거나 심지어 소설을 쓴다면 전망은 매우 암울하다. 마치 '치킨'이라는 단어가 '브레드 소스'를 떠오르게 하듯 '소설'이라는 단어는 '주례사' '천재' '랄프 스트라우스' 같은 단어를 자동적으로 떠오르게 한다. 지적인 사람들은 거의 본능적으로 소설을 피한다. 그 결과 기성 작가들은 흩어지고, '뭔가 할 말이 있는' 신인들은 다른 형태로 눈을 돌린다. 타락이 따라올 것은 불을 보듯 뻔하다. 어느 싸구려 문구점에나 쌓여 있는 4페니짜리 단편소설들을 보라. 이런 소설들은 소설의 타락한 후손으로서, 애완용 개가 늑대의 후손인 것이나 『마농 레스코』*Manon Lescaut*가 『데이비드 코퍼필드』*David Copperfield**의 후손인 것과 비슷하다. 오래지 않아 출판사들의 요란한 광고 속에 6이나 7페니짜리 단행본이 반드시 등장하겠지만 평균적인 소설은 4페니짜리 단편들과 비슷해질 것이다.

많은 사람들은 소설이 가까운 미래에 사라질 운명에 처했다고 예언했다. 그러나 나는 그 예언을 믿지 않으며 이유를 제시하려면 시간이 너무 오래 걸리겠지만 그렇게 되리라는 것은 확실하다. 만약 최고의 문학적 두뇌들이 소설로 돌아오도록 설득되지 못한다면 소설은 마치 현대의 묘비 또는 펀치와 주디** 인형극처럼 하나의 관습적이고 경멸당하는, 가망 없이 타락한 형식으로 계속 살아남을 것이다.

『뉴 잉글리시 위클리』*New English Weekly* 1936년 11월 12일, 19일.

---

* 1849년에 출간된 찰스 디킨스의 자전적 소설.
** 17세기부터 이어져온 전통 거리 인형극의 부부 캐릭터 이름.

새로운 단어

최근 새로운 단어는 느리게 탄생하고 있으며(어딘가에서 1년에 여섯 단어가 생겨나고 네 단어가 사라진다고 읽은 적이 있다) 새롭게 태어나는 단어조차 물건의 이름이 거의 전부다. 추상적인 단어들은 전혀 나오지 않고 옛 단어들('조건'이나 '반영' 같은)은 종종 과학적 목적을 위해 새로운 의미로 변형된다. 여기서 내가 제안하는 바는 최근 언어로 표현되기 어려운 우리 체험의 일부를 다뤄줄 수천 개의 어휘들을 창조해볼 만하다는 것이다. 이런 제안에 대해 여러 반대 견해들이 있을 텐데 떠오르는 대로 다뤄보려 한다. 첫번째 과제는 새로운 단어들이 왜 필요한지부터 제시하는 것이다.

생각을 할 줄 아는 사람이라면 우리의 언어가 뇌 속에서 벌어지는 일을 묘사하기엔 턱없이 부족하다는 걸 알고 있을 것이다. 그래서 뛰어난 솜씨를 가진 작가들(앤서니 트롤럽$^{Anthony\ Trollope}$이나 마크 트웨인 같은)은 자신의 내면을 묘사하지 않겠노라고 선언하고 자서전을 시작한다는 걸 우리는 알고 있다. 그런 묘사가 애초에 불가능하기 때문이다. 그래서 우리가 구체적이지 않거나 보이지 않는 것을 다룰 때(심지어 그보다 더 일반적인 경우로 누군가의 외모를 묘사할 때 겪는 어려움을 떠올려보자) 마치 체스판의 말이 살아있는 말과 다른 것처럼 언어가 현실과 다르다는 사실을 발견한다.

여타의 반론을 입막음할 확실한 사례를 위해 꿈을 생각해보자. 당신은 꿈을 어떻게 묘사하는가? 우리의 언어엔 꿈의 분위기에 해당하는 단어가 없기 때문에 절대 묘사하지 못할 것이다. 물론 당신은 꿈속의 주요한 사건에 대해 대충 비슷한 언급을 할 순 있다. "중산모를 쓴 호저와 리젠트 거리를 내려가는 꿈을 꾸었어." 같은 형식으로 말이다. 하지만 그건 꿈에 대한 정확한 묘사가 아니다. 한 심리학자가 꿈의 '상징'을 해석할지라도, 그는 여전히 추측에 머물 뿐이다. 호저에게 독특한 의미를 부여하는 그 꿈의 진짜 뉘앙스는 언어의 세계 밖에 있기 때문이다. 사실, 꿈을 묘사한다는 것은 시를 누군가의 침상의 언어로 번역하는 것과 비슷하다. 그 기원을 알지 못하면 아무 상관도 없는 의미를 잘못 갖다붙이는 것에 지나지 않는다.

반박하지 못할 사례로 꿈을 선택했지만 언어로 표현되지 못할 것이 그저 꿈뿐이라면 그 문제는 거론될 가치가 없을 것이다. 그러나 거듭 지적했듯이, 깨어 있는 마음이란 겉으로 보기엔 꿈을 꾸는 마음과 그리 다르지 않다. 다르게 보이게 우리가 가장하는지도 모른다. 깨어 있는 사고가 대부분 '합리적'이라는 것은 사실이다. 말하자면 우리의 마음속에는 논리적이고 언어적으로 움직이는 체스판 같은 사유가 있다. 마음의 이런 면모를 이용해 간단한 지적인 문제를 해결하며 습관적으로 그것을 정신의 전체라고(체스판에서의 사유에서처럼) 생각한다. 하지만 결코 전체가 아니다. 꿈에 속하는 무질서하고 비-언어적인 세계는 분명히 마음속에 존재하며 만약 계산이 가능하다면 나는 감히 우리의 깨어 있는 마음의 반 정도는 이런 상태에 있다고 주장하고 싶다.

확실히 꿈같은 사유는 우리가 언어적으로 사유하려는 순간에도 끼어들고 영향을 미치며 내면의 삶을 가치있게 만들어준다. 당신의 사유를 평범한 순간마다 점검해보라. 그 사유 안의 주된 운동은 하찮은 것들의 흐름일 것이다. 너무 하찮아서 사유라고 해야 할지 아니면 이미지나 감정이라고 해야 할지 모를 정도일 것이다. 처음에는 당신에게 보이는 물체, 들리는 소리가 있을 테고 그것들은 언어로 표현될 수 있을 것이다. 하지만 그것들이 당신의 마음에 파고드는 순간, 너무나 색다르고 전혀 묘사할 수 없는 것이 된다. 게다가 당신의 마음이 끊임없이 창조해내는 꿈같은 삶도 있다. 거기에는 아름답고 재미있으며 말로는 표현되지 않는 것들이 포함된다. 이런 식으로 마음의 비-언어적 요소는 거의 모든 구상의 근원이 되기 때문에 가장 중요한 요소이기도 하다. 모든 호감과 비호감, 미적인 감각, 옳고 그름에 대한 인식(미적인 성찰과 도덕적인 성찰은 떼어놓을 수 없는 관계다)은 대개 언어보다 더 미묘한 감정에서 나오는 것이다. "왜 하필 그런 행동을 하는 겁니까, 왜요?"라는 질문을 받으면 언제나 우리는 감출 의도가 없음에도 실제의 이성이 말로 표현되지 못함을 깨닫는다. 결국 우리는 행동을 다소 정직하지 못하게 합리화하고 만다. 모든 사람이 이런 사실을 받아들일지 모르겠는데 어떤 이들은 내면의 삶에서 영향을 받는다는 것, 심지어는 그런 내면이 있다는 것조차 모를 것이다.

나는 많은 사람들이 혼자 있을 때 웃지 않는다는 사실을 알고, 누군가 혼자 있으면서 웃지 않는다면 그 사람의 내면은 분명 황량할 거라고 짐작한다. 그러나 모든 개인에겐 각자 내적인 삶이 있으며 타인을 이해한다든가 타인으로부터 이해받기가 사실상 불가능함을—보편적으로는, 인류가 살고 있는 곳의 별처럼 고독한 현실을—알고 있다. 모든 문학은 소용없어진 단도직입적인 방식(기초적 의미에서의 언어) 대신 우회적인 방법으로 이런 고독에서 탈출하고자 하는 시도다.

'창조적' 글쓰기는 말하자면 정면으로 들어가서는 절대 무너뜨릴 수 없는 성을 측면으로 공격하는 것이다. 무엇이든 '지적'이지 않은 것을 차분하게 얻어내려는 작가는 기초적인 의미에서의 언어를 가지고는 아무것도 이룰 수 없다. 작가가 언어를 가지고 뭔가를 얻어내려면 대화에서 목소리와 제스처에 의지하는 것처럼 말의 어조에도 의지해야 한다. 시를 조금이라도 이해하는 사람이라면,

언젠가 스러져갈 달은 월식을 견뎌내고

슬픔에 잠긴 점성술사는 자신의 예언을 조롱하리니*

같은 시에서 단어가 의미하는 바를 사전적 의미로 바라보진 않을 것이다. (이 두 행은 엘리자베스 여왕이 자신의 폐경기를 무사히 넘긴 것을 의미한다고 전해진다.) 사전적 의미란 항상 실제의 의미와 연관을 갖지만, 어느 그림에 펼쳐진 '이야기'가 원래의 의도와 맺는 관계 이상은 아니다. 그런 관계는 산문에서도 마찬가지다. 소설을 생각해보자. '솔직한 이야기'라 불리는 한, 소설조차도 표면적으로는 내면의 삶과 관계가 없다.『마농 레스코』**를 떠올려보자. 왜 저자는 부정한 소녀와 신학교를 뛰쳐나온 신부에 대한 이 길고 복잡한 이야기를 지어냈을까? 당신이 뭐라 부르든 작가는 어떤 감정과 상상을 소유했고 수차례 시도한 끝에 그것을 동물원 도감의 가재를 묘사하듯 전달할 수는 없음을 깨달았기 때문일 것이다. 결국 그것을 묘사하는 것이 아니라 뭔가 다른 것을 창조함으로써(여기서는 악한 주인공을 내세움으로써—다른 시대라면 또다른 형식을 선택했겠지만) 그는 그런 상상을 전달할 수 있었다.

글쓰기 예술은 폭넓게 보자면 언어의 왜곡이며 그런 왜곡이 뻔하게 드러나지 않을수록 더 완벽해진다고 나는 말하고 싶다.

* 셰익스피어 소네트 107번 중에서.
** 프랑스 소설가 아베 프레보Abbe Prevost의 반자전적인 소설. 젊은 두 남녀의 사랑과 욕망을 그린 작품이다.

자세히 살펴보면 겉으로는 언어를 의미로부터 뒤트는 듯 보이는 작가(말하자면 제라드 맨리 홉킨스 같은)들은 언어를 직설적으로 사용하고자 분투하는 사람이다. 반면 어떤 속임수도 쓰지 않는 옛 발라드 작가들이야말로 비록 의도된 것은 아니겠지만 아주 교묘한 측면 공격을 감행한 사람들이다. 물론 모든 좋은 예술은 '객관적'이고 모든 진실한 예술가는 자신의 내면을 드러내지 않는다는 진부한 말을 우리는 자주 듣는다. 하지만 이런 이야기를 하는 사람들의 진의는 그것이 아니다. 그들이 하고 싶은 말은 발라드나 '솔직한 이야기'에서 내면의 삶이 뛰어나게 우회적으로 표현돼야 한다는 것이다.

우회적 방식이 가진 약점은, 그 방식의 어려움은 제쳐두고라도, 흔히 실패한다는 점이다. 상당한 예술가가 아닌 경우(아마 대부분 그렇겠지만) 언어의 부족함은 반드시 곡해를 가져오고 만다. 연애편지에 자신이 의도한 바를 정확히 쓴 사람이 과연 있을까? 필자라는 존재는 의식적으로, 또한 무의식적으로 스스로를 위조하기 마련이다. 언어의 돌발적 측면이 끊임없이 원래의 의도에서 멀어지게끔 유혹하고 위협하기 때문에 의식적인 위조가 발생한다. 필자는 착상을 얻어 표현해보려 하지만 그 순간 떠오르는 놀랍도록 엉망진창인 단어들 때문에 다소 돌발적인 형태가 시작되고 만다. 결코 자신이 원하는 형태가 아니지만 그렇다고 저속하거나 못 봐줄 정도는 아니다. 그건 '좋은 예술'이다. '좋은 예술'이란 하늘에서 내려준 신비한 선물이거니와 그것이 떠올랐는데도 내버린다면 나중에 후회할 게 뻔하기 때문에 필자는 받아들인다. 진실은 그렇지 않지만 거짓말은 예술적 형태를 띠기 때문에 정신적으로 조금이라도 정직한 사람은 쓰기와 말하기에 있어 우리가 하루 종일 거짓말을 늘어놓는다는 사실을 인정하는 것이 아닐까?

만약 평행사변형의 넓이가 밑변 곱하기 높이인 것처럼 언어가 정확히 의미를 반영한다면 거짓말을 할 이유가 전혀 없을 것이다. 또한 언어는 사고의 직접적 연결이 아니고 우리는 존재하지 않는 의미를 끊임없이 바라보기 때문에 독자나 청자의 마음속에선 또다른 위조가 발생하게 마련이다. 이런 현상을 잘 보여주는 사례가 외국 시를 대충 추측하며 감상할 때 드러난다. '왓슨 박사의 연애 생활'* 같은 외국 비평으로 미루어 볼 때 외국문학의 완벽한 이해는 거의 불가능함을 알 수 있다. 하지만 무지한 사람들은 외국어에서(심지어 사라진 언어에서) 큰 즐거움을 얻는다고 주장하고 나선다. 그런 즐거움은 분명히 작가가 전혀 의도하지 않은 것에서 비롯되었을 것이며, 만약 작가가 그 사실을 알았다면 무덤 속에서 몸을 꿈틀댔을 것이다. '빅시 푸엘리스 누퍼 이도네우스'$^{Vixi\ puellis\ nuper\ idoneus}$(나는 최근까지 여인들처럼 살았다)**라고 중얼거리고 나서 이도네우스라는 단어가 아름다운 나머지 나는 5분이 넘게 암송을 반복한다. 하지만 그 멀고 먼 시간과 문화의 거리, 라틴어에 무지한 내 머리, 그리

---

* 왓슨 박사는 셜록 홈즈 시리즈의 존 H. 왓슨 박사를 말하며, 여기서는 작품의 조연에 불과한 인물의 연애까지 캐내는 과한 비평을 풍자적으로 언급한 것으로 보인다.

** 고대 로마의 시인 호라티우스의 시구.

고 라틴어를 어떻게 발음하는지조차 모른다는 사실을 고려할 때 내가 누리는 즐거움이 호라티우스가 의도한 바와 호응하리라 상상할 수 있을까? 그건 마치 어떤 그림이 그려진 지 2백년이 지나 우연히 생긴 얼룩 때문에 내가 그 그림에 열광하는 것과 비슷할 것이다. 언어가 의미를 충실하게 전달할수록 예술이 더 나아진다는 말을 하려는 게 아님을 명심하자. 예술은 언어의 과감함과 모호함 가운데 번영한다는 사실을 나도 안다. 단지 내가 비판하는 것은 사유의 전달자로서 언어가 갖는 자의적 성격이다. 또한 우리 언어의 정확성과 표현력은 여전히 석기시대에 머물러 있는 것처럼 보인다.

내가 제안하는 방법은 자동차 엔진의 새 부속을 발명하는 것만큼만이라도 신중하게 새로운 단어들을 만들어내자는 것이다. 마음속의 일이나 마음을 꽉 채운 뭔가를 정확히 표현하는 단어가 있다고 가정해보자. 삶이 표현 불가능하다는 어리석은 감정을 느낄 필요가 없고 인공적인 속임수를 동원할 필요도 없다고 상상해보자. 수학의 방정식처럼 그저 올바른 단어를 제자리에 위치시킴으로써 의미를 간단하게 표현할 수 있다고 가정해보자. 이것의 장점은 명확함이라고 나는 생각한다. 앉아서 신중하게 단어를 만들어내는 것을 상식적인 과정으로 보긴 어렵다. 만족스런 단어가 만들어지는 방법을 제시하기 전에 앞으로 제기될 반대에 대처하는 것이 나을지도 모르겠다.

어떤 분별력 있는 사람에게 "새롭고 절묘한 단어들을 발명하는 위원회를 꾸립시다"라고 말하면 그 사람은 우선 괴짜 같은 생각이라며 반대할 것이고 아마도 지금의 단어들을 잘 활용하기만 하면 모든 어려움을 이겨낼 거라고 말할 것이다. (이런 언급은 물론 이론적인 반대에 불과하다. 사실상 모든 사람들은 언어의 부족함을 인지한다. '말 실수' '그건 그 사람이 말한 것이 아니라 말하는 방식일 뿐이야' 같은 표현을 떠올려보자.) 그러나 결국 그 사람은 다음과 같은 해결책을 제시할 것이다. "그런 원론적인 방식으론 아무것도 할 수 없어요. 언어는 꽃처럼 천천히 자라니까요. 기계 부품처럼 단번에 수리할 순 없지요. 그렇게 만들어진 언어는 개성도 없고 생명도 없어요. 에스페란토어*를 보세요. 한 단어의 전체적인 의미는 그것이 자리한, 천천히 숙성된 관계 속에 있을 뿐이에요."

우선 누군가 뭔가를 바꾸자는 대부분의 주장이 그렇듯이 이런 주장은 길고 지루한 논쟁이 되기 쉽다. 지금까지 우리는 단어를 의도적으로 창조하려고 한 적이 없으며 모든 살아있는 언어들은 아무 계획 없이 천천히 자라왔다. 그러니 언어는 다른 방식으로 자랄 수 없다. 현재 우리가 뭔가 기하학적 정의 수준을 넘어서는 말을 하려면 소리나 연상 같은 것을 이용한 마술을 부려야 하며 결국 이런 필요성은 언어의 본성에 내재된 것이다. 분명히 논리적 비약이 있다. 추상적인 단어들을 만들자는 나의 제안은 지금 우리의 실제적 관행을 확장하자는 것임을 명심하자. 우리는 이미 구체적인 단어들을 만들고 있기 때문이

---

* 폴란드 안과 의사인 루도비코 라자로 자멘호프 L. L. Zamenhof가 창안한 인공어다. 여러 언어 간의 의사소통을 원활하게 하기 위해 만들어졌다.

다. 비행기와 자전거가 발명되자 거기에 이름을 만들어주는 것은 아주 자연스런 일이었다. 지금 마음속에 존재하지만 이름이 없는 것에 이름을 붙여주는 일은 한걸음을 더 내딛는 것이다.

당신이 나에게 "왜 스미스 씨를 싫어하나요?"라고 물으면 나는 "그는 거짓말쟁이에다 비겁해서요"라고 말하는데 그때 나는 확실히 잘못된 이유를 댄 것이다. 사실 내 마음속엔 "그가 ──한 사람이기 때문이에요"라는 대답이 있는데 '──한'이라는 말은 내가 이해한 속성이고 그걸 당신한테 말하면 당신도 이해할 만한 것이다. 그런데 왜 '──한'이라는 말을 찾아내지 못하는가? 단 하나의 난관은 우리가 지은 말에 동의하지 못하는 것이다. 하지만 이런 난관이 있기 훨씬 전부터 우리의 읽고 쓰는 습관은 단어의 창조라는 생각 앞에 움츠러들고 말 것이다.

내가 앞서 늘어놓았던 논쟁 또는 다소 조롱 섞이고 논점을 회피하는 다른 논쟁에 우리는 빠져들고 말 것이다. 사실 이런 논쟁들은 사기에 불과하다. 그런 움츠러듦은 뿌리깊게 자리잡은 미신과 비이성적인 본성에 기인한다. 그것은 자신이 처한 어려움에 이성적으로 곧장 접근하는 것, 그러니까 방정식을 풀 듯 문제를 해결하려는 시도가 어떤 결론에도 이르지 못하며, 오히려 치명적으로 위험하다는 감정에서 비롯된다. 우리는 이런 생각이 여기저기서 우회적 방식으로 표현되는 것을 목격한다. 우리 민족의 천재가 '난관을 극복했다'는 식의 시시껄렁한 이야기들이 바로 그런 표현이며, 이는 근본적으로 생각을 안 하는 게 안전하다는 것을 의미한다.

새로운 단어

지성의 단단함과 건전함에 대항하는 얄팍하고 무신론적인 신비주의 역시 마찬가지다. 내가 확신하기에 이런 감정은 건방진 생각을 벌하려는 각양각색의 악마들로 세상이 가득 차 있다고 믿는 어린 시절부터 시작된다.* 성인이 되면 그런 믿음은 과한 이성적인 생각에 대한 두려움으로 살아남는다. 나 주는 너희 신이며 질투하는 신이니, 교만한 자는 몰락할 것이다 등등. 또한 가장 위험한 교만은 지성을 뽐내는 것이다. 다윗왕은 백성들의 숫자를 셌기에, 즉 그의 지성을 과학적으로 사용했기 때문에 벌을 받았다. 그러므로 가령 체외수정 같은 생각은 종種의 건강이나 가족에 미치는 영향에 상관없이, 그 자체로 불경스러운 것이 되고 만다. 그래서 언어처럼 근본적인 것에 대한 공격은 마치 우리 마음의 구조에 대한 공격인 것처럼 불경스럽고, 그러므로 위험하다. 언어를 개혁한다 함은 사실상 신의 일에 개입하는 것이다. 물론 아무도 이런 식으로 말하진 않을 것이다. 이런 반대는 대부분의 사람들이 단어의 창조를 언어의 개혁으로 받아들이지 못하기 때문에 중요하다. 물론 단어의 창조는 많은 사람들에게 받아들여져야만 쓸모가 있다. 만약 한 사람이나 일부 집단만이 언어를 만들어낸다면—지금 제임스

---

* 원서 주: 이런 생각은 당신의 자신감이 너무 지나치면 악마가 찾아오리라는 믿음이다. 그래서 아이들은 물고기가 땅에 떨어지기도 전에 "잡았다"고 말하면 도망갈 거라고 믿으며 배팅할 차례가 되기도 전에 패드를 착용하면 첫 공에 아웃이 될 거라고 믿는 것이다. 그런 믿음은 어른이 돼도 살아남는다. 어른들은 환경에 대한 더 많은 통제력을 가지기 때문에 아이들보다 상대적으로 미신을 덜 믿을 뿐이다. 모든 사람이 통제력을 잃는 상황에선(가령 전쟁이나 도박) 다들 미신을 믿는다.

조이스가 그런 일을 한다고 믿는 것처럼—혼자 축구를 하는 것만큼 어리석은 일이 될 것이다. 바람직스럽기는, 오늘날 사람들이 셰익스피어 연구에 몰두하듯이 수천 명의 재능있고 평범한 사람들이 단어 창조에 진지하게 임하는 것이다. 그렇게 된다면 언어로 기적을 이룰 수 있으리라고 나는 믿는다.

이제 방법에 대해 말해보자. 우리는 대가족의 성원들 가운데 비록 조야하고 작은 규모이긴 하지만 단어 창조의 성공적인 사례를 목격한다. 대가족은 자신들의 고유한 두세 개 정도의 단어를 가지고 있는데 그 단어들은 그들이 만든 것이자 사전에는 없는 미묘한 뜻을 간직하고 있다. 그들은 자신이 만든 단어를 사용해 "스미스 씨는 ——한 사람"이라고 말하며 서로 그 뜻을 정확히 이해한다. 가족이란 한계가 있지만 사전의 여러 틈을 채워주는 하나의 형용사가 존재하는 것이다. 가족이 이런 단어들을 창조하게끔 해준 것은 그들의 공통적인 체험이다. 공통의 체험이 없다면 어떤 단어도 의미가 없을 것이다.

당신이 나에게 "수레박하 향이 어떻소?"라고 물으면 나는 "버베나 향이 납니다"라고 말할 것이며 당신이 버베나 향을 알고 있다면 내 말을 이해할 것이다. 그러므로 단어를 창조하는 방법은 어긋나지 않는 공통의 지식에 기초한 유추인 것이다. 버베나 향기를 몸으로 체험할 수 있듯이, 우리에겐 어떤 오해도 없이 참조할 만한 기준이 있어야 한다. 그런 기준은 사실상 단어에 물리적(눈에 보이는) 존재를 부여하는 것이어야 한다. 그저 의미에 관해 이야기해봤자 소용없다. 우리는 이런 헛된 시도를 문학비평에 쓰이는 언어들을 규정할 때마다 목격할 수 있다(가령 '감상적인' '저속한' '병적인' 같은 말에서). 이런 말들은 의미가 없거나 아니면 그걸 사용하는 사람들마다 다른 의미를 가진다. 필요한 것은 확실한 형태로 의미를 보여주는 것이며 여러 사람들이 그 의미를 마음속에 일치시키고 이름을 붙일 가치가 있다고 인식할 때 이름을 부여하는 것이다. 생각에 객관적인 존재를 부여할 수 있는 방법을 찾는 것이 관건이다.

당장 제안해볼 수 있는 방법은 영화다. 누구나 영화에 잠재된 각별한 능력, 즉 왜곡과 환상의 능력을 알 것이며 그런 능력은 대체로 물리적 세계의 한계를 벗어날 수 있음을 의미한다. 나는 영화가 무대 밖의 일에 집중하는 대신 싼값에 바보 같은 무대의 모방에 이용되는 것이 그저 상업적인 필요 때문이라고 생각한다. 적절히 사용된다면, 영화는 내면의 과정을 전달하는 좋은 도구가 될 것이다. 내가 앞서 언급한 꿈의 경우 언어로는 도저히 묘사될 수 없지만 화면으로는 꽤나 잘 표현될 수 있다.

몇해 전 나는 더글러스 페어뱅크스$^{Douglas\ Fairbanks}$의 영화를 보았는데 그 일부는 꿈의 묘사였다. 물론 대부분의 내용은 누군가 옷을 입지 않은 채 실외에 있는 꿈을 묘사한 어리석은 농담 같았지만 그 몇 분은 정말 꿈속 같았으며 단어나 심지어 그림 또는 음악 속에서도 표현될 수 없는 것이었다. 그와 같은 장면을 다른 영화에서도 스치듯 본 적이 있다. 가령 〈칼리가리 박사〉 같은 영화에서였는데 아쉽게도 어리석고 환상적인 요소 자체를 위한 영화로 이렇다 할 의미를 담아내지는 못했다. 그 영화를 생각하면 기이하게 왜곡하는 힘으로 표현된 것들이 마음속에 가득 찼던 기억이 떠오른다. 영화제작사와 뛰어난 배우들, 필요한 소품 전체를 소유한 백만장자가 원한다면, 자신의 내면을 사실적으로 드러낼 수도 있을 것이다. 그 사람은 적당히 둘러댄 거짓을 말하는 대신 자신의 행동을 촉발한 실제적인 이유들을 설명할 수 있으며 아름답고 불쌍하며 우습게 보이는 것들—보통사람 같으면 표현할 말이 없어서 묻어두었을—을 드러낼 수 있을 것이다. 말하자면 백만장자는 다른 사람이 자신을 이해하게 만들 수 있을 것이다. 물론 재능이 부족한 사람이 자신의 내면을 보여줘봤자 큰 의미는 없을 것이다. 바람직한 것은 이름은 없지만 공통된 감정을 발견하는 것이다. 그러면 언어로 표현되지 못한 채 끊임없이 거짓과 오해를 불러일으키는 모든 강력한 동기들이 발견되고, 눈에 보이는 형태를 부여받으며, 인정받고 이름 붙여질 수 있다. 나는 무한한 재현의 능력을 갖춘 영화가 제대로 된 투자자를 만날 때 이런 일을 성취할 수 있으리라 확신한다. 하지만 생각을 눈에 보이게 만들기란 항상 쉽지 않으며 오히려 처음에는 다른 예술만큼이나 어려울 것이다.

새로운 단어의 실제 모습에 대한 메모를 덧붙여야겠다. 언어를 파고들 수 있는 적당한 시간, 재능, 돈이 있는 수천 명의 사람들이 있다고 치자. 그 사람들이 필요한 새 단어들에 합의했다고 가정해보자. 그들은 만들어지자마자 쓸모가 없어진 폴라

퓌크^{Volapuek}어* 같은 것을 창조하지 않도록 주의해야 할 것이다. 아직 존재하지 않은 언어라 하더라도 한 단어에는 자연스러운 형태가 있을 것이다. 아니면 여러 언어에 합당한 여러 자연스런 형태가 있는 것 같다. 언어가 정말 표현력이 있으면 우리가 지금 하는 것처럼 단어의 소리를 억지로 짜낼 필요는 없을 것이다. 하지만 단어의 의미와 소리 사이엔 모종의 조화가 있어야 한다고 나는 생각한다.

내가 보기에 개연성 있는 언어의 기원은 다음과 같다. 언어가 있기 전 원시인들은 자연스럽게 몸짓에 의존했으며 다른 동물과 마찬가지로 주의를 끌기 위해 몸짓을 하는 동시에 소리를 질렀을 것이다. 인간은 본능적으로 그 의미에 어울리는 몸짓을 취했고 혀를 포함한 몸의 각 부분은 그 몸짓을 따랐다. 그렇게 특정한 혀의 움직임—그러니까 특정한 소리—은 특정한 의미와 관계를 맺게 된 것이다. 시 속에서 우리는 그 직접적인 의미를 벗어나 소리에 따라 생각을 전달하는 단어들을 찾아볼 수 있다. 가령 "곤두박질치는^{plummet} 소리보다 더 깊게"(셰익스피어, 내 생각엔 여러 차례 쓰임) "곤두박질의^{plummet} 나락^{plunge}을 지나서"(A. E. 하우스먼) "헤아릴^{plumbed} 길 없는, 짜고, 멀리 떨어진 바다"(매슈 아놀드) 같은 시구에서처럼 말이다. 확실히, 직접적인 의미를 떠나서 플런^{plun}이나 플럼^{plum} 같은 소리들은 깊이를 헤아리지 못할 바다와 뭔가 연관을 맺고 있다. 그러므로 새로운 단어를 만

* 1880년에 독일인 목사 슐라이어가 국제적인 언어로 쓰기 위하여 만든 인공 언어. 어휘의 대부분은 영어와 로마자에서 따왔으나, 음성적으로는 많이 변형되어 있다.

들 때 우리는 의미의 정확성은 물론이거니와 그 소리의 적합성에 주의를 기울여야 한다. 요즘처럼 정말 새로운 단어를 옛 단어에서 잘라내 가져오는 것은 좋지 않으며 그걸 문자의 집합에서 아무렇게나 만들어내는 것 역시 좋지 않다. 우리는 단어의 자연스런 형태를 결정해야만 한다. 단어의 실제적 의미에 합의하는 것처럼, 이런 과정 역시 많은 사람들의 협동을 요구하는 일이다.

다시 찬찬히 읽어보니까 글을 급하게 쓴 나머지 나의 주장에 허점도 보이고 진부한 부분도 상당히 있는 것 같다. 대부분의 사람들에게는 언어를 개혁하자는 제안이 다소 별스럽기도 하고 호사가의 일처럼 보일 것이다. 하지만 사람들 사이에, 적어도 서로 가깝지 않은 사람들 사이에 얼마나 큰 이해의 장벽이 있는지는 한번 고려해볼 만한 일이다. 새뮤얼 버틀러가 최근 지적했듯이, 최고의 예술은(그러니까 가장 완벽한 사고의 전달은) 한 사람에게서 다른 사람에게로 '살아남아야 하는' 것이다. 우리 언어가 좀더 만족스럽다면 꼭 그럴 필요가 없을 것이다. 우리 삶과 마음의 복합체인 지식이 그렇게 빨리 발전하는데 소통의 주요 수단인 언어가 움직이지 않는다는 건 이상한 일이다. 이런 이유로 나는 단어의 의도적인 발명이 적어도 숙고해볼 만한 제안이라고 믿는다.

1940(?)년. 미수록작.

프로파간다와 대중 연설

정부 전단지나 백서, 신문의 사설, 정치인의 연설이나 방송, 어느 정당의 팸플릿이나 선언 등을 살펴보면서 당신은 항상 언어적 거리감을 느끼며 충격을 받을 것이다. 그런 언어들은 세상에 없는 지식을 만들어내는 게 아니라 종종 그렇게 할 필요와 정당성이 있기 때문에 생겨난다. 또한 그런 언어에선 명료하고 대중적인 일상 언어가 본능적으로 회피되는 듯 보인다. 정부 대변인들의 피 한방울 안 나올 방언(합당한 절차에 따라, 낱낱이 살펴보니, 가장 신속한 기회에, 대답은 긍정적이다 등으로 대표되는)은 너무 유명해서 언급할 필요도 없다. 신문 사설 역시 이런 식의 방언 또는 일반인이라면 사용하지 않을 구식 언어들(해악, 용감, 권능, 맞수, 시조, 보복, 포악한, 성곽, 방벽, 보루 등)에 의존하는 잔뜩 과장된 스타일로 쓰인다. 좌파 정당들은 독일과 러시아의 문장에서 어색하게 번역된 조악한 어휘들을 사용하는 데 능숙하다. 또한 특정한 상황에서 사람들에게 무엇을 해야 할지 지시하는 포스터, 전단지, 방송조차도 종종 효과를 내지 못하고 만다. 가령 런던의 첫번째 공습 때 많은 사람들이 어떤 사이렌이 공습이고 어떤 것이 해제인지 구분하지 못한 것으로 드러났다. 이는 수개월 또는 수년 동안 공습경고 포스터를 보고나서 벌어진 일이다. 이 포스터들은 공습을 "지저귀는 음"이라고 묘사했는데 실제 공습 사이렌은 지저귀는 소리가 아니었기 때문에 대부분의 사람들에게 전혀 인상을 주지 못했으며 그 단어에 명확한 의미도 부여되지 못했다.

전쟁 초기 몇달 동안 리처드 애클랜드Richard Acland 경[*]은 정부에 제출할 성명을 작성하면서 '대중 관찰자' 집단을 조직해 정치판에서 흔히 쓰이는 고상한 추상어들을 보통사람들이 어떻게 받아들이는지 조사했다. 기상천외한 오해들이 주목을 받았다. 가령, 대부분의 사람들은 '부도덕'이라는 단어에서 성적인 부도덕 이외의 다른 의미를 떠올리지 못했다.[**] 또한 매일 밤 펍Pub에 울려 퍼지는 방송 연설이나 뉴스 속보는 보통의 청취자들에게 아무런 감흥을 주지 못하는데 이는 그 언어들이 책에나 나오는 딱딱한 말일 뿐 아니라 상층계급의 악센트를 구사

---

[*] 영국의 정치인으로 전시 연정에 반대하며 사회주의 성향의 커먼 웰스 Common Wealth 당을 창당했다.
[**] 원서 주: 그럼에도 커먼 웰스 당은 놀라울 정도로 빈약한 구호를 채택했다. "도덕적으로 잘못된 것은 정치적으로 올바를 수 없다."

하기 때문이다. 덩케르크^{Dunkirk} 철수* 때 나는 펍에서 빵과 치즈를 먹고 있는 한무리의 인부들을 본 적 있다. 1시 뉴스가 나오고 있었는데 아무런 반응 없이 그들은 묵묵히 먹기만 했다. 그러던 중 병사 하나가 배에 구조되면서 한 말을 아나운서가 구어체 영어 그대로 전했다. "그래도 이번 여행에서 수영을 배웠잖아!" 순간 모두의 귀가 쫑긋 세워지는 듯했다. 평범한 언어라 통했던 것이다. 몇주 후 이탈리아가 전쟁에 뛰어든 다음 날 더프 쿠퍼$^{Duff\ Cooper}$(영국의 정치인이자 작가—옮긴이)는 무솔리니의 경솔한 행동은 "이탈리아의 유구한 폐허 위에 다른 폐허를 더하게 될 것"이라고 말했다. 그의 말은 단정하고 진정한 예언을 담고 있지만 그런 식의 언어가 9할의 보통사람들에게 얼마나 강렬한 인상을 남길까? 그 말의 구어체 버전은 다음과 같을 것이다. "이탈리아는 늘 폐허로 유명했지. 이제 그 망할 놈의 폐허를 더 보게 되겠구먼." 그러나 내각 장관이 공식 석상에서 그런 식으로 말하진 않는다.

강한 공감을 불러일으키지 못하거나 입소문을 끌어내지 못할 게 뻔한 슬로건의 예들은 다음과 같다. "승리의 자격" "자유는 위험에 처했다. 온힘을 기울여 방어하라" "사회주의는 유일한 해결책" "수탈자를 수탈하라" "긴축" "혁명이 아니라 진화" "평화는 나눌 수 없다"

구어체로 작성된 슬로건은 다음과 같다. "러시아에서 손 떼"

---

* 제2차 세계대전이 한창이던 1940년 프랑스 덩케르크 해안에서 연합군 병력을 영국 본토로 대피시킨 작전.

"독일이 쓴맛을 보게 하라" "스톱 히틀러" "목구멍에 세금 금지" "스핏파이어(2차 세계대전 당시 영국 전투기―옮긴이)를 사들여라" "여성에게 투표권을" 이 두 언어 사이의 중간 방식은 다음과 같다. "힘차게 나가자" "승리를 캐내라" "모든 건 나에게 달렸다" 그리고 "시작의 끝" "급소" "피와 수고, 눈물과 땀" "이토록 많은 사람들이 이토록 적은 이들에게 이토록 많은 빚을 진 적이 없다" 같은 처칠의 몇몇 문장들(의미심장하게도, 이 마지막 문구가 입소문을 타고 퍼져나가는 동안, "인류 투쟁의 현장에서" 같은 문어체는 생략되고 만다.). 우리가 염두에 둬야 할 사실은 영국인들은 거창하고 잘난 체하는 듯 들리는 말이면 무엇이건 싫어한다는 점이다. "그들을 지나가지 못하게 하라" "무릎을 꿇고 사느니 서서 죽는 게 낫다" 같은 구호는 대륙 국가들에서는 전율을 일으키지만 영국인들, 특히 노동자들한테는 좀 민망하게 느껴진다. 그러나 선동가들과 대중전략가들의 주된 약점은 구어체와 문어체의 차이를 모른다는 사실이다.

최근 내가 "객관적으로 반혁명적인 좌파 편향주의" 혹은 "소시민적 요소의 과감한 청산" 같은 마르크스주의 방언을 쓰지 말자고 주장하자 평생을 사회주의자로 살아온 사람들은 내가 "프롤레타리아의 언어를 모욕한다"면서 분노에 찬 편지를 보내왔다. 같은 맥락에서 해럴드 래스키^{Harold Laski} 교수*는 『믿음, 이성, 문명』이라는 자신의 마지막 저서에서 T. S. 엘리엇이 "오

---

* 영국의 정치학자, 경제학자, 사회주의 운동가로 장황한 문장 스타일로 유명했다.

직 소수만을 위해 글을 쓴다"면서 긴 단락에 걸쳐 그를 공격했다. 하지만 엘리엇은 사실 우리 시대에 구어로서의 영어를 쓰려고 진지하게 노력한 몇 안 되는 작가 중 하나다. 가령 다음과 같은 시행은,

> 그리고 아무도 오지 않았고 아무도 가지 않았다
> 하지만 그는 우유를 받았고, 집세를 냈다.

인쇄된 문장이 다가설 수 있는 가장 구어체에 가까운 문장이다. 한편 래스키 자신은 다음과 같은 매우 전형적인 문장을 구사한다.

> 대체로 우리의 체계는 정치적 영역에서의 민주주의―우리 역사에서 아주 최근의 발전인―와 과두제로 조직된 경제적 권력 사이의 타협이었고, 이러한 경제 권력은 다시금 여전히 우리 사회의 관습에 심대하게 영향을 끼치는 어떤 귀족적인 잔재와 연관돼 있었다.

이 문장은 강연문을 인쇄한 것으로 래스키 교수가 실제로 연단 위에 서서 삽입구까지 모두 말했으리라 추정해야 한다. 저런 식으로 말하거나 쓸 수 있는 사람들은 일상어가 어떤 것인지를 완전히 잊어버렸음이 분명하다. 하지만 이것은 래스키의 다른 문장들, 그보다 더한 공산주의자 문헌, 가장 심한 트로츠

키주의자 팸플릿에서 뽑아낼 수 있는 다른 문장들에 비하면 아무것도 아니다. 사실 좌파 언론을 읽다보면 프롤레타리아에 대해 가장 시끄럽게 떠들어대는 사람일수록 그들의 언어를 더욱 경멸한다는 인상을 받을 것이다.

나는 이미 구어체 영어와 문어체 영어는 서로 다르다고 말한 바 있다. 이런 차이는 모든 언어에 존재하지만 영어에서 특히 두드러진다. 구어체 영어는 비속어로 가득하고 틈만 나면 축약되기 일쑤이며 모든 사회계급에서 문법과 구문을 아무렇게나 다룬다. 즉흥적으로 말할 때 문장을 끝까지 마무리하는 사람은 극히 드물다. 무엇보다, 막대한 영어 어휘는 글을 쓸 때 사용하는 수천 개의 단어를 포함하지만 말로 할 때는 전혀 사용되지 않는 단어도 있다. 또한 정말 구식이 된 단어지만 똑똑하거나 고상해 보이려는 사람들에 의해 억지로 끌려 나오는 말들도 있다. 이 점을 깊이 새긴다면 우리는 구어체건 문어체건 목표하는 청중에게 다가서는 여러 방법을 고려할 수 있을 것이다.

이제 글쓰기에 관련해서, 우리가 시도할 수 있는 단 하나는 단순화의 방법이다. 첫번째 단계는—사회조사 기관은 수백 혹은 수천 파운드를 들여 할 수 있다—정치인들이 습관적으로 이용하는 추상어 중 실제로 대중들에게 이해되는 말을 찾아내는 것이다. 가령 "공표된 서약의 터무니없는 위반"이나 "민주주의 근본 원칙에 대한 은밀한 위협" 같은 문장이 보통사람들에게 아무런 의미도 없다면, 그걸 사용하는 건 어리석은 일이다. 두번째 단계는 글을 쓰면서 구어체를 끊임없이 마음속에 떠올리는 것이다. 순수한 구어체 영어를 종이에 구현하는 것은 복잡한 문제로, 잠시 후 공개하려고 한다. 다만 당신이 습관적으로 "이걸 단순화시킬 수 있을까? 좀더 구어체에 가깝게 만들 수 있을까?"라고 중얼거리면 위에 언급된 래스키 교수 같은 문장을 피할 수 있을 것이다. 또한 죽인다를 '제거한다'고 하거나 물탱크를 '저수조'라고 하는 등의 습관에서도 벗어날 수 있을 것이다.

구어체로 된 선동은 엄청난 개선의 가능성을 제공해준다. 바로 여기에서 구어체 영어로 글쓰기의 문제가 제기된다.

연설, 방송, 강연, 심지어 설교조차 보통은 미리 작성된 원고에 의존한다. 히틀러나 로이드 조지 같은 가장 효과적인 연설가는 즉흥적으로 연설하지만 이는 매우 드문 경우다. 대체로—하이드 파크 코너*에서 확인할 수 있듯이—이른바 즉흥 연설가들은 상투적인 어구들을 끊임없이 이어갈 뿐이다. 보통 그들은 전에 수십 번 했던 연설을 반복중일 것이다. 단지 예외적 재능을 타고난 연설가들만이 아주 말이 느린 사람이 보통의 대화에서 구사하는 단순함과 명료함을 전달할 수 있다. 방송에서의 즉흥 연설은 거의 시도조차 어렵다. 보통 신중하게 리허설을 거치는 '브레인 트러스트'** 같은 아주 일부 프로그램을 제외하고 BBC 방송에 나오는 모든 말들은 미리 작성되며, 정확히 원고 그대로 방송된다. 이것은 검열 때문만은 아니다. 많은 출

* 런던 하이드 파크에 있는 자유연설 장소.
** 1940년대 초 BBC 라디오의 대중 지식토론 프로그램.

연자들은 원고가 없으면 마이크 앞에서 할 말을 잃어버리기 쉽기 때문이다. 그 결과 무겁고 지루하며 교과서를 읽는 것 같은 방송이 시작되는 즉시 청취자들이 채널을 돌려버리고 만다. 사람들은 글을 쓰는 것보다 구술된 원고가 일상적인 구어체에 더 가까우리라 생각할지 모른다. 하지만 사실은 그 반대다. 인간에게 보통 구술이란 항상 곤혹스러운 일이다. 우리는 본능적으로 긴 침묵을 피하며 그러기 위해서 어쩔 수 없이 미리 만들어둔 문장이나 진부하고 퀴퀴한 은유(경종을 울리다, 짓밟아버리다, 칼날을 부딪치다, 방패로 막아서다)를 동원하는데 영어는 이런 표현들로 가득하다. 구술을 받아쓴 원고는 보통 손으로 쓴 원고보다 생기가 덜하다. 절실한 것은 평범하고 느슨하며 일상적인 영어를 종이에 옮기는 것이다.

과연 그것이 가능할까? 내 생각엔 가능하며 아주 간단한 방법이 있는데 내가 알기론 한 번도 시도된 적이 없다. 방법은 이렇다. 잘 준비된 화자를 마이크 앞에 앉히고 자기가 선택한 주제를 시간에 구애됨 없이 그냥 말하게 하는 것이다. 이것을 십여 명의 화자들에게 시키고 매번 녹음한다. 세 명이나 네 명끼리의 대화도 포함시켜본다. 그러고는 속기사가 녹음을 들으면서 글로 옮긴다. 이때 축약하거나 정리하지 말고 단어 하나, 구두점 하나까지 그대로 옮긴다. 그러면 당신은—내 생각엔 최초로—순수한 구어체로 된 표본을 얻게 될 것이다. 아마도 그것은 책이나 신문 기사처럼 읽기 좋은 글은 아닐 것이다. 하지만 구어체는 원래 읽기 위한 것이 아니라 듣기 위한 언어다. 이런 표본을 가지고 당신은 구어체의 규칙을 형성할 수 있을 것이며 그런 규칙이 문어체와 어떻게 다른지도 알게 될 것이다. 그리고 구어체로 글쓰기가 실용화된다면 미리 원고를 작성해야 하는 연사나 강연자도 자신의 자연스런 어조에 가깝고, 근본적으로 더 구어체에 다가선 원고를 준비할 수 있을 것이다.

물론, 대중 연설은 그저 구어체를 사용한다거나 이해되지 않는 단어를 피하는 것에 그치지 않는다. 억양의 문제도 있다. 현대 영국에서 '교양있는' 상류층 억양은 대규모 청중을 상대하는 연설자에게 확실히 치명적이다. 요즘 시대의 효과적인 연설자들은 모두 런던 억양이나 사투리 억양을 사용한다. 1940년대 프리스틀리 J.B. Priestley*의 방송이 성공한 이유는 대부분 그의 요크셔 억양 덕분이며 아마도 그는 방송을 위해 좀더 폭넓은 억양을 사용했을 것이다. 처칠은 이 규칙의 유일한 예외인 듯하다. 현대의 '교양있는' 억양에 익숙해지기에는 나이가 너무 많은 탓에 그는 보통사람들의 귀에는 런던 억양처럼 들리는 에드워드 7세 시대(1901~1910년—옮긴이)의 비음 섞인 상류층 억양을 사용했다. BBC 아나운서들이 사용하는 그 '교양있는' 억양은 일종의 패러디처럼 들리며 영어를 사용하는 외국인들에게 잘 이해된다는 점을 빼면 장점이 거의 없다. 영국에서 그런 억양이 자연스러운 소수에게는 특별히 신경쓰이지 않겠지만 나머지 인구의 4분의 3에게는 즉각적인 계급적 적대감을 불러일

---

* 영국의 작가이자 방송인으로, 제2차 세계대전 중 BBC 라디오 방송에서의 활동으로 대중적인 인기를 얻었다.

으킨다. 또한 단어의 발음이 애매할 경우 성공적인 연설자들은 잘못된 것을 알면서도 노동자 계급의 발음을 고수한다. 가령 처칠은 '나치'나 '게슈타포'의 발음을 보통사람들이 하듯 일부러 잘못 발음했다. 지난 전쟁 동안 로이드 조지는 '카이저'를 '케이저'로 발음했는데 이는 대중적인 발음을 따른 것이다.

전쟁 초기에 정부는 대중이 배급표를 모으도록 하는 데 큰 어려움을 겪었다. 의회 선거에서는 최신 유권자 명부가 있음에도 유권자 중 반도 안 되는 사람들만 투표하는 일이 종종 벌어진다. 이런 일들은 지배계층과 피지배계층 사이의 지적인 간극을 보여주는 현상들이다. 하지만 똑같은 간극은 항상 지식인과 보통사람들 사이에도 가로놓여 있다. 선거 예측에서 알 수 있듯이 언론인들은 대중이 무슨 생각을 하는지 결코 알지 못한다. 혁명적인 선동은 믿기 힘들 정도로 효과가 없다. 전국에 걸쳐 교회는 텅 비어 있다. 보통사람들이 당연히 할 생각을 한다고 가정하는 대신 무슨 생각을 하는지 찾아내겠다는 모든 시도는 낯설고 환영받지 못한다. 사회조사는 좌우 모두에게서 잔인하게 공격받는다. 그러나 여론을 조사하는 기구는 현대 정부에 분명히 필요하며 전체주의 국가보다는 민주적 국가에서 더욱 그렇다. 그것을 보완하는 것이 보통사람들이 이해하고 반응할 수 있는 언어로 말하는 능력이다.

현재 프로파간다가 성공하는 유일한 경우는 민중들이 원래 바랐던 것과 일치하는 순간인 듯하다. 가령 지금의 전쟁에서 정부는 뜻밖에도 사기를 유지하기 위해 아무 일도 하지 않았다. 그저 기존의 호의적인 여론에 의지했을 뿐이다. 또한 모든 정당들은 극도로 중요한 문제들—하나를 꼽자면 인도 문제—에 대한 대중의 관심을 끌어내는 데 실패했다. 하지만 언젠가 우리는 지금 무엇이 일어나는지, 앞으로 무슨 일이 일어나야 하는지, 그리고 어떤 희생이 요구되며 그 이유는 무엇인지를 사람들에게 말하는 진실하게 민주적인 정부를 갖게 될지도 모른다. 그런 체계를 구축하기 위해 첫째로 요청되는 것은 올바른 말이며 올바른 어조다. 누군가 보통사람들의 성향을 파악하고 그들에게 적절하게 다가서는 방법을 찾자고 제안했을 때, 대중을 '깔보는 투로' 무시하려는 사람, 혹은 영국에 게슈타포를 구축하려는 지적인 속물로 비난받는다면 그것은 우리의 민주주의 인식이 19세기 수준에 나태하게 머물러 있다는 반증이 될 것이다.

『신념』*Persuasion* 1944년 여름.

W. B. 예이츠

 마르크스주의 비평은 '경향성'과 문학적 스타일 사이의 연관성을 성공적으로 추적하지 못했다. 주제와 책의 형상화는 사회학적 언어들로 설명될 수 있지만 그 섬세한 질감은 그럴 수 없다. 하지만 연관성이 있는 것만큼은 분명하다. 예를 들어 비록 어떻게 쓰는지를 말하기는 쉽지 않더라도 사회주의자는 체스터턴이나 버나드 쇼 같은 보수당 제국주의자들처럼 쓰지 않는다는 사실을 우리는 알고 있다.

 예이츠의 경우에도 삶에 대한 그의 다소 불길한 견해와 괴팍하고 심지어 아주 고통스러운 글쓰기 스타일 사이엔 미묘한 연관성이 있다. 메논Menon*은 주로 예이츠 작품의 비밀스런 철학

---

*   원서 주: V. K. Narayana Menon 『윌리엄 버틀러 예이츠의 발전』*The Developement of William Butler Yeats* 참고.

에 관심을 가졌지만 그가 쓴 흥미로운 책 속 도처에 흩어진 인용들은 예이츠의 글쓰기 방식이 얼마나 장식적인지를 상기시켜준다. 대체로 이런 장식성은 아일랜드 시의 특징으로 이해되거나 예이츠가 짧은 언어들을 사용하기 때문에 간결함으로 받아들여지기도 하지만 사실상 그의 시의 연속된 6행에서 의고체擬古體나 의도적으로 꾸며진 화법의 전환이 발견되지 않는 구절은 거의 없다.

> 나에게 노인의 광란을 허락하라,
> 내 자아를 나는 다시 만들어야 한다
> 타이몬Timon*과 리어Lear**가 될 때까지
> 또는 그that 윌리엄 블레이크,
> 진실이 부름에 순종할 때까지
> 벽을 후려친 그 사람

저 불필요한 '그that'라는 단어는 과장된 느낌을 불러일으키며 그런 경향은 예이츠의 최고 시구들을 제외한 모든 곳에 존재한다. '고색창연'하다는 의심에 사로잡힐 수밖에 없으며 어딘가 1890년대는 물론 상아탑, 그리고 "오줌 묻은 초원을 뒤덮은 송아지"뿐 아니라 래컴Rackham***의 스케치, 리버티 아트 패

---

* 그리스의 철학자.
** 셰익스피어의 비극 『리어왕』의 주인공.
*** 영국의 삽화가, 『이상한 나라의 앨리스』 등의 삽화를 그렸다.

브릭스*, 네버랜드의 『피터 팬』과 연관돼 있고 결국 「행복한 마을」The Happy Townland**은 더 구미가 당기는 사례에 불과하다. 예이츠가 대체로 잘 표현해내기 때문에 문제가 되진 않으며 효과를 내려는 그의 시도가 때로 불쾌하기도 하지만 그런 시도는 또한 방 너머로 보이는 소녀의 얼굴처럼 우리를 압도하는 시구들("서늘하고 쓸모없는 나날", "고등어처럼 빽빽한 바다")을 만들어내기도 한다. 그는 시인은 시적인 언어를 사용하지 않는다는 규칙의 한 예외이다.

> 얼마나 많은 세기가 흘렀나
> 측정이라는 고역 속에서
> 앉아 있는 영혼
> 독수리 또는 두더지 너머,
> 듣거나 보는 것 너머
> 또는 아르키메데스의 추측을,
> 그 사랑스러움의 존재로
> 키워내기 위하여?

여기서 그는 '사랑스러움' 같은 물렁하고 천박한 단어에 움찔하지 않으며 결국 그 단어는 훌륭한 시구들을 심각하게 망치지 않는다. 그러나 의심할 여지없이 의도적인 일종의 조잡함과

---

* 영국의 대표적인 섬유 브랜드 리버티 런던에서 생산하는 고급원단.
** 이상향과 꿈같은 신비로운 세계를 그린 예이츠의 시.

더불어 그와 같은 경향은 그의 풍자시와 격렬한 시편들을 손상시킨다. 가령(기억에 의존해 인용하자면) 「서구 세계의 플레이보이」 The Playboy of the Western World를 저주한 비평가들에 맞선 풍자시는 아래와 같다.

> 한번은 한밤중 공기를 때리며
> 환관들이 지옥을 뚫고 달려가
> 혼잡한 거리마다 서서
> 위대한 후안이 지나가는 것을 바라보았다
> 심지어 그렇게까지 격분하고 땀을 흐리며
> 그의 근육질의 허벅지를 바라보았다

예이츠가 내면에 간직한 힘은 준비된 비유를 선사하고 마지막 행의 엄청난 경멸을 만들어내지만 이처럼 짧은 시에도 불필요한 단어가 예닐곱 개나 된다. 좀더 깔끔했다면 더욱 치명적이었을 것이다.

메논의 책은 예이츠의 짧은 전기지만 저자는 무엇보다 예이츠의 철학적 '체계'에 관심이 있으며 그의 견해에 따르면 그 철학적 체계는 일반적으로 알려진 것보다 예이츠 시의 주제를 더 많이 제공해준다. 이 체계는 여러 곳에 단편적으로 소개되며 나는 읽어보지 못했지만 메논이 광범위하게 인용한 예이츠의 개인 출판 저서 『비전』 A Vision에 온전하게 수록돼 있다. 예이츠는 그 체계의 기원에 관해서 상반되는 설명을 했고 메논은 체계가 겉으로 기반하고 있는 '문서들'이 실은 상상에 불과함을 꽤 폭넓게 암시한다.

예이츠의 철학적 체계는 "거의 처음부터 그의 지적 삶의 배경에 있었다. 그의 시는 철학적 체계로 가득 차 있다. 그것 없이 그의 후기 시는 이해 불가능하다"고 메논은 말한다. 이른바 그 체계에 대해 읽기 시작하자마자 우리는 위대한 바퀴, 나선형, 달의 주기, 환생, 육체에서 분리된 영혼, 점성술 같은 해괴한 단어들 한가운데 서게 된다. 예이츠는 자신이 이 모든 것을 문자 그대로 믿었는지에 대해선 얼버무리지만 확실히 영성과 점성술에 손을 댔고 젊었을 때는 연금술 실험을 한 적도 있다. 달의 위상에 대한 설명 아래 파묻혀 매우 이해하긴 어렵지만 그의 철학적 체계의 중심 아이디어는 우리의 옛 친구, 즉 모든 것이 반복해서 일어나는 순환적인 우주인 듯 보인다.

아마도 그의 신비한 믿음을 두고 예이츠를 비웃을 권리는 없겠지만—마술에 대한 어느 정도의 믿음은 거의 보편적이기 때문이다—신비나 마술을 그저 기이하고 사소한 것으로 치부하도록 내버려둬서도 안 될 것이다. 메논의 책이 깊은 흥미를 불러일으키는 것이 바로 이 지점에 대한 저자의 생각이다. "경탄과 열광이 솟구치는 그 첫 순간," 저자는 말한다. "대부분의 사람들은 환상적인 철학을 위대하고 호기심 많은 지성을 위한 대가로 치부해버렸다. 우리는 예이츠가 지향하는 바를 이해하지 못했다. 또한 파운드나 엘리엇처럼 그것을 이해한 사람들은 그가 마침내 취한 입장을 인정했다. 이것에 대한 첫 반응은 우리가 예상했던 것처럼 정치적으로 무장한 젊은 영국 시인들에게서 나오지 않았다. 『비전』보다 덜 엄격하거나 장식적인 체계가 예이츠 말년에 위대한 시들로 탄생하지 못했다는 사실에 젊은 시인들은 당황했다." 그건 사실이었지만 예이츠의 철학은 메논이 지적하듯 매우 어두운 암시를 품고 있다.

정치적 용어로 옮기자면 예이츠의 경향은 파시스트다. 대부분의 생애 동안, 그리고 파시즘이라는 말이 떠돌기 훨씬 전부터 예이츠는 귀족적인 길을 따라서 파시즘에 도달한 사람들의 세계관을 소유하고 있었다. 그는 민주주의, 현대 세계, 과학, 기계, 진보의 개념, 무엇보다 인간 평등 같은 개념을 아주 싫어했다. 그의 작품 상당 부분을 차지한 이미지는 봉건적이며 심지어 그는 보통의 속물주의에서도 벗어나지 못했다. 후에 이런 경향들은 좀더 명확한 형태를 띠었고 "권위주의를 유일한 해결책으로 의기양양하게 받아들이도록 그를 이끌었다. 선과 악을 알지 못하는 민중들은 폭정을 완전히 묵인할 것이기 때문에 폭력과 폭정조차도 필연적으로 악하지 않다. (…) 모든 것은 위에서부터 나온다. 군중에게서는 아무것도 나올 수 없다."

정치에 큰 관심이 없었고 분명히 자신의 짧았던 공직에도 염증을 느꼈을 예이츠는 그럼에도 정치적 발언을 한다. 그는 자유주의의 환상을 공유하기에는 너무 큰 인물이었고 이미 1920년대에 유명한 구절(「두번째 도래」 The Second Coming)에서 지금 우리가 실제로 옮겨온 세상을 정당하게 예언한 바 있다. 하지만 그는 다가오는 세대, 즉 "위계적이고, 남성적이고, 가혹하고, 도려내는"

세대를 환영하는 듯 보이며 에즈라 파운드와 여러 이탈리아 파시스트 작가들의 영향을 받는다. 그는 자신이 믿고 희망하는 새로운 문명이 도래할 것이라면서 다음과 같이 묘사한다.

> 가장 완벽한 형태의 귀족 문명, 모든 삶의 세부에 적용되는 위계, 위대한 인물의 문앞에 새벽부터 모여드는 탄원자들, 모든 곳에서 소수의 손아귀에 집중된 거대한 부, 모두가 소수에 의지하는 곳, 신인 황제 자신조차 더 위대한 신에게 의지하는 곳, 또한 법원, 가정 어디서나 불평등이 법인 곳.

이 진술의 순진함은 그 속물근성만큼이나 흥미롭다. 우선 "소수의 손아귀에 집중된 부"라는 짧은 문구에서 예이츠는 파시즘의 핵심 실체를 낱낱이 드러내는데 이런 실체는 파시즘의 프로파간다가 숨기려 했던 전체에 해당한다. 그저 단순한 정치적 파시스트는 항상 정의를 위해 싸울 것을 주장한다. 시인 예이츠는 파시즘이 불의임을 단번에 알아보았고 바로 그런 이유로 파시즘을 칭송한다. 하지만 동시에 그는 새로운 권위적 문명이 도래하면 그것은 귀족적이지 않거나 그가 의미한 귀족적인 것과 다를 것임을 깨닫는 데 실패한다. 그런 문명은 반 다이크[Van Dyck]*의 초상화에 등장하는 고상한 귀족이 아니라 이름 없는 백만장자, 번지르르한 관료들, 살인을 일삼는 깡패들에 의해

---

* 17세기 플랑드르(현재의 벨기에) 출신의 대표적인 화가. 유럽 귀족들의 초상화로 유명하다.

지배될 것이다. 똑같은 실수를 저지른 다른 사람들은 나중에 관점을 바꿨고 우리는 예이츠가 더 오래 살았더라면 동정심에서라도 반드시 자기 친구인 파운드를 따랐으리라고 함부로 추측해선 안 된다. 하지만 내가 위에서 인용한 문장의 경향성은 분명하며 지난 2천년 간 성취한 좋은 것은 무엇이든 완전히 배 밖으로 내던지는 그런 경향은 불안한 징후다.

예이츠의 정치적 생각은 어떻게 그의 신비주의와 연결되는가? 얼핏 봐서는 왜 민주주의에 대한 혐오와 수정구슬을 보고 점을 치는 미신이 연결되는지 확실치 않다. 메논은 이 사실을 짧게 다루고 있지만 두 가지 추측을 해볼 수 있다.

우선, 문명이 순환하면서 재등장한다는 이론은 인간 평등의 개념을 싫어하는 사람들을 위한 하나의 탈출구다. "이 모든 것"이 "전에 이미 일어났던 일"이라는 말이 사실이라면, 과학과 현대 세계는 단번에 틀린 것이 되며 진보는 영원히 불가능해질 것이다. 결국 우리는 폭정의 시대로 돌아가기 때문에 하급 질서가 분수를 모르고 날뛰는 것도 그리 문제가 되지 않는다. 이런 세계관을 가진 사람은 결코 예이츠만이 아니다. 우주가 바퀴 위에서 둥글게 순환한다면 미래는 아주 작은 부분들까지 예견 가능할 것이다. 예전의 천문학자들이 태양력을 발견했듯이 그 운동의 법칙을 발견하면 그만인 것이다. 그것을 믿는다면 점성술이나 그 비슷한 체계를 믿지 않기는 힘들어진다. 전쟁 발발 1년 전, 군대 장교들이 많이 읽는 프랑스의 파시스트 주간지 『그랭구아르』*Gringoire*를 살펴보다가 나는 신통력에 대한 광고를 적어도 38개 발견했다.

두번째로, 신비주의 개념 안에는 지식은 비밀스러우며 소수의 회원들에게 국한된 것이라는 생각이 스며들어 있다. 그와 똑같은 생각이 파시즘에도 내재돼 있다. 보편적 참정권, 대중교육, 사상의 자유, 여성해방의 전망을 두려워하는 사람들은 비밀스런 숭배를 선호하는 것부터 시작할 것이다. 파시즘과 마술의 또다른 연결 지점은 기독교 윤리 강령에 대한 지독한 혐오에도 있다.

의심할 바 없이 예이츠는 자신의 신념 앞에서 망설였고 여러 시기를 거쳐 다양한 견해를 가졌는데 어떤 것은 이해될 만했고 다른 것은 그러지 못했다. 메논은 예이츠가 지금껏 어느 시인보다 긴 발전의 시간을 가졌다는 엘리엇의 주장을 되풀이하면서 그를 변호했다.

그러나 내가 기억하는 그의 작품 가운데 변함없는 단 하나는 서구 문명에 대한 혐오와 청동기시대 또는 중세시대로 돌아가려는 열망이다. 그런 모든 사상가와 마찬가지로 그는 글을 쓰면서 무지를 찬양하는 편이다. 그의 주목할 만한 희곡 「모래시계」*The Hour-Glass*에서의 바보는 체스터턴식의 인물인 "신의 바보"이자 "자연스럽게 태어난 순진함"으로, 항상 현명한 사람보다 더 현명한 사람이다. 희곡에서 철학자는 평생의 사유가 헛것임을 알고 죽음에 이른다(다시 한번 내 기억에 의존해 인용한다).

    세상의 흐름은 그 경로를 바꾸었고

> 그 흐름에 따라 내 사유는
> 어느 흐리고 천둥 같은 봄으로 뛰어들었다.
> 그것의 산(山)의 원천은
> 아, 마음의 광란에 이른다
> 우리가 행한 모든 것은
> 그저 바람처럼 우리의 추측을 무너뜨린다.[*]

아름다운 시어들이지만 심오하게 반계몽적이고 반동적임을 암시한다. 만약 시골의 백치가 철학자보다 현명하다는 게 사실이라면 알파벳이 발명되지 않았던 게 더 좋았다는 말과 같기 때문이다. 물론 우리가 과거에 살 수는 없기에 과거에 대한 모든 칭송은 부분적으로는 감상적이다. 가난한 사람들은 가난을 칭송하지 않는다. 기계를 경멸하기 전에 기계가 잔혹한 노동에서 우리를 해방시켜줄 것이다. 하지만 원시적이고 좀더 위계적인 시대에 대한 예이츠의 열망이 진실하지 않았던 것은 아니다. 이 모든 것이 귀족의 가난한 후손으로서 예이츠 자신의 속물근성에 얼마나 기대고 있는지는 다른 문제다. 또한 그의 반계몽주의적 견해와 언어의 '기이함'을 향한 경도가 어떻게 연결되는지는 다뤄지지 않았다. 메논은 거기에 대해서 거의 언급하지 않는다.

---

[*] 원서 주: 맨 아래 3행은 사실 다음과 같다.
아, 마음의 어떤 광란에 이른다/ 우리가 행한 모든 것은/ 그저 바람처럼 우리의 추측을 무너뜨리기에.

책은 매우 짧은데 메논이 더 나아가 이 책이 끝난 자리에서 예이츠에 대한 또다른 책을 시작했으면 하고 바라마지 않는다. "우리 시대의 가장 위대한 시인이 파시즘의 도래에 승리감을 느끼며 도취돼 종을 울리고 있다면 충격적인 징후로 보일 것이다." 그는 마지막 페이지를 이렇게 끝맺는다. 그것이 충격적 징후인 이유는 고립된 현상이 아니기 때문이다. 우리 시대 최고의 작가들 다수가 반동적인 경향을 보이며 파시즘이 과거를 향한 어떤 진실한 귀환도 제공하지 못함에도 과거를 열망하는 사람들은 가능한 대안보다 파시즘을 더 빨리 받아들일 것이다. 하지만 우리가 지난 2~3년 동안 보았듯 다른 접근방식도 있다. 파시즘과 문학 지식인 사이의 관계는 반드시 조사될 필요가 있으며 예이츠는 아마도 좋은 출발점이 될 것이다. 기본적으로 시인으로 접근하지만 작가의 정치적이고 종교적인 신념이 그저 웃어넘길 만한 혹덩어리가 아니라 작가의 작품에 아주 작은 세부라도 흔적을 남긴다는 사실을 아는 메논 같은 사람에 의해 예이츠는 가장 잘 연구될 수 있을 것이다.

『호라이즌』 *Horizon* 1943년 1월.

조지 기싱[*]

　원자폭탄의 그늘 아래 진보에 관해 확실하게 이야기하기는 쉽지 않다. 하지만 우리가 10년 내에 조각나 날아가버리지 않을 거라는 예측이 가능하다면 거기에는 많은 이유가 있을 테고 현재 세대가 지난 세대보다 훨씬 낫다는 점을 고려해볼 때 조지 기싱의 소설도 그 이유 중 하나가 될 법하다.
　기싱이 아직 살아 있다면 버나드 쇼보다도 젊을 테지만 그가 그려낸 런던은 디킨스가 묘사한 것만큼이나 오래돼 보인다. 1880년대 안개 자욱한 가스등 불빛의 도시이자 술 취한 청교

---

[*]　George Gissing. 1857~1903. 영국의 소설가, 19세기 말의 사회적 현실과 빈곤층의 삶을 사실적으로 묘사한 작품을 남김. 빅토리아 시대 후기 문학에서 중요한 작가 중 한 명으로 평가받으며, 냉소적이고 현실적인 시각을 반영한 것이 특징임. 대표작으로는 『뉴 그럽 스트리트』*New Grub Street*, 『지하세계』*The Nether World* 등이 있다.

도들의 도시. 그곳의 의복, 건물, 가구 등은 극도로 흉물스러웠고 노동계급 가족 10명이 한 방에서 사는 것은 일반적이었다. 대체로 기싱은 극빈층의 삶을 그려내진 않았지만 그가 묘사한 중하층의 삶은 아주 뚜렷하게 사실적이고 음울하여 60년 전 검은 코트와 돈이 지배하던 세상에 비해 지금은 확실히 나아졌다는 느낌을 지울 수 없다.

기싱의 모든 작품은—말년에 쓰인 한두 작품을 제외하고—기억할 만한 문장을 품고 있으며 그의 작품을 처음 접하는 사람이라면 『희년의 해』*In the Year of the Jubilee*에서 시작하는 것도 나쁘지 않을 것이다. 하지만 반드시 기억돼야 함에도 수년간 절판 상태인 그의 책들이 버젓이 있는데도 별로 중요하지 않은 그의 책 두 권을* 재출간한 데 종이를 쓴 것은 아쉽다. 가령 『독신 여성들』*The Odd Women*은 전혀 구할 수 없는 상태다. 나는 1914년 전쟁이 발발하기 이전 유행했던 붉은 장정의 싸구려 판본을 하나 가지고 있는데 그것이 내가 보고들은 유일한 판본이다. 기싱의 걸작 『뉴 그럽 스트리트』는 도저히 살 수 없어서 수프 자국으로 얼룩진 책을 도서관에서 빌려 읽었다. 『데모스』*Demos*, 『지하세계』 역시 마찬가지다. 내가 아는 한 『헨리 라이크로프트의 사적인 기록』*The Private Papers of Henry Ryecroft*, 디킨스에 관한 책, 그리고 『인생의 아침』*A Life's Morning* 정도가 최근에 출간된 책들이다. 하지만 이번에 재출간된 두 작품도 충분히 읽을 가치는 있는데 특히 『희년의 해』는 추악하며 그래서 더욱 특징이 드

---

* 원서 주: 『희년의 해』와 『소용돌이』*The Whirlpool*를 말한다.

러난다.

서문에서 윌리엄 플로머^{Willian Plomer}는 "일반적으로 기싱의 소설은 돈과 여성들에 관한 것이다"라고 말했으며 미퍼뉘 에반스^{Myfanwy Evans}도 『소용돌이』의 서문에서 비슷한 말을 한다. 그 정의를 확장시켜보면 기싱의 소설은 체면이라는 이름하에 전개되는 자기학대의 형식에 맞선 저항이라 할 만하다. 책을 좋아하며 지나치게 문명화된 남자 기싱은 고전적 고대를 사랑했고 자신과 외부 사이에 두꺼운 돈다발이 있지 않고는 편안할 수 없는, 차갑고 연기 자욱한 프로테스탄트 국가에 갇혀 있다고 느꼈다. 그의 분노와 불만 뒤에는 후기 빅토리아 영국에서 인생의 공포는 대부분 불필요하다는 인식이 깔려 있었다. 그 더러운 때, 어리석음, 추함, 성적인 굶주림, 은밀한 타락, 천박함, 나쁜 태도, 까다로움 같은 것들은 구시대의 청교도적 유물일 뿐이며 더이상 사회구조를 지탱하지 못하기 때문에 불필요했다.

효율적이고도 합리적으로 행복하게 살 수 있는 사람들조차 스스로를 공포에 몰아넣는 터무니없는 금기를 만들어냄으로써 오히려 비참한 삶을 선택한다. 돈은 그저 없으면 굶주리기 때문에 골치 아픈 존재가 아니다. 더 중요한 것은 꽤 많은 돈이 없으면—이른바 1년에 3백파운드 정도—우리는 이 사회에서 우아하게, 심지어는 평화롭게 살 수가 없다. 여성들이 남성보다 문제적 존재인 이유는 금기가 자신들을 공격함에도 여전히 체면의 노예가 되어 금기에 사로잡혀 있기 때문이다. 따라서 돈과 여성은 용기있고 지적인 사람들에게 복수를 가하는 두 가지

도구가 된 것이다.

　기싱은 자신과 몇몇 사람들을 위해 돈이 더 있으면 좋겠다고 생각했지만 요즘 우리가 사회 정의라고 부르는 것에는 큰 관심이 없었다. 그는 노동계급을 숭배하지 않았고 민주주의도 신뢰하지 않았다. 그는 다수의 인간이 아니라 예외적 인간, 예민한 인간, 야만인들 사이에서 소외된 인간을 위해 발언하기를 원했다.

　『독신 여성들』에서는 어떤 주인공도 파탄나지 않은 인생이 없다. 그들은 너무 가난하거나, 인생의 너무 늦은 시기에 돈을 얻거나, 명백히 어리석지만 문제조차 제기할 수 없는 사회적 관습의 억압에 시달린다. 나이든 독신여성은 술에 의지하며 쓸모없는 인생을 영위한다. 젊고 예쁜 소녀는 아버지뻘 되는 늙은 남자와 결혼한다. 고군분투하는 교사는 연인과의 결혼을 미루다 결국 둘 다 중년에 이르고 쇠약해진다. 품성이 온화한 남자는 아내의 잔소리를 듣다가 죽음에 이른다. 드물게 지적이고 활기찬 한 남자는 모험적인 결혼을 감행할 기회를 놓치고 다시 허무에 빠진다. 모든 경우 재앙의 궁극적 원인은 사회적 규범에 그대로 복종하거나 그것을 피해갈 충분한 돈이 없기 때문이다.

　그의 또다른 작품 『인생의 아침』의 정직하고 재능있는 주인공 남자는 모자를 쓰지 않고 큰 도시를 걸어다니는 금지된 행동을 했다는 이유로 파멸과 죽음에 이른다. 그의 모자는 기차 여행 중 창밖으로 날아가버렸고 새 모자를 살 돈이 없자 고용주의 돈을 빼돌리면서 일련의 재앙이 시작된다. 이것은 갑자기 모든 강력한 금기를 우스꽝스럽게 보이게끔 하는 흥미로운 관점의 변화를 보여준다. 오늘날 누군가 어쩌다가 바지를 잃어버린다면 속옷만 입고 돌아다니느니 차라리 돈을 훔칠 것이다. 1880년대에는 모자의 경우 그 필요성이 바지만큼이나 절실했다. 3,40년 전만 해도 모자를 쓰지 않은 사람들은 거리에서 야유를 받았다. 그러다가 뚜렷한 이유 없이 맨머리가 존중을 받았고 오늘날엔 기싱이 묘사한 비극은—당시의 맥락에서는 아주 그럴 듯하지만—거의 일어날 수 없는 일이 되었다.

기싱의 책 중 가장 인상적인 것은 『뉴 그럽 스트리트』다. 이 작품은 전업작가들의 무서운 직업병인 글을 쓰지 못하는 증상을 다루기 때문에 작가들을 속상하게 하고 의기소침하게 하는 책일 수 있다. 갑자기 글을 쓰지 못하게 되는 작가들이 분명히 많지 않지만 그것은 성적인 불구만큼이나 누구에게나, 언제든지 일어날 수 있는 재앙이다. 물론 기싱은 그 문제를 자신의 익숙한 주제들, 즉 돈, 사회적 관습의 억압, 맹목적인 여성 등과 연결시킨다.

젊은 소설가 에드윈 리어든은—운 좋게 소설 한 편이 성공해 서기 직을 그만둔—매력있고 매우 지적이며 수입도 약간 있는 젊은 여성과 결혼한다. 지금이라면 기이하게 들리겠지만, 이 장면과 다른 한두 장면에서 기싱은 교육받은 남자가 부유하지 못하면 결혼하지 못한다는 말을 한다. 주인공 리어든은 간신히 결혼하지만, 다락방에 거주하며 급여가 낮은 가정교사 일로 살아가는 한 친구는 할 수 없이 독신을 당연한 것으로 받아들인다. 그가 아내를 찾는 데 성공한다면, 빈민가 출신의 배우지 못한 여성이라는 소식이 들려올 것이다. 세련되고 감수성 있는 여성은 가난을 이겨내지 못할 테니까.

여기서 우리는 지금 시대와 그 시절의 깊은 차이를 다시 목격한다. 기싱은 자신의 책에서 지적인 여성들은 매우 희귀한 종족이라고 분명히 암시한다. 만약 지적인 데다 예쁜 여성과 결혼하고 싶다면 수학적 규칙에 따라서 그 선택의 폭은 더욱 줄어든다. 그건 털이 흰 동물을 고르되 왼손잡이를 택해야 한다는 것만큼이나 확률이 떨어지는 것이다. 그러나 자신의 끔찍한 여주인공, 그리고 다른 여성들에 대한 묘사에서 기싱은 당시 여성들의 섬세함, 세련됨, 심지어 지성까지도 우월한 사회적 지위와 값비싼 물질적 환경과 밀접하게 연결돼 있다는 결론을 내린다. 작가가 결혼하고 싶어하는 여성 또한 다락방에서 살기 싫었을 것이다. 기싱이 『뉴 그럽 스트리트』를 썼을 당시 그것은 사실이었을 테지만, 내 생각에 현재는 그렇지 않다고 주장할 수 있을 것이다.

아무튼 리어든이 마침내 결혼하자마자 그의 아내가 그저 단순한 속물이며 "예술적 취향"을 사회적 경쟁을 위한 가면으로 뒤집어쓰고 다니는 여성임이 명백히 드러난다. 곧 유명해질 소설가와 결혼함으로써 그녀는 자신에게 명성을 얹어줄 사람을 찾았다고 생각했다. 리어든은 학구적이고 내성적이며 뭔가 부족한 남자로 전형적인 기싱의 영웅이다. 결코 감당할 수 없는 사치스럽고 가식적인 세계에 붙잡힌 그의 신경은 곧장 무너져버린다. 당연히 그의 아내에게는 문학적 창조가 무엇인지에 대한 조금의 이해도 없다. 책에는 끔찍한 장면—적어도 글쓰기로 생계를 이어가는 사람에게는 끔찍한—이 나오는데, 그의 아내는 하루에 쓸 수 있는 페이지 분량을 측정해 1년에 얼마큼의 소설을 쓸 수 있는지를 계산하며 소설 쓰기가 그리 많은 노동을 필요로 하는 작업이 아니라고 생각한다. 반면 리어든은 충격으로 말문이 막힌다. 하루하루 그는 책상에 앉아 있지만 아무것도 떠오르지 않는다. 마침내 경악에 휩싸여 그는 엉터리 소설을 써내고, 이전 작품이 성공적이었기에 출판업자는 의아해하며 신작을 받아든다. 그 후로 그는 출판할 만한 작품을 쓰지 못한 채 끝장나고 만다.

그가 서기로 되돌아가고 다시 독신남이 될 수 있었으면 괜찮았을 텐데 슬프게도 그러지 못했다. 마침내 리어든이 죽은 후 그의 아내와 결혼한 무뚝뚝한 기자는 리어든 같은 사람은 혼자 내버려두면 2년에 한 권은 좋은 책을 썼을 것이라고 정확히 짚어낸다. 하지만 그는 혼자 남겨지지 못했다. 그는 예전 직업으로 돌아갈 수 없었고 아내의 돈으로 먹고살 수도 없었다. 아내를 통해 작동하는 공공의 여론은 그를 무기력에 빠트렸고 결국은 죽음으로 이끌었다. 그 책의 다른 등장인물들 역시 대부분 그리 행복하지 못했고 그들을 괴롭히는 문제들은 현재도 여전히 남아 있다. 하지만 적어도 작품에 드러난 비극이 같은 이유와 방식으로 현재에 일어날 것 같진 않다. 현재라면 리어든의 부인은 그렇게 어리석진 않을 테고 아내가 삶을 견디기 어렵게 하면 그 역시 양심의 가책 없이 그녀를 떠났을 것이다.

그와 유사한 여성은 『소용돌이』에서 알마 프로싱엄^{Alma} ^{Frothingham}으로 등장한다. 이에 반해 『희년의 해』에는 떠오르는 중하류층을 대변하는 세 명의 프렌치 양이 등장하는데 기싱에 따르면 그 계급은 돈과 권력은 손에 쥐었지만 사용할 줄 모르며 놀랍도록 거칠고 소란스러우며 성질 또한 더럽고 비도덕적이다. 얼핏 보면 기싱의 '여성다운' 여성과 '여성답지 못한' 여성은 다르며 심지어 정반대의 사람 같은데 이것이 여성 전반에 걸친 그의 묵시적 비난을 무효화하는 듯 보인다. 그러나 그 둘 사이의 연결점은 양쪽 다 매우 제한된 세계관에 빠져 있다는 것이다. 『독신 여성들』(이 작품은 신여성의 흥미로운 초기 사례를 담고 있다)에서의 로다^{Rohda}처럼 현명하고 활달한 여성조차도 보편적인 관점에서 생각하지 못하며 기존의 규범을 벗어나지 못한다. 기싱은 여성이 열등함을 타고난다고 내면 깊숙이 느낀 것 같다. 그는 여성들이 더 나은 교육을 받기를 원했지만 다른 한편으론 그들이 남용할 것이 뻔한 자유를 누리기는 바라지 않았다. 대체적으로 그의 작품에서 그려지는 최고의 여성들은 나서지 않고 가정적인 사람들이다.

책을 구할 수가 없어서 읽어보지 못한 기싱의 작품이 여럿 있는데 안타깝게도 거기에는 몇몇 사람들이 최고의 책이라고 평하는 『망명자로 태어나다』$^{Born\ in\ Exile}$도 포함돼 있다. 하지만 『뉴 그럽 스트리트』, 『데모스』, 『독신 여성들』이 가진 힘만으로도 나는 영국에 그보다 더 나은 소설가는 드물다고 주장하는 바이다. 그러나 과연 소설이 무엇인지를 잠시 고민해보지 않고서는 나의 말이 경솔하게 들릴 수도 있을 것이다.

'소설'이란 말은 모든 종류의 이야기를 지칭하지만—가령 『황금 당나귀』, 『안나 카레니나』, 『돈키호테』, 『즉흥시인』, 『마담 보바리』, 『솔로몬 왕의 보물』 등—좁은 의미에서의 소설은 19세기 이전에는 거의 존재하지 않았으며 주로 러시아와 프랑스에서 번성한 장르를 뜻한다. 이런 의미에서의 소설은—반드시 자연주의적 기법을 쓰지 않고도—있을 법한 인간을 묘사하며 터무니없는 모험을 이어가기보다는 일상의 동기에 따라 행동하는 모습을 보여준다. 또한 이런 개념에 충실한 소설에는 적어도 두 명 또는 그 이상의 인물이 등장하며 각각의 내면의 입장에서 같은 수준의 개연성을 가지고 서술된다. 그러므로 사실상 1인칭 관점에서 쓰인 소설들은 배제된다. 이런 관점을 받아들인다면, 소설은 영국이 뛰어난 재능을 보인 예술 장르가 아니다. 흔히 '위대한 영국 소설가'로 알려진 작가들은 진정한 소설가가 아니거나 또는 영국인이 아니라고 판명될 가능성이 높다. 기싱은 피카레스크 소설이나 풍자극, 희극, 정치적인 글을 쓰는 작가가 아니다. 그는 인간 개개인에 관심을 가졌고 여러 상이한 동기들을 공감하면서 다룰 줄 알았고 그 동기들 사이의 충돌에서 그럴듯한 이야기를 만들어냈기 때문에 영국 작가들 중에서 예외적 존재가 되었다.

그가 상상해낸 상황과 인물들 속에 이렇다 할 아름다움이나 서정성은 확실히 눈에 띄지 않으며 글쓰기의 결에서도 그런 점들은 느껴지지 않는다. 사실 그의 문장은 이따금 혐오스럽다. 여기 사례를 들어보자.

> 그녀의 생각은 꺼림칙하게도 금지된 영역을 떠돌도록 습관화되었으며 육체를 냉정하게 거리두려고 결심해도 막무가내였다. _『소용돌이』

> 의복과 관련하여 교육받지 못한 영국 여성들의 서투름은 자세히 언급할 필요조차 없는 사실이다. _『희년의 해』

그러나 그는 정말 문제시되는 결함을 저지르지는 않는다. 그가 말하는 바는 언제나 명확하며 '효과를 내기 위해' 글을 쓰지도 않는다. 그는 서술과 대화 사이의 균형을 맞추는 방법을 알고 있으며 주변 문장들과 날카롭게 대비됨이 없이 대화가 그럴듯하게 들리게 하는 법을 알고 있다. 그의 우아하지 못한 글쓰기 방식보다 훨씬 더 심각한 결점은 경험의 폭이 좁다는 것이다. 그는 몇몇 사회 계층과 친분이 있을 뿐이며, 인물에 가해지는 환경의 압박을 명확히 이해하고 있음에도 정치적이고 경제적 영향력에 대한 통찰은 부족해 보인다. 악의 때문이 아니라 예지력의 부족 탓에 그의 세계관은 다소 반동적이다. 노동계급과 함께 살아야만 했기 때문에 그는 그들을 야만적이라고 여겼으며 그건 그가 지적으로 정직했기 때문이었다. 그는 노동계급에게 좀더 나은 기회가 주어진다면 문명화될 수 있었으리라고 생각하지 않았다. 그러나 어쨌든 소설가에게 요구되는 것이 예언은 아니며 기싱의 매력은 시대가 자신에게 해를 끼쳤음에도 시대에 확실하게 속해 있었다는 점이다.

기싱에 가장 가까운 작가는 그와 동시대인, 또는 동시대인에 근접한 마크 러서포드Mark Rutherford*다. 겉으로 드러난 특징만을 비교하자면 그 둘은 매우 달라 보일 것이다. 러서포드는 기싱만큼 다작하는 작가가 아니고 소설가적인 자질보다는 산문을 훨씬 잘 쓰고 뚜렷하게 특정 시대에 속하지 않는 작품을 쓰며 사회적 개혁가의 입장을 가졌으며 무엇보다 청교도 신자였다. 그러나 두 사람 모두에겐 영국작가들의 저주라 할 유머감각이 부족하다는 결정적인 공통점이 있었다. 어떤 우울함과 외로움이 둘 다에게 존재한다. 기싱의 책에는 재밌는 구절들이 있지만 그는 웃기는 데는 관심이 없었으며 무엇보다 풍자에 대한 충동이 없었다. 그는 모든 주인공들을 다소 진지하게 다뤘으며 최소한 동정심을 가지려고 노력했다. 어느 소설이나 필연적으로 기괴하거나 그저 적대적인 정신으로 묘사된 조연들을 포함하지만 거기에도 공정함이란 것이 있는데 기싱은 영국작가 대부분보다 탁월하게 공정하다. 그가 강한 도덕적 지향을 보이지 않는다는 점은 강점으로 작용한다. 물론 자신이 사는 당대 사회의 추함과 공허함, 잔인함에 깊은 증오를 품고 있지만 기싱은 그걸 변화시키기보다는 묘사하는 데 집중한다. 그의 책에는

---

* 영국의 소설가. 19세기 영국의 비국교도Nonconformist 경험과 개인의 신앙적 갈등을 주로 다루었다.

보통 악당이라 지목할 만한 사람이 없으며 그런 인물이 있더라도 벌을 받지는 않는다. 성적인 문제를 다룸에 있어서도 기싱은 시대를 고려할 때 놀랄 만큼 솔직하다. 그가 포르노그래피를 쓴다거나 무분별한 혼음混淫을 묘사해서가 아니라 그저 사실대로 쓴다는 점에서 그렇다. 영국 소설에서의 불문율, 즉 남자 주인공뿐 아니라 여주인공까지 결혼하기 전까지는 순결해야 한다는 규칙이 그의 책에서는 지켜지지 않는데 이는 필딩 이후로 첫번째 경우다.

19세기 중반 대부분의 작가들처럼 기싱은 작가가 되거나 한가로운 신사가 되는 것 외의 숙명을 상상할 수 없었다. 지식인과 저속한 사람들과의 구분은 이미 존재했고 진지한 소설을 쓰는 사람이라면 사업가나 군인, 정치인 같은 삶에 완전히 만족하는 자신을 상상하기 어려웠다.

기싱은 적어도 의식에서만큼은 작가가 되는 것조차 원하지 않았다. 그의 이상은 좀더 우울한 것이었으니, 적당한 수입으로 시골의 작고 편안한 집에 거주하며 가급적 미혼인 상태로 책에 파묻혀, 특히 그리스와 로마의 고전에 빠져 지내는 것이었다. 만약 옥스퍼드 장학금을 받은 직후 감옥에 가지 않았다면* 그는 이런 이상을 이룰 수 있었을 것이다. 하지만 그는 돈벌이를 위한 글쓰기에 삶을 바쳤고 마침내 시간에 쫓겨 글을

---

* 조지 기싱은 학생 시절 연인이자 런던 출신 성 노동자였던 마리언 헬렌 해리슨에게 돈을 주기 위해 절도를 감행하다가 유죄 판결을 받아 한 달 동안 감옥에 수감되었다. 이 경험은 그의 인생과 작품에 큰 영향을 주어 사회적 낙오자나 가난한 지식인의 고통을 묘사하는 계기가 되었다.

쓰지 않아도 될 때쯤 갑자기 세상을 떴는데 그때가 겨우 45세였다. H. G. 웰스^{Herbert George Wells}*는 『자서전의 실험』^{Experiment in Autobiography}에서 그의 죽음은 전체 삶의 한 조각이었다고 썼다.

  1880년에서 1900년 사이에 기싱이 쓴 소설들은 말하자면 여가를 얻기 위한 투쟁 가운데 그가 땀 흘려 써낸 작품들이다. 그러나 그는 여가를 가져보지 못했고 그걸 가졌다 해도 그리 잘 이용하지 못했을 것이다. 그의 기질이 학문적 연구에 적합했다고 믿기는 어렵기 때문이다. 아마도 재능의 자연스런 끌림에 따라 그는 오래 못 버티고 다시 소설 쓰기로 돌아갔을 것이다. 우리는 그가 편안한 중산층의 이력에서 벗어나 천박하고 불결하며 낙오된 것들의 기록자로 남게 만든 그 젊은 날의 바보짓에 감사해야만 할 것이다.

『정치학과 편지들』^{Politics and Letters} 1948년 5 - 6월호를 위해 작성되었으나 해당 잡지가 폐간되어 수록되지 못함.
『런던 매거진』^{London Magazine} 1960년 6월호에 수록.

---

* 영국의 작가이자 사회평론가로, 과학소설(SF)의 선구자 중 한 사람이다. 대표작으로 『타임 머신』 『투명 인간』 등이 있다.

『율리시스』에 대하여[*]

브렌다 설켈드 Brenda Salkeld 부인[**]에게

요전에 보내주신 편지에 깊이 감사드립니다. 책상에 앉아 답장을 드릴 시간을 겨우 마련했네요. 마침내 『율리시스』 Ulysses를 읽으셨다니 기뻤습니다. 당신이 "조이스에 대해 어떻게 생각하세요?"라고 물었을 때 여러 할 말이 있었지만 쉽게 정리되진 않았습니다. 우선 우리는 소설이 일반적으로 무엇에서 시작되는지를 결정해야 합니다. 저는 소설이 우선(쉬운 것부터 말씀드리자면) 캐릭터를 창조하거나 전개시키고, 두번째로는 좋은 이야기라면 당연히 일종의 패턴이나 구상을 만들어내고, 세번째로는 소설가가 능력이 되는 한 '좋은 글쓰기'를 만들어내는 것—

[*] 이 글은 편지 글이며 제목은 편집자가 붙였다.
[**] 브렌다 설켈드는 오웰이 1928년 처음 만난 체육 교사로 두 사람은 평생 친구로 지냈다.

이건 주제와 상관없이 유효합니다―에서 시작한다고 생각합니다. 매우 거친 정의입니다만 제가 말하는 바를 그림과 비교하면―제가 그림을 판단할 처지는 아니지만―이해하기 쉬울 겁니다. 우선은 주제가 있겠고(가령 초상화 같은) 두번째로는 선과 구도 등을 구성하는 디자인이 있을 테고 마지막으로 화가가 정말 뛰어나다면 붓자국 같은 질감을 통해 최고의 만족감을 줄 수 있을 겁니다. 저는 『율리시스』가 이런 구도를 거의 근접하게 따른다고 생각하지만 그 작품의 묘하고 독창적인 바는 대부분의 소설처럼 관습적이고 매우 축약된 삶의 양식을 소재로 택하는 대신 삶을 있는 그대로 표현하려고 했다는 점입니다. 물론 조이스는 그저 삶을 반영하려고 한 것은 아닙니다. 『율리시스』가 처음 나왔을 때 우리는 이 소설이 어떤 사람의 하루를 하나도 빠트리지 않고 기록한 시도라는 말을 여기저기서 들었습니다. 사실은 그렇지 않습니다. 만약 그렇게 생각한다면, 하루의, 또는 한 시간의 완전한 묘사는 거대한 뒤범벅이자 아주 무질서하고 전혀 재미도 없는, 그래서 삶의 인상을 전혀 담보하지 못할 뿐입니다. 예술은 선택이며 『율리시스』든 『오만과 편견』이든 작품 속에는 많은 선택이 포함돼 있습니다. 오직 조이스만이 허구가 아니라 실제 삶에서 일어난 사건과 사유를 반영하기로 선택했던 것입니다. 물론 그의 시도가 모두 성공적이진 않았지만 그의 정신이 얼마나 비범하고 독창적인지를 보여주기에는 충분했지요.

내가 처음 『율리시스』를 접한 것은 리뷰 속의 기이한 장들에서였고 등장인물 중 거티 맥도웰Gerty Macdowell이 독백하는 장면을 읽고는 충격을 받았습니다. 그건 모든 문장을 사색적이고 목가적인 스타일로 쓴 일종의 기괴한 농담처럼 보였지만 이제 저는 누구도 소녀의 마음을 그렇듯 빼어나게 기술하지 못할 것임을 알고 있습니다. 당신도 틀림없이 그녀의 '소녀다운 보물'에 대한 지독하고 나르시스적인 묘사와 '꿈속으로 사라지는' 듯한 묘사가 얼마나 훌륭하게 이뤄졌는지 기억하게 될 것입니다. 그와 유사하게 블룸Bloom, B부인, 데덜러스Dedalus 등도 자신들의 특색있는 정신을 표현할 고유한 스타일을 부여받지요. 데덜러스의 스타일은 엘리자베스 1세 시대와 중세문학의 영향을 받았고 B부인은 형체 없는 혼란 속에서 사유하고 블룸은 너무 취한 나머지 현실과 상상을 구분하지 못하는 사창가 장면을 제외하고는 짧은 문장으로 사유합니다. 제가 이유를 알지 못하는 스타일의 변화도 존재하는데, 그중 신문 기사의 패러디라든가 호머의 패러디, 또는 고대 아일랜드 문학의 패러디 등은 이해하기 어렵지만 아주 재미있는 장면도 있습니다. 가령 주정꾼 패디 디그넘Paddy Dignam이 죽었을 때 조이스가 갑자기 끼어들어 "고사리 위를 내달리는 그의 발, 환하게 빛나는 디그넘의 이마"라고 호머를 흉내낸 것을 기억하실 겁니다. 의대 학생들이 펍에서 이야기하는 장면은 옛날부터 지금까지 영국문학에 대한 일련의 패러디처럼 보이기까지 하지요. 이런 변화들이 왜 필요한지 잘 모르겠는데 아기가 "밖으로" 태어나기 때문에 스타일의 변화가 출생을 상징할 수도 있겠지만 그런 상징은 저한텐 좀 기괴해 보입니다. 각기 다른 사유의 방식들을 표현하기 위해 사용된 여러 스타일과는 별개로, 몇몇 관찰은 놀랍습니다. 예를 들어 장례식 장면이 그렇습니다. 장례식에서 블룸의 마음속에 떠오른 사유들을 다른 소설의 평범한 인물들의 사유와 비교해보세요. 구도 그 자체로 보자면, 제가 아는 한 성공적인 장면처럼 보이지는 않습니다. 사건들은 『오디세이』^{Odyssey}에 기반하고 있습니다. 많은 부분들이 비슷할 겁니다. 블룸은 오디세우스고, 데딜러스는 텔레마쿠스^{Telemachus}, B부인은 페넬로페(구혼자들이 준비된), 거티 맥도웰은 나우시카, 매춘업소를 운영하는 벨라라는 이름의 여인은 키르케 같은 식이죠. 저는 조이스가 『오디세이』를 근원 삼아서 "여기 우리가 있는 곳이 석기시대입니다"라고 말하는 것이 마음에 듭니다. 그럼에도 그 책은 연관 없는, 혹은 아주 연관이 적은 사건들로 가득 찬 것처럼 보입니다.

  제가 이렇게 긴 편지로 강연을 하다시피 하는 것을 양해해주시길 바랍니다. 언제든 그만 읽으셔도 됩니다. 캐릭터와 관련해 데딜러스와 블룸은 저자 스스로의 초상—각각 조이스의 22세와 38세 무렵의—이라고 생각합니다. 제가 보기엔 블룸이 훨씬 더 흥미로울 뿐 아니라 더 성공적인 것 같아요. 데딜러스는 어떤 것도 믿을 수 없는 불신에 사로잡힌 평범한 현대의 지식인으로 가톨릭 분위기에서 자랐고 영국에서 흔히 받는 전통적인 교육이 아니라 수도사적인 교육을 받았다는 점이 보통의 영국인과 다를 뿐입니다. 한편 블룸은 평범한 남자로는 다소 예외적이게도 예민한 축이고, 현대 영국문학에서 교양있는 사람과 평범한 남자가 만나는 일이 매우 드물다는 점에서 저는 각별한 흥미를 느꼈습니다. 보통 평범한 남자는 소설에서 그들 스스로가 지성인인 작가들—소설가로서의 많은 재능을 타고난(가령 트롤럽)—에 의해 또는 밖에서 그들을 묘사하는 교양인들(가령 새뮤얼 버틀러, 올더스 헉슬리)에 의해 그려집니다. 지적인 작가들의 어떤 작품을 읽더라도 당신은 그 작가가 술에 취하거나 거리에서 여자들을 꼬신다거나 반#크라운 동전으로 사기를 치는 모습을 상상하기 어려울 것입니다. 블룸이 흥미로운 점은 그의 밖에서 다른 각도로 바라보는 누군가에 의해 평범하고 교양이 부족한 남자로 묘사된다는 점입니다. 블룸은 절대 전형적인 평범한 남자가 아닙니다. 가령 그는 분명히 지적 호기심을 가진 사람이고 그런 면모 때문에 술친구들이나 아내와 문제를 겪습니다. 게다가 그에겐 보통사람과는 다른 성적인 특이성까지 있습니다. 한편 순전히 인물묘사로만 보자면 B부인은 최고가 아니라고 확신합니다. 벅 멀리건은 좋아요. 다른 소소한 캐릭터들은 딱히 떠오르지 않지만 펍에서의 몇몇 대화는 아주 좋았습니다.

『율리시스』에서의 글쓰기가 모두의 마음에 다 들진 않겠지만 개인적으로 몇몇 부분은 아주 뛰어나다는 인상을 받았습니다. 한번 살펴보시면 조이스가 시로 흘러가는 것을 끊임없이 자제하면서도 이따금 시 쪽으로 기우는 걸 보게 될 텐데 저는 그런 부분을 좋아합니다. 블룸이 결혼하기 전 자기 아내 될 여자와 절벽 위에서 사랑을 나누는 장면, 그리고 블룸이 혐오스런 정육점에서 식사하는 남자를 보는 장면, 또한 그 정육점 주인의 외양간에 대해 생각을 이어나가는 장면, 벨라가 남자로 변해서는 블룸의 부인이 바람을 피운다는 이야기를 늘어놓는 사창가의 장면, 석고 조각상이 자신을 감싼 잡지의 스포츠 면에 대해 이야기하는 부분이 뇌리에서 떠나지 않습니다. 이 부분들을 크게 읽어보면, 대부분이 본질적으로 시임을 알게 될 겁니다. 그 책의 가장 주목할 장면 중 하나는 어떤 사람의 개에 대한 생각을 묘사한 시입니다. 당신도 기억하겠지만 그 묘사는 "내 저주 중의 저주여, 한주 중의 7일이구나"로 시작됩니다. 조이스는 거기서 새로운 리듬을 발견한 듯 보입니다.

너무 긴 데다 강의 조의 편지를 양해해주세요. 조이스에 관해선 흥미로운 것이 너무 많아서 한번 시작했다 하면 멈추기가 어렵습니다. 그 목록에 있는 책을 다 읽어보셨으리라고 생각합니다. 『왕조들』*The Dynasts*(토머스 하디의 장편—옮긴이)이 정말 괜찮았는지 물어보셨죠. 그 작품을 다시 읽고 싶진 않지만 원래 구상했던 바를 이룬 소설이며 아주 멋진 문장들이 있었다고 생각합니다. 역사적으로 오류가 있을 테지만 워털루 전쟁 장면은 빼어납니다. 하지만 목록의 다른 책들을 함께 읽지 않으면 일부 효과들을 놓치고 말 거예요. 물론 상당수는 이루 말할 수 없이 지루합니다.

최근에 저는 플라톤과 아리스토텔레스에 관해 아무것도 말해주지 않는, 그 둘에 관한 냄새만 풍기는 작은 팸플릿 외엔 읽은 것이 없습니다. 평소처럼 일에 치여 살지만 우리가 치를 시험이 끝나는 다음 주엔 좀더 여유가 생기길 바랍니다. 제 소설은 에이전트에 가 있어요. 담당자는 희망적으로 보고 있지만 저는 개인적으로 그걸 들여다보는 일에 질렸어요. 분량이 엄청나거든요. 다음번 소설은 좀더 나을 거라고 믿습니다만 휴가 전에 시작하진 못할 겁니다.

조이스의 좀더 이전 작품 『젊은 예술가의 초상』을 읽고 싶다면 스미스 서점에서 구할 수 있을 겁니다. 그 작품에는 좋은 장면들이 있어요. 소년이 독실한 시기를 통과하는 부분은 미묘하게 혐오스런 문장으로 씌어 있는데 아주 기발하죠. 하지만 『율리시스』에 비하면 평범한 책이죠. 곧 다시 편지 드리겠습니다.

1933년 12월 10일.

몽상으로
어슬렁거리는 방식*

헨리 밀러 씨에게

    당신의 편지에 깊이 감사드립니다. 편지를 쓰려고 몇주간 미루고 벼르다가 받은 편지라 마음이 썩 좋지는 않았습니다. 아무튼 『검은 봄』*Black Spring*** 은 잘 도착했고 몇몇 부분, 특히 들어가는 장들은 매우 좋았습니다. 하지만 『북회귀선』처럼 일반적인 3차원 세계에서 일어났을 법한 사건을 다룬 작품이 좀더 당신한테 어울린다는 생각이고 그렇게 리뷰를 쓸 예정입니다.

    저는 특히 세 가지 점에서 『북회귀선』을 좋아합니다. 첫째는 당신의 영어가 간직한 독특한 리듬이고 두번째는 누구나 잘 알

---

* 이 글은 편지 글이고 제목은 편집자가 붙였다.
** 1936년에 출간된 헨리 밀러의 두번째 책으로 10편의 단편을 모은 소설집이다.

지만 결코 책에선 언급하지 않는 것들을 다룬다는 점이며(가령 그 남자가 여자와 사랑을 나누려고 하는데 강렬한 요의에 휩싸이는 장면 같은) 세번째는 현실 속 일상의 규칙이 아무것도 아닌 것이 돼버리는 몽상으로 당신이 어슬렁거리는 방식입니다. 『검은 봄』에서도 같은 면모를 보이고 있지요. 저는 공중화장실에서 시작되는 사색(60~64쪽)을 아주 좋아하지만 당신이 일상을 벗어나 시공간의 법칙을 지킬 필요가 없는 미키마우스식의 우주로 너무 멀리 떠나갔다고 생각합니다. 제 스타일은 당신과 다르고 그래서 당신의 의도를 놓쳤다고 말하고 싶지만, 발은 땅에 붙어 있어야 한다고 생각하는 저는 일상의 세계—풀은 푸르고 돌은 딱딱한—를 벗어날 때 항상 불편함을 느끼곤 합니다. 당신이 다른 사람이 좋아하지 않을 만한 엉뚱한 책을 냈다고 비난하는 일이 얼마나 빌어먹을 짓인지도 잘 압니다. 하지만 『검은 봄』에 제가 좋아할 만한 것들이 많지 않다고 생각하지는 마시길 바랍니다. 산문의 질은 여전히 훌륭하며 특히 전에 제가 언급한, 똥과 천사를 언급한 문장은 특히 그렇습니다. 그런 부분을 읽을 때 저는 마치 토끼 굴 따위는 걱정할 필요가 없는 들판 위를 정말 좋은 말을 타고 질주하는 듯한 기분을 느낍니다. 저는 리뷰에서 그런 기분을 전달하려고 합니다.

『아델피』지는 짧게 한번 써보라고 했지만 그 잡지는 곧 계간지가 될 예정이고, 『뉴 잉글리시』지에도 리뷰를 쓰려고 하는데 거기는 8월에 잡지를 내지 않으니 좀 늦어지리라 예상합니다. 하지만 당신의 책이 일주일 반짝 하다가 재고 시장에 나오는 그렇고 그런 소설이 아닌 만큼 큰 상관은 없다고 봅니다. 지금 염소젖을 짜러 가야 해서 다시 돌아와 마저 쓰겠습니다.

1936년 8월 27일.

당신이 저의 책 『파리와 런던의 밑바닥 생활』*Down and Out*을 한 권 가지고 있다니 기쁩니다. 나한테는 한 권도 없고 절판이 된 상황이라 당신 편지를 받았을 때 프랑스어 판을 보내드릴까 생각하고 있었어요(당신이 본 건 영어판이겠지요). 그렇죠, 그 책이 미국에서도 나오긴 했지만 그리 많이 팔리진 못했어요. 그 책이 프랑스에서는 어떤 리뷰를 받았는지 알지 못합니다. 저는 단 두 개의 리뷰를 봤는데 신문 기사 수집하는 이들이 찾지 못했거나 아니면 프랑스에서는 아부하는 편지를 담아 최고의 평론가들에게 책을 보내야 하는데 제가 그렇게 하지 않았기 때문이겠죠. 제 다른 책 몇권도 미국에서 출간되었습니다.

두번째 책 『버마 시절』*Burmese Days*은 영국에서 출간되기도 전에 미국에서 나왔는데 혹시 인도 당국에서 그 책을 금지하는 조치를 취할까봐 출판사 차원에서 그렇게 한 것이었어요. 1년 후 영국 출판사가 여러 이름 따위를 바꾼 버전으로 책을 냈으니 미국판이 제대로 된 판본이라 할 만합니다. 그 책은 저의 책 중 제가 좋아하는 유일한 책입니다. 그게 좋은 소설이라서가 아니라, 풍경 묘사가 나쁘지 않아서이고 그건 보통의 독자들이 건너뛰는 부분이기 때문이지요.

제 세번째 책은 『목사의 딸』*A Clergyman's Daughter*로서 영국에선 1

년 전에 나왔고 미국에선 지난주에 출간되었습니다. 그 책은 허튼소리일 뿐이지만 저는 그 작품에서 유용한 실험을 해보았습니다. 제 가장 최근 책 『엽란을 날려라』Keep the Aspidistra Flying는 아마 미국에서는 출간되지 못하리라고 예상합니다. 그 책은 완전히 영국적인 주제를 다룬 국내용 이야기이며 미국 대중이라면 이른바 '영국식 소녀 취향'에 오금이 저려올 테니까요. 저는 서점에서 일하면서 영국에서 미국 책을 파는 게 점점 더 어려워지는 걸 목격했어요. 두 언어는 점점 더 멀어지는 것 같습니다.

맞아요. 저는 영국이 가난해진다는 데 동의합니다. 끔찍한 일이죠. 최근 저는 랭커셔와 요크셔의 석탄 지대 중 최악의 지역을 돌아다녔습니다. 그쪽 지역에 대한 책을 준비하고 있거든요.* 지난 십년 간 사람들의 삶이 얼마나 망가졌는지, 또 얼마나 용기를 잃었는지를 목격하는 끔찍한 경험을 했습니다. 저는 『뉴』NEW 지에 코널리Connolly의 소설에 대한 리뷰를 썼고 그 소설이 재밌긴 했지만 많은 생각을 하진 않았습니다. 시대에 구애받지 않는 책이라는 말에 그가 그렇게 마음을 졸였다니 놀랐습니다. 그는 읽을 가치가 있는 책이라면 시대를 따라가야 마땅하다고 여기는 듯했어요.

『검은 봄』의 소개 문구에서 당신이 아주 좋은 평가를 받았다는 것과 저 또한 평자들 중 한 사람으로 언급된 것을 보았습니다. 누군가의 소개문에 제 이름이 등장하는 게 처음이니 저한테

---

* 『위건 부두로 가는 길』The Road to Wigan Pier를 말함.

는 우쭐한 일이지요. 물론 의심할 바 없이 저는 아직 에릭 블레어 경에 불과하지만요.

마음이 동할 때 답장 주세요.
당신의, 에릭 블레어

1936년 8월 26일.

키플링의 죽음을 맞이하여

러디어드 키플링^{Rudyard Kipling}*은 현존하는 영국 작가 중 대중적이면서도 완전히 엉터리 같은 작품을 쓰지 않는 유일한 작가였다. 물론 그의 인기는 철저히 중산층의 지지에 힘입은 것이었다. 전쟁 이전 평범한 중산층 가정에서, 특히 앵글로-인디언 가정에서 그는 오늘날조차 어떤 작가도 누리지 못한 이점을 누렸다. 그는 우리가 자라면서 함께한 가정의 수호신 같았고 그를 좋아하거나 싫어하거나 상관없이 인정할 수밖에 없는 존재였다. 나의 경우 열세살에 키플링을 숭배했고, 열일곱에는 혐오했으며 스물에 즐겨 읽었고 스물다섯 때는 경멸하다가 지금은 다시 추앙하고 있다. 그의 작품을 읽어본 사람이라면 어떤 일

* 영국의 소설가, 시인으로 인도에서 태어나 영국과 인도를 오가며 성장한 경험은 그의 작품 세계에 깊은 영향을 미쳤다. 대표작으로 『정글북』 『킴』 등이 있다.

이 있어도 그 작품을 잊지 못한다. 가령 「기이한 사건」 Strange Ride 이나 「전후부 연대의 북」 Drums of the Fore and Aft, 「가슴의 표식」 The Mark of Breast 같은 단편들은 가장 좋은 편이다. 더욱이 그 작품들의 스토리는 아주 잘 짜여 있다. 그의 산문에 드러난 저속함은 그저 표면적 오류일 뿐이며 눈에 덜 띄는 구조와 효율성의 측면에서 그는 빼어난 솜씨를 보여준다. 결국 좋은 이야기를 지어내는 것은 아무런 해도 끼치지 않는 산문을 쓰는 일보다 훨씬 어려운 법이다. 그의 산문은 비록 불량스러움의 대명사일지라도 하나같이 각별히 기억될 만한 수준을 유지하고 있다.

> 나는 영국을 잃었고, 나는 갈리아를 잃었으며
> 나는 로마를 잃었고, 가장 최악인 것은
> 나는 랄리지 Lalage를 잃었다!

위와 같은 시구는 그저 듣기 좋은 종소리이며 "멘달레이로 가는 길"(키플링의 시 「멘달레이」에 나오는 후렴구) 같은 시구는 종소리보다도 못하지만, 어쨌든 그의 글은 "우리 곁에 남는다." 비록 상투어를 남기더라도 천재적인 면모가 필요하다는 것을 일깨워주는 셈이다.

하지만 감상적인 이야기 구조와 스타일의 저속한 속임수보다 더 역겨운 면모는 키플링이 천재성을 소모하기로 작정한 제국주의다. 키플링이 지금이 아니라 예전에 그런 선택을 했다는 점은 그래도 용서할 만하다고 많은 사람들이 말한다. 1880년대와 90년대의 제국주의는 감상적이고 무지하며 위험할망정, 아주 비열하지는 않았다는 것이다. 예전에 '제국'이란 말에 소환되는 이미지는 과로하는 관리들이나 최전방의 작은 충돌이지 비버브룩 남작^{Lord Beaverbrook}*이나 오스트레일리아산^産 버터는 아니었다. 그땐 제국주의자이자 신사가 되는 것이 가능했고 키플링의 인간적인 품위에 관해서는 의심할 여지가 없었다. 그가 우리 시대의 가장 광범위한 대중작가였음은 기억할 가치가 있으며 자신의 개성을 천박하게 드러내지 않도록 그렇게 일관되게 애쓴 사람도 없었을 것이다.

만약 키플링이 제국주의의 영향 밖에 있었거나 그가 잘해왔듯 대중극장의 작가로 성장해갔다면 좀더 훌륭하고 사랑받는 작가가 되었을 것이다. 키플링이 실제로 선택한 것을 볼 때 이미 성장한 후의 우리는 그를 일종의 적이나 낯설고 비정상적인 천재로 볼 수밖에 없다. 그러나 그가 죽었기 때문에, 나는 내 유년의 중요한 이야기꾼이었던 그에게 모종의 헌사―그런 것이 가능하다면 몇발의 예포 같은―를 보내지 않을 수 없다.

『뉴 잉글리시 위클리』 1936년 1월 23일.

* 영국의 보수정치인이자 『데일리 익스프레스』의 발행인.

흑인은 제외하기

 12년 전만 해도 지금의 정치적 지형을 예견한 사람이 있었다면 아마 미친 사람 취급을 받았을 것이다. 하지만 현재 상황은—당연히 세부가 아니라 큰 윤곽에서—히틀러 이전의 좋은 시절에도 예측 가능했다는 게 사실이다. 지금 같은 상황은 영국의 안보가 심각하게 위협받은 순간 일어날 수밖에 없었다.

 번영한 국가, 무엇보다 제국주의 국가에서 좌파 정치란 항상 부분적으로는 사기다. 적어도 영국의 생활수준을 떨어뜨리지 않는 진정한 재건은 불가능하며 이는 대다수 좌파 정치인들과 언론인들이란 사람들이 마음속으로는 원치 않는 것을 요구함으로써 생계를 유지하는 작자들이라는 말이다. 모든 일이 잘 풀릴 때 그들은 열렬한 혁명가지만 위기가 찾아오는 순간에는 위선자로 변하고 만다. 수에즈 운하가 위협에 처하자 '반파시즘'과 '영국 이익의 수호'는 동일한 수준의 문제로 간주된다.*

오늘날 '반파시즘'이라고 불리는 것이 영국의 배당금에 대한 우려에 불과하다고 한다면 매우 얄팍하고 불공정한 주장일 것이다. 그러나 지난 2년 동안 분장을 한 채 무대를 가로지르는 괴상한 광대 짓—퀘이커 교도들이 대규모 군대를 요구하고, 공산주의자들이 영국 국기를 흔들며, 윈스턴 처칠이 민주주의자인 척하는—이 끊임없이 이어졌으며 이런 식의 정치적 외설은 모두 같은 배를 탔다는 죄의식이 없었다면 불가능했을 것이다. 자신들의 의사에 반하여 영국 지배계급은 반反히틀러 대열에 억지로 끌려 들어왔다. 대열에서 빠져나갈 길을 찾을 가능성도 여전히 있지만, 그들은 전쟁에 대한 뚜렷한 전망으로 무장을 진행하고 있으며 타인의 재산이 아니라 자신들의 자산을 내어줄 처지가 되면 지금껏 그래왔듯 가차 없이 싸움에 나설 것이다. 한편 이른바 반대파들은 전쟁의 진행을 막기는커녕 사전 준비를 하고 다가올 비판을 차단하면서 앞으로 돌진하고 있다. 우리가 아는 한 전쟁에 극도로 적대적인 영국인들이 전쟁에 익숙해졌다면 그건 군국주의자 때문이 아니라 5년 전의 '반군국주의자들' 때문이다. 노동당은 징병제에 맞서 사소한 투정을 늘어놓지만 막상 자신들의 선동으로 어떤 실제적인 투쟁도 내놓지 못한다. 공장에서 브렌 기관총이, 출판사에선 『다음 전

---

* 1935년 이탈리아가 아비시니아를 침공하면서 수에즈 운하를 이용하자 국제연맹은 제재를 결정했으나 영국은 무력 충돌을 피하려고 운하 통과를 허용했다. 당시 영국은 수에즈 운하 경영으로 막대한 배당금을 받고 있었다.

쟁에서의 탱크』『다음 전쟁에서의 가스』같은 제목의 책들이 쏟아져 나오고『뉴 스테이츠먼』의 논객들은 그 과정의 본질을 '평화 블록' '평화 전선' '민주주의 전선' 같은, 그러니까 세계가 양과 염소들*의 무리처럼 단정하게 나눠진 국가들의 경계라는 식으로 그럴 듯하게 둘러댄다.

이와 관련해 폭넓게 회자된 스트라이트^{Streit}의 책『지금 연합하라』$^{Union\ Now}$**를 살펴볼 가치가 있다. 스트라이트는 '평화 블록'의 지지자들처럼 민주주의가 독재에 맞서 단결하기를 원하지만 그의 관점은 두 가지 면에서 돋보인다. 우선 그는 사람들의 일반적인 기준을 넘어선 놀랍고도 건설적인 계획을 제안한다. 두번째로 1920년대 미국식의 다소 순진한 면이 있으나 그는 본질적으로 품위있는 생각을 가진 사람이라는 점이다. 그는 전쟁을 진심으로 혐오하며 영국의 궤도 안으로 매수되거나 편입될 수만 있다면 어떤 나라든 민주주의 국가가 될 수 있다는 식의 위선에 빠져들지 않는다. 그의 책은 일종의 시험 사례를 제공한다. 그 책 속에서 우리는 양과 염소 이론이 가장 잘 구현된 실례를 보게 될 것이다. 당신이 그 사례를 수용하지 못한다면 좌파 북클럽에서 제안하는 사례도 결코 받아들일 수 없을 것이다.

* 성경『마태복음』25장에 예수가 재림할 때 모든 민족을 앞에 모으고 의인으로 비유되는 양은 오른편에, 악인으로 비유되는 염소는 왼편에 두고 심판한다는 내용이 있다.
** 미국의 연방주의자 클라렌스 스트라이트Clarence K. Streit가 1939년 출간한 책으로 전체주의에 맞서기 위해 민주국가들의 연합을 주장한다.

짧게 말해서 스트라이트가 제안한 바는 15개의 민주국가들이 먼저 나서서 연합을 구성해야 한다는 것이다. 그 형식은 연맹이나 동맹이 아니라 미합중국 같은 연방으로, 공동 정부와 공동 화폐, 완벽하게 자유로운 내부 교역 체계를 갖추는 것이다. 초기 15개의 국가들은 당연히 미국, 프랑스, 영국, 대영제국의 자치국들, 그리고 체코슬로바키아(책이 씌었을 때까지는 존재했던)를 제외한 작은 유럽 민주국가들이다. 나중에 "스스로 자격을 입증한" 국가들은 연방에 가입될 수 있을 것이다. 이 계획은 연방 내에서 평화와 번영을 누리는 국가는 부러움을 살 것이고 그 결과 다른 국가들이 연방 가입을 갈망할 것이라는 전제를 깔고 있다.

  이 계획이 보이는 것처럼 그리 비현실적이지 않다는 데 주목할 필요가 있다. 물론 이런 일이 곧장 일어나진 않을 것이며 선의를 가진 작가들이 제안한 바가 그대로 실현되진 않는다. 또한 스트라이트가 언급하지 않은 어려움들도 분명히 있을 것이다. 하지만 이 계획에는 개연성이 있다. 지리적으로 미국과 서구 유럽의 민주국가들은 대영제국의 나라들보다 연합하기가 훨씬 수월하다. 그들 대부분은 서로 교역을 하고 있으며 자신들의 영토 내에 필요한 모든 것을 갖추고 있다. 또한 그들이 힘을 합치면 소련과 독일의 연합 공격조차도 무력화시킬 수 있다는 스트라이트의 주장은 아마도 옳을 것이다. 그런데 이 계획을 접할 때 왜 우리는 뭔가 잘못되었다고 생각하는 걸까? 여기서 풍기는 뭔가 이상한 냄새는 과연 무엇일까?

그 냄새는 보통 위선과 자기 의로움에서 나온다. 스트라이트가 위선자는 아니지만 그의 시야에는 한계가 있다. 그가 뽑은 양과 염소의 리스트를 다시 살펴보자. 염소들(독일, 이탈리아, 일본)에 관해서는 덧붙일 필요가 없다. 그들은 염소가 맞고 누구나 인정할 것이다. 하지만 양을 한번 보자. 아주 가까이서 보지 않으면 미국은 검사를 통과할 것이다. 하지만 프랑스는? 영국은? 벨기에와 네덜란드는? 다른 동료들과 마찬가지로 스트라이트는 거대한 영국과 프랑스 제국을—본질적으로 값싼 유색인종을 착취하는 구조에 불과한—스스럼없이 민주주의를 지향하는 무리에 포함시킨다.

자주는 아니지만 책 여기저기에 민주주의 국가의 '종속국'에 대한 언급이 등장한다. '종속국'이란 피지배 민족을 의미한다. 그 민족들은 계속 종속국으로 남을 것이고 그들의 자원은 연방국 가운데 공유돼야 하며 유색인종 거주자들에게는 선거권이 제한된다고 그는 덧붙인다. 통계표가 제시된 곳을 빼면 얼마나 많은 사람들이 포함되는지 추측할 수조차 없다. 예를 들어 '15개 민주국가'를 다 합친 것보다 인구가 많은 인도는 스트라이트 책의 겨우 한 페이지 반 분량을 차지하며 그조차 인도는 자치에 적합하지 않으니 현 상태가 유지돼야 한다는 언급뿐이다. 이런 스트라이트의 계획이 실행되었을 때 무슨 일이 벌어질지 훤히 보인다. 권리를 박탈당한 6억의 사람들을 거느린 영국과 프랑스 제국은 그저 신선한 경찰력을 제공받는 셈이 된다. 미국의 거대한 힘은 인도와 아프리카를 강탈하는 배후가 돼주기 때문이다. 스트라이트는 본의 아니게 비밀을 누설하고 말았지만 '평화 블록' '평화 전선' 같은 말들은 그런 함의, 즉 현재의 구조를 더욱 강화한다는 함의에 불과했다. 암묵적인 전제는 항상 "흑인은 제외하기"였다. 내부의 힘을 약화시키면서 어떻게 히틀러와 "강고하게" 맞설 수 있느냐는 말이다. 다른 말로 하자면, 더 막대한 악행을 저지르지 않고 어떻게 "파시즘과 싸울" 수 있겠느냐는 소리다.

당연히 그것이야말로 더 막대한 악행이다. 우리가 항상 잊는 사실은 영국 프롤레타리아의 대부분은 영국 본토가 아니라 아시아와 아프리카에 거주한다는 사실이다. 가령 시간당 통상임금을 1페니로 만든 것은 히틀러의 권력이 아니다. 그런 통상임금은 인도에서 완벽하게 적용되며 그걸 유지하느라 우리는 무진 애를 쓰고 있다. 영국의 1인당 연간소득이 80파운드인 데 비해 인도에선 7파운드에 불과하다는 사실을 숙고할 때 우리는 영국과 인도의 진정한 관계에 대해 뭔가를 깨닫게 된다. 인도의 막노동꾼의 다리가 영국인의 평균 팔보다 가늘다는 건 상식이다. 인종적 차이 때문이 아니라 같은 인간이라도 더 잘 먹는 사람들이 정상적인 체격을 갖기 때문이다. 팔다리가 가늘어진 건 오직 굶주림 때문이다. 이것이 우리가 살아가는 체제이며 한때는 그 체제가 바뀔 위험이 없는 한 비난을 퍼붓기도 했다. 그러나 최근에는 체제가 유지되도록 돕고 거짓말을 일삼는 것이 "선량한 반파시트"의 첫번째 의무가 되었다.

이런 식으로 진행되는 안착이 과연 하등의 가치가 있을까?

히틀러 체제를 무너뜨리는 대신 더 거대하고 다른 식으로 더 악하기까지 한 체제를 공고히 하는 게 무슨 의미가 있을까?

하지만 어떤 의미있는 반대도 없기 때문에 이런 과정은 우리의 목적이 될 것이다. 스트라이트의 기발한 아이디어가 실현되진 못하겠지만 그와 유사한 '평화 블록' 제안은 아마도 실현될 것이다. 영국과 러시아 정부는 여전히 실랑이를 벌이고 시간을 끌며 슬쩍 태도를 바꾸겠다는 위협을 가하지만 상황에 못 이겨 함께하게 될 것이다. 그러면 무슨 일이 벌어질까? 분명히 그 연맹은 전쟁을 1~2년 지연시킬 것이다. 그러면 히틀러는 허점이나 방어가 느슨해진 순간을 찾아 움직일 것이고 우리는 빠른 속도로 더 많은 군비, 더 많은 군사화, 프로파간다, 전투태세 등을 갖추게 될 것이다. 늘어난 전쟁 준비 기간이 전쟁 그 자체보다 도덕적으로 올바른 것인지는 의심스럽다. 오히려 더 나쁘다고 생각할 이유들도 있다. 단지 2년이나 3년만 지체해도 우리는 오스트리아식 파시즘의 변형된 형태로 아무 저항 없이 빠져들지도 모른다. 또한 그로부터 1~2년 후 그에 대한 반작용으로 영국에서 이제껏 경험하지 못했던 진정한 파시즘 운동이 등장할 것이다. 또한 파시즘 운동은 뻔뻔하게 지껄일 배짱이 있기 때문에 그것에 반대해야 할 사람들까지도 세력 안으로 끌어들일 것이다.

그 이후를 예측하기는 힘들다. 추락하는 이유는 모든 사회주의 지도자들이 결정적인 순간엔 그저 국왕 폐하의 적수일 뿐이며 어느 누구도 영국 민중의 품위를 조직화하는 법을 알지 못하기 때문이다. 신문을 읽는 대신 사람들과 이야기를 나눠보면 우리는 어디서나 절실한 품위를 만나게 된다. 향후 2년 내에 우선적으로 전쟁을 거부하고 제국주의의 부정을 바로잡겠다는 진정한 대중 정당이 출현하지 않는 한 우리를 구원하긴 어려울 것이다. 그러나 그런 정당이 지금 존재한다면 그것은 오직 가능성으로서, 물 한방울 없는 땅 여기저기에 흩어진 작은 씨앗으로 존재할 뿐이다.

『아델피』 1939년 7월.

길 위에서의 메모

말콤 머거리지^{Malcolm Muggeridge}(영국의 저널리스트이자 작가—옮긴이)의 뛰어나고 인상적인 책 『30년대』*The Thirties*를 읽다가 언젠가 내가 말벌에게 했던 잔인한 장난을 떠올렸다. 접시 위의 잼을 빨아먹고 있던 말벌을 나는 반으로 잘랐다. 말벌은 전혀 신경 쓰지 않고 식사를 이어나갔고 잘린 식도에서 잼이 흘러나왔다. 날아가려고 했을 때에야 말벌은 자신에게 끔찍한 일이 벌어졌음을 깨달았다. 현대인들도 마찬가지다. 그들의 영혼에서 뭔가가 잘려 나갔으며 그걸 깨닫기까지는 한 시대—적어도 20년—가 소요되었다.

영혼이 잘려 나가는 체험은 절대적으로 필요했다. 우리가 알던 형식의 종교적 믿음은 포기돼야만 했다. 19세기에 이르러 종교는 이미 본질적으로 거짓말이자 부자를 더 부유하게, 가난한 자들을 더 가난하게 만드는 반쯤은 정신이 나간 장치였다. 가난한 사람들은 왕립식물원과 보석상의 중간쯤으로 그려지는 무덤 너머의 세상에서 보상을 받기 때문에 가난에 만족할 수밖에 없었다. 1년에 만 파운드를 받으나, 1주에 2파운드를 받으나 우리는 모두 하느님의 자녀였다. 또한 자본주의 사회 전체 구조를 통틀어 그와 비슷한 거짓말이 통용되었고 그런 거짓말은 절대적으로 필요했다.

결과적으로 생각이 있는 사람들은 어느 면에서는 반역자이자 흔히 아주 무책임한 반역자였던 오랜 기간이 있었다. 문학은 대체로 혁명 또는 파괴의 문학이었다. 기번, 볼테르, 루소, 셸리, 바이런, 디킨스, 스탕달, 새뮤얼 버틀러, 입센, 졸라, 플로베르, 쇼, 조이스 등등 이래저래 그들은 모두 파괴자이자 부수는 사람이며 사보타주하는 사람이었다. 2백년 동안 우리는 우리가 앉은 나뭇가지를 톱질하고 톱질하고 톱질했다. 그리고 결국, 그 누군가 예견한 것보다 더 갑자기, 우리의 노력은 보상받았고 우리는 바닥으로 내려왔다. 하지만 불행하게도 작은 실수가 있었다. 바닥에 있었던 것은 장미 침대가 아니라 철조망이 가득한 시궁창이었다.

10년의 기간을 지나며 우리는 석기시대로 되돌아간 것 같았다. 수세기 동안 멸종된 것으로 짐작된 인간 유형들, 춤추는 데르비시^{derviche}*, 강도 족장, 대심문관 등이 정신질환자가 아니라 세계의 주인으로 갑자기 다시 등장했다. 기계화와 집단 경제로

* 극도의 금욕 생활을 하는 이슬람교 집단. 예배 때 빠른 춤을 춘다.

는 부족해 보였다. 그 사람들은 끊임없는 전쟁과 전쟁 수행을 위한 식량 부족 사태, 철조망 뒤에서 노역하는 노예들, 비명을 지르며 끌려가는 여성들, 코르크 깔린 지하실에서 머리를 쏘아 날려버리는 사형집행인 같은, 우리가 지금 견뎌내는 악몽으로 이끌어가는 장본인들이다. 결국 영혼의 절단은 맹장을 잘라내는 것 같은 간단한 외과 수술이 아니다. 그 상처는 치명적인 기능장애를 남기기 쉽다.

머거리지 책의 요지는 전도서에 나오는 두 구절에 담겨 있다. "설교자가 말하니 헛되고 헛되다, 모든 것이 헛되다." 그리고 "하느님을 경외하고 그의 계명을 지키라. 이것이 사람의 온전한 의무다." 몇년 전까지만 해도 비웃었을 사람들 사이에서 최근 엄청난 지지를 얻는 관점이다. 우리는 지상의 낙원을 건설하려는 시도 때문에 악몽 속에서 살고 있다. 우리는 '진보'를 믿었고 인간의 리더십을 신뢰했으며 하느님의 것을 카이사르에게 바쳤다. 이것이 이 책의 대략적인 흐름이다.

불행히도 머거리지 자신은 신을 믿는다는 어떤 신호도 보여주지 않는다. 적어도 그는 이런 믿음이 인간의 마음에서 사라져가는 현상을 당연시하는 것 같다. 신이 거기 있다는 데 의심의 여지가 없으며 초자연적인 존재 이외에 그 누구도 제제를 가할 수 없다고 가정한다면 이어질 사실들은 명확하다. '신을 두려워하는 것 외에는 어떤 지혜도 없지만, 아무도 신을 두려워하지 않는다. 그러므로 어떤 지혜도 없다.' 인간의 역사는 물질문명의 흥망성쇠, 즉 거듭된 바벨탑의 등장으로 축약된다.

그게 사실이라면 우리 앞에 있는 것을 꽤 확실하게 예상할 수 있다. 전쟁과 또다른 전쟁, 혁명과 반혁명, 히틀러와 슈퍼 히틀러… 그리고 생각하기조차 끔찍한 심연으로의 추락. 하지만 나는 오히려 머거리지가 그런 전망을 즐기고 있다는 의심이 든다.

힐레어 벨록이 『비굴한 국가』The Servile State에서 놀라울 정도로 정확하게 지금 벌어지는 일들을 예언한 지 30여년이 흘렀다. 하지만 아쉽게도 그는 아무런 대책도 제시하지 않았다. 그는 노예제와 소작농으로의 귀환 사이에서 어떤 대안도 상상할 수 없었고, 그런 귀환은 확실히 일어나지 않을 것이며 사실상 일어날 수도 없다. 이제 집단주의 사회는 의심의 여지없이 외면당한다. 문제는 그런 외면이 자발적인 협력에 기초할지 아니면 기관총에 기초할지다. 옛 방식의 천국은 완전히 실패했고 다른 한편으로 물질적으로 무엇을 이루었건 '마르크스 현실주의' 역시 실패했다. 머거리지와 보익트[F. A. Voigt]*, 그리고 그들과 견해를 같이하는 사람들이 우리에게 경고했던 '지상의 왕국'이라는 조롱받는 개념 이외의 대안은 없는 것처럼 보인다. '지상의 왕국'이란 곧 목숨을 잃을지라도 형제처럼 행동하길 원하는 사회의 개념이다

형재애는 공통의 아버지를 전제한다. 그러므로 사람들이 신을 믿지 않으면 공동체라는 감수성을 발전시킬 수 없다는 논

---

* 영국의 저널리스트이자 작가로 전체주의에 대한 비판적 저술을 남겼다.

쟁이 종종 있어왔다. 결론은 반쯤 의식적인 방식으로 대부분의 사람들이 공동체를 이미 발전시켰다는 것이다. 인간은 개인이 아니라 불멸의 육체에 속한 세포일 뿐이며 이미 그 사실을 희미하게 알고 있다. 전투에서 사람들이 왜 죽는지 설명할 다른 방법은 없다. 그들이 그저 동원되었기 때문이라는 말은 헛소리다. 모든 군대가 강압적으로 동원돼야 한다면 어떤 전투도 치러질 수 없을 것이다. '명예' '의무' '애국심' 같은 추상적인 이유 때문에 사람들은—물론 기쁘게는 아니지만 아무튼 자발적으로—죽는다.

이 모든 것이 의미하는 바는 사람들이 과거와 미래로 뻗어나가는, 자신들보다 더 거대한 기관이 있음을 알며 그 안에서 스스로를 불멸의 존재로 느낀다는 것이다. "영국이 살아남는다면 누가 죽을 것인가?Who dies if England live?*라는, 겉만 번드르르해 보이는 말에서 "영국"이라는 말을 당신이 좋아하는 다른 말로 바꾸면 그것이 인간 행위의 주된 동기를 표현하고 있음을 알 수 있을 것이다. 사람들은 국가, 인종, 신념, 계급 같은 각각의 공동체를 위해 자신을 희생하며 총알을 마주한 그 순간 자신들이 개인이 아니라는 사실을 깨닫는다. 의식이 아주 조금만 높아지더라도 그들의 충성심은 추상이 아닌 인류 그 자체로 옮겨질 수 있다.

* 키플링의 애국시 「우리가 가진 모든 것과 우리의 존재를 위하여」For All We Have and Are에 나오는 시구. "자유가 추락한다면 누가 일어설 것인가? 영국이 살아남는다면 누가 죽을 것인가?"라는 대구로 이뤄져 있다.

올더스 헉슬리의 『멋진 신세계』는 히틀러가 등장하기 전 언젠가 도래할, 심지어 임박한 듯 보였던 쾌락주의적 유토피아를 잘 그려낸 작품이지만 실제의 미래와는 아무런 연관이 없었다. 지금 이 순간 우리가 나아가는 방향은 중세 스페인의 종교재판과 더 유사하며 라디오와 비밀경찰 때문에 아마도 더욱 나빠질 것이다. 굳이 '다음 세계'라는 개념에 의지하지 않으면서 인간의 형제애에 대한 믿음을 회복하지 못한다면 그런 경향을 피하기가 불가능할 것이다. 캔터베리 대성당의 수석 사제처럼 순수한 사람들이 소비에트 러시아에서 진실한 그리스도교를 발견했다고 상상하도록 만드는 것이 바로 그런 경향이다. 의심할 여지없이 그들은 선동에 사기당한 사람들이지만 그렇게 쉽게 속아 넘어가도록 만든 것은 천국을 이 땅 위에 세워야 한다는 그들의 지식이다. 기도서의 하느님이 더이상 존재하지 않음에도 우리는 하느님의 자녀가 되어야 하는 것이다.

우리 문명을 폭발시킨 사람들은 종종 이 사실을 알고 있었다. "종교는 민중의 아편이다"라는 마르크스의 유명한 말은 흔히 맥락을 벗어나 원래의 뜻과 미묘하면서도 상당히 다른 뜻을 가진다. 마르크스는 종교가 하늘에서 전달된 마약이라고 말하지 않았다. 종교는 신이 실재로 존재한다고 인정할 필요를 충족하기 위해 민중이 창조해냈다고 마르크스는 말했다. "종교는 영혼 없는 세계에서의 영혼의 한숨이다. 종교는 민중의 아편이다." 인간은 빵으로만 살지 못한다는, 미움만으로는 충분하지 않다는, 살 만한 세상은 '현실주의'와 기관총 위에 세워질 수 없다는 것이 그가 말하고자 했던 전부가 아니었을까? 자신의 지적 영향력이 얼마나 대단한지를 예견했다면 아마도 마르크스는 더 자주, 그리고 더 큰소리로 말했을 것이다.

『시대와 조류』*Time and Tide* 1940년 4월 6일.

영국의 반유대주의

영국에는 40만 명 정도의 유대인이 거주한다고 알려져 있으며 거기에 더해 1934년 이후 수천의, 많게는 수만 명의 유대인들이 이 나라로 들어왔다. 유대인들은 거의 대부분 6개 대도시에 모여 있으며 식품, 의류, 가구 등의 업종에 종사하고 있다. ICI(영국의 화학 대기업—옮긴이) 같은 몇 대기업, 한두 개의 큰 신문사, 적어도 하나의 백화점 체인은 유대인의 소유거나 소유권 일부를 가지고 있지만 영국 산업이 유대인에 지배당했다는 주장은 사실과 매우 다르다. 오히려 유대인들은 거대한 합병으로 특징되는 현대의 경향을 따라잡지 못하고 소규모로 운영되는 구식 산업에 머무는 경향이 있다. 나는 영국 내에 실제적인 유대인 '문제'라는 건 없음을 강조하기 위해 현명한 사람이라면 누구나 아는 이런 배경 지식을 먼저 제시해본다. 유대인들은 수가 많지도 않고 세력이 강하지도 않다. 말하자면 '지적인 그룹' 내에서만 눈에 띌 만한 영향력을 발휘할 뿐이다. 하지만 일반적으로 반유대주의는 거세지는 중이고 전쟁을 겪으며 더욱 악화되었으며 인도적이고 계몽된 사람들 사이에서도 대책 없이 퍼져나가고 있다. 영국 안의 반유대주의가 딱히 폭력적인 성향을 띠지는 않지만(영국인들은 대부분 온건하고 법을 잘 지키는 편이다) 충분히 악의를 품고 있으며 유리한 상황이 오면 정치적 결과를 가져올 수도 있다. 지난 한두 해 동안 내가 겪은 반유대주의적 발언의 예를 들어보자.

중년의 사무직 직원: 보통 저는 버스로 출근해요. 시간이 꽤 걸리지만 요즘엔 골더스 그린에서 지하철을 타진 않으려고 합니다. 그 노선엔 '선택된 인종'(유대인의 선민의식을 꼬집은 말―옮긴이)이 너무 많거든요.

담배가게 종업원(여성): 여긴 성냥이 없어요. 저 아래 길가의 여자한테 가보세요. 거기엔 항상 성냥이 있더라구요. '선택된 민족'이잖아요.

공산주의자 또는 그에 가까운 젊은 지식인: 아니, 전 유대인을 싫어해요. 그걸 숨기거나 한 적이 없습니다. 그 사람들을 견디기 어렵거든요. 하지만 전 반유대주의자는 아닙니다. 당연하죠.

중간계급 여성: 아무도 저한테 반유대주의자라고 하지 못하지만 저는 유대인들이 행동하는 방식이 아주 역겨워요. 줄을 설 때 새치기를 하는 것도 그렇고요. 끔찍할 정도로 이기적이죠. 그 사람들한테 벌어지는 일은 다 이유가 있다고 생각해요.

우유 배달부: 유대인들은 우리 영국인들처럼 일을 안 해요. 너무 머리가 좋거든요. 우리는 여기로(이두박근을 자랑하며) 일하지만, 그 사람들은 여기로(이마를 두드리며) 일하죠.

지적이면서 은근히 좌파인 공인회계사: 이 빌어먹을 유대인들은 다 친독일파들이죠. 나치가 여기 온다면 그들은 내일이라도 태도를 바꿀 거예요. 우리 업계에서 그런 사람들 많이 봐요. 그들은 마음속 깊이 히틀러를 숭배합니다. 자기들을 발로 차는 사람들한테 항상 아첨하는 자들이에요.

반유대주의와 독일의 잔혹행위에 대한 책을 건네받은 지적인 여성: 나한테 권하지 마세요, 제발 주지 마세요. 그런 책은 유대인을 더 미워하게 만들거든요.

비슷한 예들로 페이지를 더 채울 수 있지만 이 정도로도 논의를 이어가기엔 충분하다. 이런 발언들에서 두 가지 사실이 부각된다. 하나는—이것은 매우 중요해서 잠시 후 다시 언급할 것이다—어느 정도의 지적 수준 이상인 사람들은 반유대주의자임을 부끄러워하며 '반유대주의'와 '유대인을 싫어함' 사이에 선을 그으려고 애쓴다는 점이다. 또 하나는 반유대주의가 비이성적이라는 사실이다. 유대인은 사람들에게 강렬한 혐오를 유발하는 특정한 위반들(가령 음식 줄에서의 새치기) 때문에 비난을 받지만 이런 비난들은 그저 깊이 뿌리박힌 편견을 정당화하는 것에 불과하다. 그런 편견을 사실과 통계로 반박하려는 시도는 소용없으며 때로는 더 나쁜 결과를 가져오기도 한다. 위에 언급된 마지막 진술에서 보듯 사람들은 자신의 견해가 변호될 수 없음을 잘 알면서도 인종적이거나 적어도 반유대적인 태도를 유지한다. 당신이 누군가를 싫어한다면, 그저 싫은 것이다. 아무리 그의 미덕을 열거한다고 해도 당신의 감정이 달라지진 않는다.

때마침 전쟁은 반유대주의의 성장을 부추겼으며 보통사람들의 눈에도 그것은 당연해 보였다. 우선 유대인은 연합국의 승리로 이득을 얻을 것이 확실한 집단 중의 하나로 여겨졌다. 결국 '이것은 유대인을 위한 전쟁이다'라는 이론이 확실한 다수를 차지했으며 유대인의 전쟁 기여가 정당한 인정을 얻지 못하자 그런 견해는 더욱 확산되었다. 대영제국은 상호 동의에 의해 유지되는 거대한 이질적 기구이며 때로는 충성스러운 집단을 희생해서라도 신뢰가 떨어지는 성원들을 달래기도 한다. 유대인 병사들의 공적을 알리거나 중동에 유력한 유대인 군대가 있다는 사실을 인정하는 것만으로도 남아프리카나 아랍 지역의 반발을 불러올 수 있다. 차라리 모든 사실을 무시하고 유대인들은 아주 영리하게 군 복무를 회피한다고 생각하게 내버려두는 게 더 편할 것이다. 또한 유대인들은 전쟁 시기 시민들의 신망을 잃기 쉬운 품목을 거래하는 일에 종사한다. 그들은 대부분 음식, 의류, 가구, 담배 같은 판매업에 몸담고 있으며 이 품목들은 만성적인 물자 부족 때문에 바가지, 암시장, 편파 판매 같은 문제를 일으킨다. 거기에 더해 유대인들이 공습 중에 유독 비겁하게 행동한다는 비난이 1940년 대공습을 통해 더욱 거세졌다. 사실 화이트채플[*]의 유대인 거주지는 처음으로 대규모 공습을 당한 지역 중 하나이며 그 결과 유대인 피난민 무리들은 런던 전역으로 퍼져 나갔다. 이런 전시 현상만으로 판단한다면 반유대주의가 잘못된 전제에서 비롯되었으나 반쯤은 이성적이라고 쉽게 상상하게 될 것이다. 또한 당연히 반유대주의자는 스스로를 이성적인 사람이라고 생각한다. 내가 신문에서 이 주제를 다룰 때마다 항상 꽤 많은 '반응'이 오는데 그들 중 상당수는 균형 잡힌 중산층 사람들로—가령 의사와 같은—뚜렷한 경제적 어려움이 없는 이들이었다. 이 사람들은 항상 말하길(히틀러가 『나의 투쟁』에서 말하듯), 자신들은 원래 어떤 반유대적인 편견도 없었으나 오로지 사태를 목격하다보니 현재의 입장으로 이끌려 왔다고 한다. 하지만 반유대주의의 주된 특징은 진실일 수 없는 이야기를 믿는 힘이다. 우리는 그 좋은 사례를 1942년 런던에서 일어난 기이한 사건, 즉 근처에서 터진 폭탄에 놀란 사람들이 지하철 입구로 몰려드는 바람에 백여 명의 사람들이 압사당

---

* 런던 동부의 지역으로 역사적으로 노동자 계급과 이민자 커뮤니티가 많이 거주하던 곳이다.

한 일에서 찾아볼 수 있다. 사건이 일어난 당일 런던 전역에서 "유대인의 책임이다"는 말이 퍼져 나갔다. 이런 종류의 일을 믿는 사람들과 논쟁을 벌여봤자 더 나아질 건 없을 것이다. 단 하나 유용한 접근은 왜 사람들은 다른 사안은 이성적으로 판단하면서 특정한 문제에선 어리석음에 빠질 수밖에 없는지 그 이유를 찾아내는 것이다.

이 시점에서 내가 좀 전에 언급했던 문제—반유대적 감정이 널리 퍼져 있다는 인식에도 불구하고 그것을 인정하지 않으려는 태도—로 돌아가보겠다. 교육받은 사람들 사이에서 반유대주의는 용납될 수 없는 죄악으로 여겨지며 다른 종류의 인종적 편견과는 범주가 다른 것으로 취급된다. 사람들은 자신들이 반유대주의자가 아니라는 것을 보여주기 위해 무슨 일이라도 할 것이다. 그리하여 1943년엔 폴란드 유대인을 위한 기도회가 세인트 존스 우드St. Johns Wood*의 유대교 회당에서 열렸다. 지역 정부관계자들이 참여 의사를 밝혔고 시장은 정식 예복을 갖추고 참석했으며 모든 교회의 대표들, 공군 파견대, 간호사들, 지역 의용군, 보이스카우트 등이 함께했다. 겉으로 보기에는 고통받는 유대인과 연대하는 감동적인 행사였다. 하지만 본질적으로 이 행사는 감정이 각양각색인 사람들이 점잖게 행동한다는 것을 보여주려는 의도적인 겉치레였다. 런던의 그 지역은 유대인들이 드물었지만 반유대주의가 만연했으며 회당에서 내 주변에 앉은 사람들 역시 그런 기색을 보였다. 실제로 기도회에

* 런던 북서부의 부유한 주거 지역.

서 "좋은 모습을 보여줘야 한다"며 매우 열심이었던 우리 지역 의용군의 지휘관은 모슬리 블랙셔츠단^{Mosley's Blackshirts}* 전 요원이었다. 이런 감정의 분열이 존재하지만 유대인을 향한 대규모 폭력을 용인하거나, 더 중요하게는 반유대주의적 법안을 입안하는 것이 영국에서는 불가능하다. 사실상 현재로서는 반유대주의가 존경받기는 어려운 것이다. 그러나 이것이 보기보다 그렇게 좋은 건 아니다.

독일에서의 박해는 반유대주의가 진지하게 연구되지 못하게 하는 효과를 가져왔다. 매스 옵저베이션^{Mass Observation} 사에서 한두 해 전에 짧고 엉성한 여론조사를 실시했지만 반유대주의에 관한 또다른 조사가 있었더라도 그 결과는 엄격하게 비밀에 부쳐졌을 것이다. 동시에 유대인의 민감함을 건드리는 어떤 것도 생각있는 사람들에 의해 의식적으로 거부되었을 것이다. 1934년 이후 엽서, 잡지, 뮤직홀 무대 등이 마술처럼 사라졌듯이 '유대인에 대한 농담'도 사라졌으며 소설이나 단편에 호감이 안 가는 유대인 캐릭터만 등장시켜도 반유대주의로 간주되었다. 팔레스타인 문제에 있어서도 교양있는 사람들 사이에서 유대인의 입장은 당연하게 받아들이고 아랍인들의 주장은 회피하는 것이 하나의 '상식'이 되었다. 이런 결정이 그 자체로 옳았을 수도 있지만 결국 유대인들이 당장 곤경을 겪고 있으니 그들을 비판해서는 안 된다는 이유로 채택된 것이다. 그러니까 히틀러 덕

---

* 1932년 오스왈드 모슬리가 창립한 영국의 파시스트 조직. 반유대주의와 파시즘을 표방했다.

분에 언론은 사실상 유대인의 입장에 따라 검열된 반면, 개인적인 반유대주의는 민감하고 지적인 사람들 사이에서 오히려 상당히 만연하게 된 것이다. 이런 현상은 1940년 피난민들을 억류하던 시기에 특히 두드러졌다. 당연히 생각있는 사람들은 히틀러의 반대자들이었기에 영국으로 온 불행한 외국인들을 마구 감금하는 것에 저항감을 느꼈다. 그러나 개인으로서 그들은 매우 다른 감정을 표출했다. 소수의 피난민들은 매우 무례하게 행동했고 대부분이 유대인들이었기에 반유대주의적 기류가 깔릴 수밖에 없었다. 노동당의 저명한 인사—이름을 밝히진 않지만 그는 영국에서 가장 존경받는 사람 중 하나다—가 아주 거칠게 나에게 말했다. "우리는 이 사람들한테 영국으로 오라고 말한 적이 없어요. 그들이 여기를 택했다면 그 결과를 감수해야 합니다." 하지만 이 사람은 외국인 구금에 반대하는 선언이나 서명에 당연히 참여했을 사람이었다. 반유대주의가 뭔가 죄스럽고 수치스러우며 문명인이라면 품지 말아야 할 감정이라는 생각에 과학적으로 접근하기는 어렵다. 또한 실제로 많은 사람들은 그 주제를 너무 깊이 파고드는 게 두렵다고 인정할 것이다. 말하자면 사람들은 반유대주의가 확산하고 있으며 자신들도 그 영향을 받는다는 사실을 발견할까봐 두려운 것이다.

이 점을 이해하려면 우리는 수십년 전 히틀러가 이름 없는 페인트공으로 전전하던 시절을 되돌아봐야 한다. 지금 영국에는 반유대주의가 상당히 퍼져 있지만 30년 전보다는 훨씬 덜할 것이다. 완전히 계획된 인종적 또는 종교적 이론으로서의 반유대주의는 영국에서 번성한 적이 한번도 없었다. 유대인과의 결혼을 반대하거나 유대인이 사회에서 두각을 나타내는 것에 반감을 가지는 일도 거의 없었다. 그럼에도, 30년 전에 유대인은 놀림감이었고 '인격적'으론 약간 열등하다고 여기는 것이—비록 지능으로는 우수하지만—자연법칙처럼 받아들여졌다. 이론상으로 유대인이 법적 불이익을 받진 않았지만 사실상 특정 직업으로의 진로는 막혀 있었다. 가령 유대인은 해군 장교가 될 수 없었으며 육군의 이른바 '고급' 부대에는 들어갈 수 없었다. 공립학교의 유대인 소년은 예외 없이 힘든 시기를 보냈다. 물론 예외적으로 아이가 매력적이거나 운동을 잘한다면 유대인임을 숨길 수 있겠지만 유대 혈통은 말더듬이나 선천적 흉터만큼이나 타고난 장애를 의미했다. 부유한 유대인들은 귀족적인 영국식 또는 스코틀랜드식 이름으로 위장하는 경향이 있었고 이런 행동은 범죄자가 가능하다면 신분을 감쪽같이 위장하는 것처럼 사람들한테 자연스럽게 비춰졌다. 20년 전쯤 버마 랑군에서 나는 친구와 함께 택시를 잡고 있었다. 그때 누더기를 걸친 흰 살결의 작은 아이가 우리한테 달려오더니 자기가 콜롬보에서 배로 여기 왔는데 돌아갈 여비가 없다는 길고 복잡한 이야기를 꺼냈다. 그의 태도와 외모로 어디 출신인지를 알기 힘들어서 내가 물었다. "너 영어를 참 잘하는구나. 어느 나라에서 왔니?" 그는 특유의 억양으로 간절하게 대답했다. "전 유대인입니다, 선생님!"

나는 친구를 향해 농담 삼아 이렇게 말한 기억이 난다. "애가 유대임을 당당하게 밝히네." 그때까지 내가 알던 모든 유대인들은 유대인임을 부끄러워하거나 자신의 혈통 이야기를 꺼내지 않으려고 했다. 만약 꼭 그래야 될 상황이면 '히브리인'이라는 용어를 사용했다.

노동계급의 태도도 나을 게 없었다. 화이트채플에서 자란 한 유대인은 폭행당하는 걸 당연히 여겼고 근처의 크리스천 슬럼가를 들어가기만 하면 야유를 받았으며 뮤직홀과 만화책의 '유대인 농담'은 늘 악의적이었다.* 벨록, 체스터턴 등에 의한 문학적인 유대인 박해 역시 그 상스러움이 유럽 대륙의 수준에 뒤지지 않았다. 가톨릭 신자가 아닌 작가들 역시 온건한 형태로 같은 범죄에 가담하곤 했다. 초서^{Chaucer} 이후 영국문학에는 뚜렷한 반유대주의 전통이 있으며 당장 책을 찾으러 일어서지 않고도 만약 지금 씌었다면 반유대주의로 낙인 찍혔을 문장들을 떠올릴 수 있는데 거기에는 셰익스피어, 스몰렛^{Smollett}, 새커리, 버나드 쇼, H. G. 웰스, T. S. 엘리엇, 올더스 헉슬리 등 여러 작가들의 작품이 포함된다. 히틀러 이전에 유대인을 옹호하려 노

---

* 저자 주: 뮤직홀 코미디의 단골 소재인 '유대인 농담'과 어딘가 유사한 '스코틀랜드인 농담'을 비교해보는 것도 재미있다. 때로는 두 인종이 똑같다는 식으로(가령 유대인과 스코틀랜드인이 펍에 갔는데 둘 다 목이 말라 죽었다는 식으로) 묘사되기도 하지만 대체로 유대인은 교활하고 탐욕스러운 반면 스코틀랜드인은 거기에 더해 육체적으로 강인하다는 비교가 뒤따른다. 예를 들어 무료라고 홍보된 모임에 유대인과 스코틀랜드인이 함께 갔는데 뜻하지 않게 모금함이 돌자 이를 피하려고 유대인은 기절을 하고 스코틀랜드인은 그를 들쳐업고 가버렸다는 이야기가 있다. 여기서 스코틀랜드인은 사람을 들어 운반하는 괴력을 보여준다. 만약 그 반대였다면 뭔가 잘못 되었다는 느낌을 주었을 것이다.

력했던 작가로 당장 떠오르는 영국 작가들은 디킨스와 찰스 리드뿐이다. 또한 평균적인 지식인들은 벨록이나 체스터턴의 견해에 거의 동의하지 않겠지만 그들에 대한 강한 반감을 보이진 않는다. 체스터턴은 아주 사소한 구실로 유대인을 향한 끊임없는 비난을 소설과 에세이에 포함시켰지만 전혀 문제가 되지 않았으며 오히려 그는 영국문학을 통틀어 가장 존경받는 인물 중 하나로 평가받는다. 만약 현재 시점에 누군가 그런 논조로 글을 쓴다면 거센 비난에 직면하거나 아마도 자신의 글을 출판할 수 없을 것이다.

내가 말하듯 만약 유대인을 향한 편견이 영국에 광범위하게 퍼져왔다면, 히틀러가 그런 편견을 감소시켰다고 볼 이유는 없다. 히틀러는 지금은 유대인들에게 돌을 던질 때가 아님을 깨달은 정치적으로 의식있는 사람과 전쟁의 긴장 가운데 원래의 반유대주의를 더욱 강화한 사람을 날카롭게 분리시켰을 뿐이다. 그러므로 우리는 반유대주의 감정을 인정하느니 차라리 죽어버리겠다는 많은 사람들이 은밀하게 그런 감정에 빠져 있다고 추정해볼 수 있다. 이미 밝혔지만 나는 반유대주의가 근본적으로 신경증이라고 생각하고 당연히 자기합리화의 과정을 거치며 이는 일부 사실로 받아들여지고 있다. 일반 사람들에 의한 합리화는 유대인이 착취자라는 것이다. 영국에서 유대인들이 일반적으로 소규모의 사업가들이라는 점에서 이런 합리화는 일부 정당화된다. 말하자면 은행이나 보험회사보다는 더 눈에 잘 띄고 이해하기도 쉬운 약탈자인 셈이다. 지적인 규모를 더 확대해보자면 유대인은 불만을 조장하고 국가적 도덕을 약화시킨다는 점에서 반유대주의가 합리화되기도 한다. 이 문제에도 피상적인 정당화가 존재한다. 지난 25년 동안 이른바 '지식인'의 행동은 대체로 해를 끼쳐왔다. 만약 '지식인'들이 좀더 철저하게 활동했다면 영국은 1940년에 항복했을 거라는 말이 나에겐 과장처럼 느껴지지 않는다. 그런 불만에 찬 지식층에는 필연적으로 많은 수의 유대인들이 포함된다. 유대인들이 우리 고유의 문화와 국가적 도덕에 적대적이라는 말은 얼핏 타당하게 들릴 수 있다. 자세히 검증해보면 그런 주장은 엉터리에 불과하지만 그 주장을 뒷받침할 저명한 사람들은 늘 존재하기 마련이다. 최근 몇년 동안 지난 10여 년간 유행했으며 좌파 북클럽 같은 기구로 대표된 피상적인 좌파에 대한 반격이 있었다. 이러한 반격(가령 아놀드 런Ardnold Lunn의 『선한 고릴라』The Gorilla 또는 에블린 워Evelyn Waugh의 『더 많은 깃발을 걸어라』Put Out More Flags 같은 책을 보라)은 반유대주의의 기조를 띠며 이 주제가 명백하게 위험하지 않았다면 더 두드러졌을 것이다. 지난 수십년 동안 영국에서는 신경이 쓰일 만한 민족주의 지식인들이 존재하지 않았다. 하지만 영국 민족주의, 그러니까 지적인 부류의 민족주의는 부활할 수 있으며 만약 영국이 이번 전쟁으로 심하게 약해진다면 아마도 부활하게 될 것이다. 1950년의 젊은 지식인들은 1914년의 청년들처럼 순진하게 애국적일지도 모른다. 그럴 경우 프랑스의 반反드레퓌스자들 사이에서 번성했던, 그리고 체스터턴과 벨록이 이 나라에 수입하기를 원했던 그런 종류의 반유대주의가 기반을 마련할 수도 있다.

   나에겐 반유대주의의 기원에 관해 확고한 이론이 없다. 최근의 두 흐름들, 경제적 이유 때문이라거나 중세시대의 유산이라거나 하는 설명들은—물론 둘을 결합하면 사실을 더 잘 해명하겠지만—여전히 부족해 보인다. 내가 확신을 가지고 말하고 싶은 것은 반유대주의는 민족주의라는 좀더 거대한 문제의 일부라는 사실이다. 그러나 반유대주의는 진지하게 분석된 바가 없고 유대인은 분명히 희생양이지만 무엇을 위한 희생양인지 우리는 알지 못한다. 이 에세이에서 나는 전적으로 나의 한정된 체험에 의지했으며 모든 결론은 다른 관찰자들에 의해 부정될 수도 있다. 이 주제에 관한 자료가 거의 없다는 것만이 확실하다. 하지만 뭔가 가치가 있다면 내 의견을 요약해보고 싶다. 최대한 줄이면 다음처럼 요약될 것이다.

   영국에는 우리가 인정하고 싶은 것보다 많은 반유대주의가 있으며, 전쟁은 반유대주의를 부추겼으나 1년이 아니라 10년 단위로 생각해본다면 그것이 증가하는 추세인지 확실하지 않다.

   현재 반유대주의는 공개적인 박해로 나아가진 않지만 다른 나라에서 유대인이 겪는 고통에 냉담해지게 만드는 경향이 있다.

   반유대주의는 근본적으로 매우 비이성적이며 논리로 해결되지 않는다.

독일에서의 박해는 영국 내 반유대주의 감정을 은폐하는 효과를 가져왔으며 그에 따라 전체적인 양상은 더욱 모호해졌다.

반유대주의에 관해서는 진지한 연구가 필요하다.

마지막 결론만이 더 확장할 가치가 있다. 어떤 주제를 과학적으로 연구하기 위해서는 거리를 두는 태도가 필요하며 우리의 관심이나 감정이 개입될 때 이런 태도를 유지하기는 확실히 어려워진다. 성게나 루트 2에 관해서는 객관적일 수 있는 많은 사람들이 자신의 수입 출처에 관해서는 정신이 오락가락하는 경우가 있다. 반유대주의에 관해 거의 모든 글을 해치는 것은 글쓴이가 마음속으로 '나 자신'만큼은 그 문제와 상관없다고 가정하는 것이다. 그는 말한다. "나는 반유대주의가 비이성적임을 알기 때문에 당연히 공감하지 않아." 이로써 그는 믿을 만한 증거를 수집할 장소에서 연구를 시작할 수 있는 기회를 잃어버린다. 그 장소란 바로 자신의 마음이다.

느슨하게 말해 '민족주의'라고 불리는 병이 현재 보편적인 현상이 됐다는 게 타당한 추론일 것이다. 반유대주의는 민족주의의 한 표출일 뿐이며 모든 사람이 그런 특정한 형태의 병을 앓진 않는다. 가령 보통의 유대인은 반유대주의자가 아닐 것이다. 하지만 많은 인도인들과 흑인들이 전도된 형태로 인종적 편견을 드러내듯이 많은 시오니스트 유대인들은 뒤집힌 형태의 반유대주의자들이다. 핵심은 현대 문명 가운데 어떤 심리적 비타민이 부족한 결과 우리 모두는 얼마간 전체 인종이나 민족이 뚜렷한 이유 없이 선하거나 악하다고 믿는 정신병에 걸린다는 사실이다. 나는 어떤 현대 지식인도 민족주의적 충성과 이런저런 혐오에 의지하지 않고 자신의 마음을 솔직하고 면밀하게 들여다볼 수 없다고 생각한다. 그런 것들에 끌릴 수 있지만 감정에 치우치지 않고 사태를 바라보는 것이 지식인으로서 합당할 것이다. 그러므로 반유대주의 연구의 출발점은 "왜 이런 명백히 비이성적인 믿음이 사람들을 매료시킬까?"가 아니라, "왜 반유대주의는 나를 매료시킬까? 내가 그것에서 진실로 느끼는 바는 무엇일까?"가 되어야 한다. 이런 질문을 던진다면 적어도 우리 스스로가 행한 합리화를 발견할 것이고 그 아래 무엇이 있는지를 찾아낼 수 있을 것이다. 반유대주의는 반유대주의자가 아니라 그런 감정에 면역이 돼 있지 않다는 사실을 스스로 깨달은 사람들에 의해 연구돼야 한다. 히틀러가 사라지고 나면 이 주제에 대한 진정한 연구가 가능해질 것이며 그 연구는 반유대주의를 파헤치는 데서 시작하기보다는 우리 자신이든 누구든 사람들의 마음속에 있는 합리화를 모아보는 데서 시작하는 것이 가장 좋을 것이다. 그런 방식으로 우리는 반유대주의의 심리적 뿌리에 도달하는 단서를 찾아낼 것이다. 그러나 민족주의라는 좀더 광범위한 병을 치유하지 않고서는 반유대주의를 절대 치유할 수 없을 것이다.

『현대 유대인 기록』 *Contemporary Jewish Record* 1945년 4월.

거울을 통해, 장밋빛으로[*]

『트리뷴』지의 빈 특파원이 쓴 최근 기사^{**} 때문에 특파원을 바보나 거짓말쟁이로 부를 뿐 아니라 별것도 아닌 혐의를 추가로 제기하는 성난 독자들의 편지가 쏟아졌다는데 그 사건은 특파원이 진실을 알고 있음에도 침묵을 지켰어야만 했다는 심각한 암시를 주고 있다. 기자 역시 『트리뷴』에 짧은 답장을 게재했지만 이 문제는 너무나 중요하기 때문에 좀더 길게 토론할 가치가 있을 것이다.

* 거울을 통해, 장밋빛으로through a glass, rosily는 신약 성서 고린도전서 13장 12절 중 "거울을 통해, 희미하게"through a glass, darkly라는 구절을 저자가 패러디한 것으로 보인다. 고대의 청동 거울은 사물을 희미하게 비추었다고 한다.
** 원서 주: 『트리뷴』의 빈 특파원이 러시아 주둔군 일부의 추악한 행위를 서술하면서 그 도시의 끔찍한 상황을 사실대로 보도했을 때 많은 독자들은 '붉은 군대'에 대한 중상모략이라며 저항했다.

A와 B가 서로 반대 입장에 있을 때마다 A를 공격하거나 비난하는 사람은 B의 잘못을 방조한다는 비난을 받는다. 또한 A에 대한 비난은 객관적이고 단기적인 분석일 경우 종종 옳으며 그래서 B를 좀더 유리하게 만들어주기도 한다. 그 결과 A의 지지자들은 닥치고 비판하지 말라고 말한다. 또는 최소한 '건설적으로' 비판하라고 하는데 사실상 그 말은 호의적으로 대하라는 말이다.

세계를 A와 B로 갈라 A는 진보를, B는 반동을 대변하다고 가정할 때 A에 유해한 어떤 사실도 누설되선 안 된다면 논란이 일 것이다. 이런 주장을 하기 전에 그것이 어떤 결과를 낳을지 알아야 한다. 반동이란 무엇을 의미하는가? 가장 최악의 반동은 나치 독일이라는 말에 나는 동의할 수 있다. 소련을 비판하는 것은 '객관적으로' 친親나치 행위라고 말했던 사람들이야말로 전쟁 기간 나치 선동가들에게 많은 정보를 전달한 사람들이다. 반전反戰 국면의 공산주의자들을 말하는 게 아니다. 나는 좌파 일반을 말하고 있다. 대체로 나치 라디오는 영국 우파보다는 좌파 언론에서 더 많은 자료를 입수했다. 그럴 수밖에 없는 것이, 영국 기관에 대한 심각한 비판이 제기된 곳은 주로 좌파 언론이었기 때문이다. 슬럼과 사회적 불평등 파헤치기, 보수당 지도자들에 대한 공격, 영국 제국주의 깎아내리기 등등은 괴벨스에겐 선물과도 같았다. 그리고 꼭 가치없는 선물만은 아니었는데 '영국 금권정치'에 대한 독일의 선동은 특히 전쟁 초반에 중립 국가들에게 중대한 영향을 끼쳤기 때문이다.

추축국(2차 세계대전 당시 독일·이탈리아·일본 중심의 군사동맹—옮긴이) 선동가들이 쉽게 자료를 가져온 두 출처의 사례를 보자. 일본은 중국에서 발행한 자신들의 영어 잡지에서 브리포Robert Briffault의 『영국제국의 쇠퇴와 몰락』*Decline and Fall of the British Empire*을 연재했다. 브리포는 사실상 사회주의자는 아니었으나 열렬한 친소주의자였고 그 책에는 우연히도 일본에 대한 비판도 일부 포함됐다. 그러나 일본의 입장에선 문제될 것이 없었는데 그 책의 주된 경향은 반영反英이었기 때문이다. 같은 시기에 독일 라디오방송은 영국의 위신을 떨어트리는 책들을 축약해 방송에 내보냈다. 그중에는 E. M. 포스터의 『인도로 가는 길』도 포함돼 있었다. 내가 아는 한 독일방송은 거짓 인용에 의존할 필요도 없었다. 왜냐하면 그 책은 원래 진실했고 파시스트 선동의 목적에 맞게 쓰일 수 있었기 때문이다. 블레이크에 따르면,

나쁜 의도로 말한 진실은
당신이 만들어낼 수 있는 모든 거짓말을 이긴다

추축국의 선동방송에서 자신의 발언이 들리는 걸 경험한 사람이라면 그런 힘을 느낄 것이다. 실제로 인기 없는 대의를 옹호하거나 논란을 일으킬 만한 사건을 목격한 사람이라면 어떤 정직한 진술도 부도덕한 적수들에게 반격으로 악용됨을 우려해 사실을 왜곡하거나 숨기고 싶은 두려운 유혹을 감지할 것이다. 하지만 우리는 장기적 효과를 고려해야 한다. 결국에 거짓

이 진보의 대의에 도움이 될 것인가, 그렇지 않을 것인가?

『트리뷴』의 빈 특파원을 공격한 독자들은 그가 거짓말을 한다고 강렬하게 비난했지만 그들은 실상 특파원이 제기한 내용이 진실일지라도 공표해서는 안 된다고 암시한 것이다. 빈에서 10만 명이 강간당했다는 것은 소비에트 정권을 위해서 좋은 홍보가 아니다. 그러므로 그런 일이 있었더라도 언급하지는 말라는 것이다. 불편한 사실이 감춰지면 영국-러시아 관계는 더 좋아질 것이기 때문이다.

늘 그렇듯이 문제는 거짓말이 사실로 드러났을 때 사람들은 더욱 격렬하게 반응한다는 것이다. 거짓 선동이 역풍을 맞은 사례를 한번 보자. 많은 선량한 영국인들은 좌파 언론을 통해 인도국민회의당^{Indian National Congress}*에 대한 과도하게 우호적인 이미지를 갖게 된다. 영국인들은 인도국민회의당이 우파라고(사실 그렇다) 믿을 뿐 아니라 민주적이고 국제적인 목적을 가진 일종의 좌파 조직으로 상상하는 경향이 있다. 그런 사람들이 실제 피와 살을 가진 인도 민족주의자를 갑자기 만나면, 나이든 보수주의자 같은 태도에 움찔하게 된다. 나는 이런 일이 일어나는 현장을 수차례 목격했다. 또한 친소련 선동 역시 마찬가지다. 그 모든 것을 믿어버린 사람들은 사회주의 이상을 통째로 거부할 수도 있는 갑작스런 충격의 위험에 항상 노출돼 있다. 이런저런 면에서 나는 공산주의와 유사 공산주의 선동은

---

* 1885년에 설립된 인도의 정당. 인도 독립 운동과 현대 정치에서 중심적인 역할을 해왔다.

일시적으로 러시아 외교정책을 구했을지라도 그저 사회주의의 대의를 지연시키는 효과를 거두었다고 말할 수밖에 없다.

진실을 감추는 데는 항상 훌륭하고 고상한 이유들이 있으며 이런 이유들은 여러 대의를 지지하는 사람들로부터 거의 같은 투로 제기된다. 나는 러시아가 좋아하지 않을 거라는 두려움 때문에 내 글을 발표하지 않았으며 어떤 글들은 영국 제국주의를 공격함으로써 영국을 싫어하는 미국인들에게 인용될까봐 발표하지 않았다. 지금 스탈린 정권을 솔직하게 비판하면 '러시아인들의 의혹'을 키울 것이라는 말을 듣지만 이미 7년 전에도 우리는(같은 신문인 경우도 있다) 나치 정권을 솔직하게 비판하면 히틀러의 의혹을 키울 것이라는 소리를 들었다. 1941년 말, 몇몇 가톨릭 신문은 영국정부에 노동당 각료들이 있음으로 해서 프랑코*의 의혹을 키우고 그를 더욱 추축국 쪽으로 기울게 한다고 주장했다. 돌이켜보면, 영국과 미국 사람들이 1933년경에 히틀러의 본질을 파악했다면 전쟁을 피할 수도 있었을 것이다. 마찬가지로, 영국-러시아의 품위있는 관계를 향한 첫걸음은 환상을 포기하는 것이다. 원칙적으로 대부분의 사람들은 여기에 찬성한다. 하지만 환상을 포기하는 것은 사실을 드러내는 것을 의미하며 드러난 사실은 꽤 불쾌하다.

이쪽저쪽의 어두운 영향력에 '놀아나는' 일이기 때문에 정직하지 말아야 한다는 주장은 그야말로 거짓이다. 어느 면에

---

* Francisco Franco. 20세기 스페인의 독재자. 스페인내전 당시 군사 반란세력의 지도자로 이탈리아, 독일 등 추축국의 지원을 받아 정부군에 승리를 거두고 1975년까지 집권했다.

서 사람들은 자기한테 유리할 때만 그런 주장을 이용해 먹기 때문이다. 내가 지적했듯이, 보수당의 손에 놀아나는 걸 가장 걱정했던 사람들이 나치의 손에 놀아나는 일에는 가장 방심했다. "프랑코를 공격하는 일이 히틀러를 이롭게 하니 그러지 마시오"라고 말했던 가톨릭 사람들은 그 전에 수년 간 어느 정도 의식적으로 히틀러를 도왔다. 이런 주장 이면에는 언제나 특정 부류의 이익을 위해 선동하면서 비판자들을 향해선 '객관적으로' 반동적이라고 몰아붙임으로써 입을 틀어막으려는 의도가 깔려 있다. 매혹적인 계책이며 나 자신도 몇번 써본 적이 있지만 정직하지 못한 짓이다. 거짓말이 주는 이득이 오래가지 못한다는 사실을 기억한다면 그런 계책은 폐기처분돼 마땅하다고 나는 생각한다. 종종 사실을 감추거나 위장하는 것이 긍정적으로 보일 때가 있다. 하지만 진짜 진보는 계몽의 증대를 통해서만 일어날 수 있으며 그건 끊임없는 신화의 파괴를 의미한다.

한편 자유로운 발언의 반대자들이 어쨌든 『트리뷴』에 편지를 쓴다는 사실에서 자유주의 가치에 대한 기묘하면서도 역설적인 기여가 드러난다. "비판하지 마시오"라고 그들은 쓰지만 사실상 이렇게 말하고 있다. "불필요한 사실을 밝히지 마시오. 적의 손에 놀아나지 마시오!" 하지만 그들 자신이야말로 모든 폭력을 동원하여 『트리뷴』의 정책을 공격하고 있다. 그들이 옹호하는 원칙들이 현실이 되면, 자신들의 편지는 절대 발표되지 못한다는 생각을 왜 하지 못하는 걸까?

『트리뷴』1945년 11월 23일.

파국적 점진주의

 아직 정확히 규정되거나 이름이 붙여지진 않았지만 우리가 광범위하게 받아들이는 평범한 인간의 품격과 충돌하는 어떤 행동을 정당화할 필요가 있을 때마다 불려나오는 이론이 있다. 좀더 나은 이름이 만들어지기 전까지 그것을 '파국적 점진주의' 이론이라 부를 수 있을 것이다. 이 이론에 따르면 유혈, 거짓, 폭정, 불의 없이는 그 무엇도 이뤄지지 않으며 다른 한편으론 아무리 위대한 격변이 일어나더라도 더 나은 방향으로의 상당한 변화를 기대할 수 없다. 또한 역사는 필연적으로 재난에 의해 발전하지만 그 이후의 시대는 지난 시대보다 나쁘거나 거의 나아지지 않는다. 진보를 위해서는 대가를 치러야 하기 때문에 숙청, 강제이주, 비밀경찰 같은 것들에 저항해서는 안 된다. 한편 '인간의 본성'은 항상 느리게 진보하거나 심지어 눈에 띄지 않게 진보한다는 사실에 주목한다. 독재에 반대하는 사람은 반동이고, 독재가 좋은 결과를 가져올 것으로 기대하는 사람은 감성적인 인간이다.

현재 파국적 점진주의 이론은 대부분 소련의 스탈린 정부를 정당화하기 위해 이용되지만 또한 명백히—적당한 환경이 주어진다면—또다른 형식의 전체주의를 정당화하기 위해서도 이용될 것이다. 그 이론은 러시아혁명이 실패함에 따라 근거를 마련했다. 러시아혁명은 25년 전에 혁명이 불붙인 희망을 이루지 못함으로써 실패했다. 사회주의의 이름으로 러시아 정부는 상상할 수 있는 모든 범죄를 저질렀지만 그 진보는 사회주의와는 거리가 멀었다. 그 사회주의는 아마도 1917년의 사회주의자라면 아무도 받아들이지 않았을 그런 사회주의였다. 이런 사실을 인정하는 사람들에겐 오직 두 길만 남았다. 그중 하나는 전체주의 이론을 그냥 내다버리는 것인데 영국 지식인들에게는 그럴 만한 용기가 없다. 또다른 하나는 파국적 점진주의에 다시 기대는 것이다. 통상 사용되는 공식은 "계란을 깨지 않고는 오믈렛을 만들 수 없다"는 것이다. 또한 누군가 "맞아, 하지만 그 오믈렛은 어디 있지?"라고 물으면 대답은 아마도 "모든 일이 한순간에 일어나기를 기대할 순 없잖아."가 될 것이다.

당연히 논쟁은 역사의 뒤켠으로 밀려나고 모든 진보는 극악무도한 범죄를 대가로 성취되며 다른 방법은 없다는 식의 구도가 눈앞에 제시된다. 그때 일반적으로 사용되는 역사적 순간은 부르주아에 의해 봉건주의가 타파되었던 순간이며 그 순간은 우리 시대의 사회주의에 의해 자본주의가 타파되는 것을 예견한 것으로 간주된다. 자본주의는 한때 진보적인 힘이었으며 그러므로 자본주의의 범죄는 정당화되든지 아니면 적어도 별로 중요하지 않다고 주장된다.『뉴 스테이츠먼』의 최신 호에서 킹슬리 마틴^{Kingsley Martin}(영국의 유명한 법학자—옮긴이)은 아서 쾨슬러^{Arthur Koestler}* 가 진실한 '역사적 전망'을 소유하지 못했음을 비난하면서 스탈린을 헨리 8세** 와 비교했다. 마틴은 스탈린이 끔찍한 일들을 저질렀음을 인정하면서도 그런 죄과와 균형을 맞춰 '진보'에 기여했으며 이런 기여를 감추기 위해 수백만 명의 목숨을 '청산'한 일을 이용해선 안 된다고 말한다. 마찬가지로, 헨리 8세의 성격은 아쉬운 점이 많았지만 어쨌든 그는 자본주의 융성을 가능케 했으며 그런 점에서 균형을 맞추자면 인류의 친구로 간주될 수 있다는 것이다.

지금에 와서 볼 때 헨리 8세는 스탈린과 닮지 않았다. 크롬웰이 더 나은 비교대상이지만 마틴이 헨리 8세에게 더 중요성을 부여한다면 이 논쟁은 어디로 이어질까? 헨리 8세는 자본주의 융성을 가능케 했고 그것이 산업혁명의 공포를 가져왔으며 이어서 거대한 전쟁의 순환이 일어났다면 그 다음으로는 문명 전부의 몰락이 이어질 것이다. 그렇게 과정을 확대하면 우리는 다음과 같이 말할 수 있을 것이다. "모든 것은 용서될 수 있다.

---

* 헝가리 출신의 영국 작가이자 저널리스트. 소련의 스탈린주의를 강력히 비판한 작품들로 유명하다.
** 영국의 국왕으로 정적은 물론 자신의 아내까지 처형할 정도로 잔인한 군주였지만 종교개혁을 단행하는 등 개혁 군주로서의 면모도 보여주었다.

왜냐하면 우리가 원자폭탄으로 스스로를 산산조각 낼 수 있게 한 사람은 궁극적으로 바로 헨리 8세이기 때문이다."

당신이 우리의 현 상태와 우리 앞에 놓인 미래에 대한 책임을 스탈린에게 돌리고 그의 정책을 지지해야 한다고 주장한다면 비슷한 억지에 빠질 것이다. 내 생각에 러시아의 독재를 지지하는 영국 지식인들의 동기는 그들이 공개적으로 인정하는 것과는 다르지만, 진보가 불가피하다고 가정한다면 폭정과 대량학살을 용인하는 것이 논리적이다. 각 시대가 지난 시대보다 당연히 더 낫다면, 역사적 과정을 앞으로 전진시키는 어떤 범죄나 어리석음도 정당화될 수 있다. 대략 1750년에서 1930년까지 구체적으로 측정 가능한 진보가 일어나리라고 누구나 상상할 수 있었다. 하지만 최근 들어 이런 상상은 점점 더 어려워졌으며 그 배후에는 파국적 점진주의 이론이 있다. 범죄는 범죄로 이어지고 한 지배계급은 다른 계급을 대체하며 바벨탑은 세워졌다 무너지지만 우리는 진보에 저항하면 안 된다. 실제로 나쁜 행동이 눈앞에 벌어져도 우리는 박수를 보낼 준비가 돼 있어야 하는데 이는 신비하게도 신이 보기에, 또는 마르크스가 보기에 진보이기 때문이다. 대안은 a) 역사는 어느 정도 미리 결정돼 있는가? 그리고 b) 진보란 무엇인가? 이 두 가지를 멈춰 서서 생각해보는 것이다. 지금 시점에 우리는 공산당 정치위원장을 바로잡기 위해 요가 수행자처럼 행동해야만 한다.

많은 논쟁을 일으킨 에세이에서 쾨슬러는 요가 수행자 쪽을 호되게 나무랐던 것으로 평가된다. 사실 우리가 요가 수행자와 정치위원장을 반대되는 입장으로 가정한다면 쾨슬러는 정치위원장 쪽에 더 가까운 사람이다. 그는 행동을 믿었고, 필요하다면 폭력을, 정부를, 그리고 결과적으로 정부와 불가분의 관계인 변덕과 타협을 믿었다. 그는 전쟁을 지지했고 그 전의 인민전선을 지지했다. 파시즘의 출현 이후 그는 온힘을 다해 그것과 맞섰고 수년 동안 공산당의 일원이었다. 그가 에세이에서 소련을 비판하는 긴 장은 낡은 당에 대한 충성과 스탈린의 융성 이후 모든 나쁜 발전의 기원이 된 경향성 때문에 훼손되고 만다. 반면 나는 처음부터 있었던 모든 악의 씨앗, 그리고 레닌 또는 트로츠키가 통치자로 남았더라도 달라지지 않았을 상황을 인정해야 한다고 믿는다. 쾨슬러는 캘리포니아에서 배꼽을 바라보며 명상을 함으로써 모든 걸 바로잡을 수 있다고 주장할 사람이 절대 아니다. 또한 그는 종교적 사상가들이 흔히 그러하듯 '마음의 변화'가 어떤 정치적 발전보다 먼저 있어야 한다고 주장하지도 않는다. 쾨슬러 본인의 말을 인용해보자면,

> 성자도 혁명가도 우리를 구원할 수 없다. 오직 둘을 종합해야만 가능하다. 우리가 그것을 해낼 수 있을지 나는 모른다. 하지만 그 대답이 부정적일 경우 십여 년 내에 전면전을 계승한 압도적인 전쟁이나 비잔틴제국의 정복에 의해 유럽 문명이 완전히 파괴되는 사태를 막을 희망은 사라질 것이다.

말하자면 '마음의 변화'는 반드시 일어나야 하지만 각 단계

에서 행동을 보여주지 못한다면 실제로는 아무것도 일어나지 않는다는 말이다. 다른 한편 어떤 사회구조의 변화도 그 자체만으로 실제의 발전에 영향을 끼칠 수 없다. 사회주의는 "생산수단의 공동소유"로 흔히 규정되지만, 공동소유가 그저 중앙집권적 통제에 불과하다면 새로운 형식의 과두제를 위한 길을 닦는 것에 불과하다. 중앙집권적 통제는 사회주의에 필요한 전제조건이지만 타자기 자체만으로는 내가 쓰는 글을 생산하지 못하는 것처럼 그것이 사회주의를 만들어내진 못한다. 역사를 통틀어 혁명과 뒤이은 혁명은—아픈 사람이 침대에서 몸을 뒤척일 때 잠시 괜찮아지듯이 그런 일시적인 구원을 가져오긴 했지만—권력 본능을 제거하기 위한 진지한 노력이 없었기 때문에 그저 지배자의 교체만을 양산했다. 또는 그런 노력이 있었다면 그것은 오직 성자나 요가 수행자처럼 공동체를 무시하는 대가로 자신의 영혼을 구원한 사람들만의 노력이었다. 활동적인 혁명가들, 이른바 "거기까지 간" 사람들의 마음속에는 올바른 사회에 대한 갈망이 항상 자신들의 권력을 수호하려는 의지와 치명적으로 결합돼 있었다.

쾨슬러는 "사회적 유용성이라는 경험적 기준이 실패하는 윤리적 딜레마 속에서 유일한 근원적 길잡이로 남아 있는" 숙고의 기술을 다시금 배워야 한다고 말한다. '숙고'라는 의미를 그는 '하지 않으려는 의지,' the will not to will 그러니까 권력을 향한 의지의 봉쇄에서 찾았다. 실용적인 사람들은 우리를 심연의 가장자리로 이끌었고, 처음에는 도덕적 감각을, 그 다음엔 현실 감각을 살해하면서 패권정치를 내면으로 받아들인 지식인들은 방향을 바꾸지 말고 빠르게 전진하라고 우리를 다그쳤다. 역사는 어떤 순간에도 미리 결정된 적은 없지만 인류가 좀더 선하거나 혹은 악한 길을 선택할 자유를 행사하는 전환점은 있다고 쾨슬러는 주장한다.

그런 전환점 하나가(그가 책을 쓴 시기엔 나타나지 않았지만) 원자폭탄이다. 원자폭탄을 포기하든가 아니면 그것에 멸망하든가 둘 중 하나다. 하지만 그것을 포기하는 것은 도덕적 노력뿐 아니라 정치적 노력을 요한다. 쾨슬러는 "새로운 영적 기운 속의 새로운 박애정신을 요청한다. 거기서 지도자들은 대중의 삶을 살피겠다는 청빈의 서약에 묶여 있으며 견제 없는 권력을 소유하지 못하도록 박애의 법으로 금지당한다." 그는 덧붙인다. "이것이 유토피아처럼 보인다면 사회주의는 유토피아다." 우리가 '현실주의'의 어리석음에서 벗어날 수 없다면 사회주의는 유토피아조차—그 이름은 몇 세대 후에 기억되지 못할 수도 있다—될 수 없을 것이다. 하지만 그런 일은 개인의 마음속 변화가 없이는 일어나지 않을 것이다. 더 나아가지 않는다 해도, 그 정도까지는 요가 수행자가 정치위원장에 맞서는 것이 옳다.

『커먼 웰스 리뷰』*Common Wealth Review* 1945년 11월;

『정치학』*Politics* 1946년 9월.

유럽연방을 향하여

　오늘날 사회주의자는 희망 없는 환자를 치료하는 의사의 입장에 가깝다. 의사로서 그 사람은 환자를 살릴 의무가 있고 그래서 적어도 환자에게 회복의 기회가 있다고 추정한다. 반면 과학자로서 그 사람은 사실에 근거할 의무가 있으며 그래서 환자는 아마도 사망할 것이라고 인정할 수밖에 없다. 사회주의자로서 우리의 행동은 사회주의가 실현될 수 있음을 추정할 때 의미가 있다. 하지만 우리가 무엇이 일어날지를 생각하길 멈춘다면 꿈이 실현될 가능성은 낮다는 걸 인정해야만 한다. 내가 그저 나 자신의 바람을 배제하고 확률만을 따지는 도박사라면 다가올 몇백 년 내에 문명이 생존하지 못한다는 데 돈을 걸겠다. 내가 보기에 우리 앞에 놓인 가능성은 세 가지다.

1. 러시아가 핵폭탄을 가지지 못한 상태에서 미국이 핵을 사용하기로 결정할 가능성.

이는 아무것도 해결하지 못할 것이다. 그 선택은 현재 소련에 의해 제기되는 특정한 위험을 제거하긴 하겠지만 새로운 제국, 신생 적대자, 더 많은 전쟁, 더 많은 핵무기 등을 불러올 것이다. 어느 경우든 예방전쟁이 민주주의의 흔적을 가진 나라에 의해서는 감행되기 어려운 범죄라는 면에서 이것은 세 가능성 중 가장 실현 가능성이 적다.

2. 소련과 여러 다른 국가들이 핵폭탄을 가질 때까지 현재의 '냉전'이 이어질 가능성.

이 경우 숨 돌릴 새도 없이 쌩 하고 로켓이 날아가고 쾅 하고 폭탄이 터지며 세계의 산업 핵심들은 회복이 불가능할 정도로 초토화될 것이다. 하나의 국가나 몇몇 국가들이 기술적인 승자로 살아남더라도 기계문명을 새롭게 건설하기는 불가능할 것이다. 그 결과 세계는 다시금 수백만 또는 수억의 인구가 생계형 농업에 의존하게 될 것이며 수세대가 지난 후에는 아마도 금속을 제련하는 지식 정도만 남게 될 것이다. 어쩌면 이는 바람직한 결과일지 모르지만 사회주의와는 분명 거리가 멀다.

3. 원자폭탄과 다른 무기들로 야기된 공포가 너무 거대해서 모두가 그걸 사용하지 않을 가능성.

이것이 최악의 경우로 보인다. 결국 세계가 서로를 정복하지 못하며 내부 혁명으로도 전복되지 못하는 두세 개의 슈퍼 강대국으로 나뉘는 걸 의미하기 때문이다. 이런 국가들의 내부구조는 아마도 위계적으로 고착될 것이며 최상위에는 신에 가까운 계층이, 최하위에는 노예나 다름없는 계층이 자리잡을 것이다. 그 결과 자유는 세계가 지금껏 목격한 어느 때보다 더 짓밟힐 것이다. 외부 세계와의 완전한 단절, 경쟁 국가와의 총성 없는 전쟁으로 각 국가 내부에는 불가피한 심리적 억압이 조성될 것이다. 이런 형식의 문명은 수천년 동안 정체 상태로 이어질 수도 있다.

위에 그려본 대부분의 위험들은 이미 존재했고 핵폭탄이 발명되기 훨씬 전부터 예측 가능했다. 내 생각에 그런 위험들을 피할 유일한 방법은 사람들이 상대적으로 자유롭고 행복하며 삶의 주된 동기가 돈이나 권력 추구가 아닌 대규모의 공동체를 세우는 것이다. 다른 말로 하자면 광범위한 지역에서 민주적 사회주의가 작동해야 한다는 의미다. 그러나 가까운 미래에 민주적 사회주의가 실현 가능한 유일한 지역은 서유럽뿐이다. 호주와 뉴질랜드를 제외하고 민주적 사회주의의 전통은—비록 아슬아슬하게 유지되는 수준이지만—오직 스칸디나비아, 독일, 오스트리아, 체코슬로바키아, 스위스, 베네룩스 3국, 프랑스, 영국, 스페인, 이탈리아에서 존재한다고 볼 수 있다. 이 나라들에서만큼은 여전히 많은 사람들에게 '사회주의'라는 말이 의미를 가지며 자유, 평등, 국제주의와 결부된 개념으로 이해된다.

다른 지역에선 민주적 사회주의가 뿌리 내리지 못했거나 다른 개념으로 통용된다. 북미 지역의 대중들은 자본주의에 만족하며, 자본주의가 붕괴되기 시작할 때 어떤 방향을 선택할지 예측하기 어렵다. 소련에서는 과두제적 전체주의가 팽배해 있으며 소수 지배계급의 의지와 맞서야만 민주적 사회주의로 발전할 수 있을 것이다. 아시아에서는 '사회주의'라는 단어 자체가 거의 쓰이지 않는다. 아시아 민족주의 운동은 성격상 파시즘 아니면 모스크바를 향하고 있으며 둘 다를 결합한 태도도 존재한다. 현재 유색인종 운동들은 인종적 신비주의 색채를 띠고 있다. 남미의 상황도 근본적으로 유사하며 아프리카나 중동도 마찬가지다.

사회주의는 어디서도 존재하지 않으며 그저 아이디어 차원일 뿐이지만 그나마 유효한 곳은 유럽뿐이다. 물론 세계적 차원에서 진행되지 않는 한 사회주의가 실현되었다고 볼 수 없지만 그 과정은 어디서건 시작돼야 하며 현재로선 서유럽 국가들의 연방이 아니고선 상상하기 어렵다. 이 국가들의 연합이 식민지적 종속 없이 사회주의 공화국이 되는 것이다.

그러므로 유럽사회주의국가연방 Socialist United States of Europe이 오늘날 유일하게 고려해볼 만한 정치적 실체라고 나는 생각한다. 그 연방에는 세계 숙련 산업노동자의 절반인 약 2억 5천만 명의 인구가 포함될 것이다. 그런 제도를 도입하는 데 따른 난관이 엄청나고 두려울 것임은 자명하기에 몇 가지 사례들을 나열해보겠다. 하지만 본질적으로 그런 연방이 불가능하다거나 서로 다른 국가들이 자발적으로 연합하지 않을 것이라고 미리 생각할 필요는 없다. 서구유럽연방은 그 자체로 소비에트 연방이나 대영제국보다 훨씬 개연성이 있는 결합이다.

이제 난관을 하나하나 짚어보자. 가장 큰 난관은 모든 지역에서 민중들의 무관심과 보수성, 위험에 대한 인식 부족, 새로움을 상상하는 능력의 부족이다. 버트런드 러셀이 최근 지적했듯이 한마디로 인류에게 자신의 생존을 인정하려는 의지가 없다는 사실이다. 그러나 유럽연방에 반대하는 사악한 힘들 또한 존재하며 유럽 민중들이 삶의 수준을 위해 의존하는 경제적 관계 또한 존재하는데 이는 진정한 사회주의와 양립하기 어렵다. 내가 주목하는 중요한 장애물 네 가지를 되도록 간단히 언급해보겠다.

1. **러시아의 적대감**. 러시아는 자신들의 통제 밖에 있는 유럽연방에 적대적일 수밖에 없다. 겉으로 드러난 이유와 실제 이유 모두 분명하다. 그러므로 예방전쟁의 위험, 약소국들에 대한 체계적인 테러, 공산당의 방해공작 등을 면밀히 고려해야 한다. 무엇보다 유럽 대중들이 러시아 신화를 계속 믿을 위험이 존재한다. 그들이 러시아 신화를 믿는 한 사회주의 유럽이라는 이상은 꼭 필요한 노력을 끌어낼 만큼 매력적으로 보이지 않을 것이다.

2. **미국의 적대감**. 미국이 자본주의에 머물고 특히 수출을 위한

시장이 필요하다면 사회주의 유럽을 우호적인 시각으로 볼 수 없다. 물론 무력으로 개입할 가능성은 소련보다 훨씬 덜하지만, 소련의 궤적 바깥에 있는 유럽 국가 중 하나인 영국에 무력을 행사하기 훨씬 쉽기 때문에 미국의 압력은 중요한 요소다. 1940년 이래 영국은 유럽의 독재자들에 맞서왔지만 그 대가로 미국의 종속국이 되다시피 했다. 사실 영국이 미국으로부터 자유로워질 방법은 유럽을 넘어선 강대국이 되려는 시도를 포기하는 것밖에 없다. 아프리카 지역을 제외한 영어권 자치령, 식민지 종속국, 심지어 영국의 석유 공급조차 모두 미국의 손바닥 안에 있다. 그러므로 미국이 유럽연방에서 영국을 빼냄으로써 연방을 깨버릴 위험은 언제나 존재한다.

3. **제국주의.** 유럽 민중들, 특히 영국인들은 높은 생활수준을 유지하기 위해 유색인종들을 직간접적으로 착취해왔다. 이런 사실은 공식 사회주의 선전을 통해 한번도 명백히 선언된 적이 없다. 한술 더 떠 영국 노동자들은 세계 평균에 비추어 수입보다 높은 생활수준을 누린다는 말을 듣는 대신, 스스로 과로와 노예적 탄압에 시달린다고 배워왔다. 대중들에게 '사회주의'는 더 높은 임금, 짧은 노동시간, 더 나은 집, 폭넓은 사회보장 등을 의미한다. 하지만 우리가 식민지 착취에서 뽑아내는 이익을 포기하고도 이런 것들을 성취할 수 있을지는 결코 확실하지 않다. 국가 소득이 아무리 평등하게 분배된다고 해도 총소득이 감소하면 노동계급의 생활수준은 떨어지게 마련이다. 최선의

경우라 해도 여론이 전혀 받아들일 준비가 안 된 오랜 기간의 불편한 재건이 이어질 것이다. 하지만 유럽 국가들이 진정한 사회주의를 세우려면 반드시 해외에서의 착취를 멈춰야 한다. 유럽사회주의연방을 향한 영국의 첫걸음은 인도에서 물러나는 것이다. 하지만 이는 또다른 문제를 동반한다. 유럽연방국가가 자족적인 집단이 되고 러시아와 미국에 맞설 수 있으려면 아프리카와 중동을 포함해야 한다. 하지만 이는 그들 나라의 토착민들의 상황이 변해야 함을 의미한다. 즉 모로코나 나이지리아 또는 아비시니아(현재의 에티오피아—옮긴이)가 식민지 내지는 반식민지 상태에서 벗어나 유럽 민중과 완전히 평등한 자치 공화국이 되어야 한다. 이 과정은 광범위한 관점의 변화는 물론, 유혈 사태 없이는 정착되지 못할 쓰라리고도 복잡한 투쟁을 포함할 것이다. 중요한 순간이 오면 제국주의 권력은 매우 강력해질 것이고, 물질주의적 관점에서 사회주의를 생각하도록 교육받은 영국 노동자들은 궁극적으로 미국을 위한 졸개 노릇을 하더라도 제국의 세력에 빌붙는 것이 낫다는 결정을 내릴 것이다. 다양한 차원에서 유럽연방의 일원을 구성할 모든 유럽 민중들은 비슷한 선택에 직면할 것이다.

4. **가톨릭교회.** 동서 간의 갈등이 점점 노골화됨에 따라 민주적 사회주의자와 순수한 반동 세력이 '인민전선'의 형태로 결합할 위험이 있다. 교회는 그 둘 사이의 유력한 연결 고리다. 어느 경우든 교회는 유럽연방을 향한 작은 움직임이라도 포착하

여 무력화하기 위해 최선을 다할 것이다. 교회는 일반적인 의미에선 반동적이지 않다는 점에서 위험하다. 교회는 자유방임 자본주의나 기존의 계급 체계와 밀접하게 연관되지 않으며 그것들과 함께 필연적으로 몰락하지도 않을 것이다. 교회는 사회주의와 완벽하게 타협할 수 있으며 자신의 위치만 보장된다면 그렇게 하는 척이라도 할 것이다. 하지만 교회가 강력한 기구로 살아남는다면 진정한 사회주의 설립을 방해할 것이다. 교회의 영향력은 사상과 표현의 자유, 인간 평등, 지상의 행복을 증진하는 사회 형태 등에 언제나 저항했기 때문이다.

이런 어려움들과 또한 그에 따라 필요한 엄청난 정신적 적응을 생각할 때 유럽사회주의연방국가의 출현은 실현되기 매우 힘든 일처럼 보인다. 많은 사람들이 수동적 자세로 준비가 돼 있지 않다는 게 아니다. 내 말은 아주 미약한 권력을 가질 기회가 있으면서도 사회주의 실현을 위해 필요한 상상력을 발휘하고 동료들에게 희생을 요청할 만한 어떤 개인이나 집단도 찾아보기 어렵다는 말이다. 그뿐 아니라 현재로선 어떤 다른 희망적인 대안도 찾을 수 없다. 한때 나는 대영제국을 사회주의 공화국 연방으로 바꿀 수 있으리라고 믿은 적이 있다. 하지만 인도를 해방시키지 못함으로써, 또한 유색인종에 대한 우리의 태도 때문에 그런 기회를 잃었다. 유럽은 끝났으며 종국에는 인도나 중국에서 더 나은 사회 형태가 일어날 것이다. 하지만 나는 민주적 사회주의가 빠른 시일 내에 원자폭탄 투하를 막을 수 있으며 그것이 실현될 수 있는 유일한 지역은 유럽이라고 믿는다.

물론 낙관적이지는 않지만 적어도 특정 요점에 대한 판단을 유보할 이유들이 있다. 우리에게 유리한 점 하나는 당장 큰 전쟁이 일어날 것 같지 않다는 것이다. 로켓을 쏘는 정도의 전쟁이 있을 수 있지만 수천, 수백만 명이 동원되는 전쟁은 없을 것이다. 현재 대규모 군대는 사라지고 있으며 그런 상태는 10년 혹은 20년 간 이어질 수 있다. 그 기간 내에 예상치 못한 일들이 일어날 수 있다. 가령, 강력한 사회주의 운동이 미국에서 처음으로 일어날지도 모른다. 영국에선 최근 미국을 '자본주의적'이라고 부르는 게 하나의 유행인데 이 말 속에는 마치 눈이나 머리 색깔처럼 전혀 변할 수 없는 인종적 특징이라는 암시가 담겨 있다. 하지만 자본주의 그 자체에 확정적인 미래가 없으므로 절대 변하지 않는다는 건 불가능하며 따라서 미국이 좀 더 나은 쪽으로 변화하지 못할 거라는 확신은 섣부르다.

또한 전쟁이 다음 세대나 그 이후로 늦춰진다면 소련에서 무슨 변화가 일어날지 알 수 없다. 통제된 사회에서 세계관의 급격한 변화는 일어나기 어려울 것이다. 공개적인 반대가 불가능하기도 하거니와 자유로운 사회에서라면 자연스러울 세대 간의 진자운동을 교육·언론 등을 완전히 장악한 정부가 의도적으로 금지하기 때문이다. 하지만 우리 모두가 알듯이 이전 세대의 이념을 거부하는 신세대의 성향은 인간의 변하지 않는 속성이며 소련 비밀경찰조차도 이를 억누르진 못할 것이다. 그럴 경우 1960년대에 들어서면 수백만의 러시아 젊은이들은 독재와 충성 행렬에 염증을 느끼고 더 많은 자유를 갈망하며 서구를 향해 우호적인 태도를 드러낼 것이다.

아니면 다시금 세계가 정복될 수 없는 세 그룹의 슈퍼 국가로 분열된다면 앵글로-아메리카 지역 내에서 유지 가능하고 진보에 대한 희망을 제공할 자유주의 전통이 더욱 강해질 것이다. 내가 가늠해보기로 실제적인 전망은 매우 어둡고, 진지한 사유는 반드시 이런 전망에서 시작되어야 할 것이다.

『파르티잔 리뷰』 1947년 7-8월호.

유럽의 재발견

어린 시절 역사 교육을 받을 때―물론 영국의 거의 모든 아이들이 그렇듯 매우 어설픈 교육이었다―나는 역사란 두껍고 검은 줄이 중간 중간 그어진 긴 두루마리가 아닐까 종종 생각하곤 했다. 이 각각의 줄은 이른바 '시대'의 끝을 의미했고 우리는 그 줄 다음에 있는 것은 줄 이전에 있는 것과 완전히 다르다고 이해해야만 했다. 마치 시계종이 울리는 것과 비슷했다.

가령 1499년에 우리는 철갑옷을 입고 긴 창을 들고 말 위에 앉아 있는 기사들과 함께 중세에 있었는데 갑자기 시계가 1500년을 땡 울리면 우리는 르네상스로 불리는 시대로 들어갔고 거기 있는 모든 사람들은 주름진 칼라의 더블릿 상의를 입고 스페인 제국의 식민지에서 보물선을 약탈하느라 분주했다. 1700년이 되면 또 하나의 엄청 두꺼운 검은 줄이 그어졌다. 그 줄 이후로는 18세기였다. 사람들은 갑자기 왕당파나 원두당圓頭黨*에서 벗어나 반바지에 삼색 모자를 쓴 아주 우아한 신사들이 돼 있었다. 그들은 모두 머리카락에 분을 발랐고 코담배를 맡으면서 정확히 균형 잡힌 문장으로 이야기했는데 그 말투는 내가 알지 못하는 이유로 S의 대부분을 F처럼 발음하여 지나치게 격식을 차리는 것처럼 느껴졌다. 한 세기의 끝이나 어떤 특정한 날에 급작스럽게 바뀌는 시대의 끝없는 연속. 전체 역사는 내 기억 속에 그런 식으로 자리잡았다.

이제 사실상 그런 급작스런 전환은 정치나 태도, 문학에서 일어나지 않는다. 각각의 시대는 다음 시대 속으로 스며들어간다. 모든 틈을 메우는 수많은 인간들의 삶이 있기에 당연히 그렇다. 그러나 시대라는 것은 여전히 있게 마련이다. 가령 우리는 지금 시대가 빅토리아 초기와는 엄연히 다르다고 느끼며 에드워드 기번$^{Edward\ Gibbon}$ 같은 18세기의 회의론자를 갑자기 중세로 밀어 넣으면 그는 아마도 야만인들 사이에 있다고 생각할 것이다. 매 순간 뭔가가 일어나고 산업기술 분야에서의 변화는 분명히 감지될 수 있지만 오늘날 그 변화의 연관성은 항상 뚜렷하진 않다. 모든 삶의 정신과 템포는 변화하며 사람들은 정치적 행동, 태도, 건축, 문학은 물론 모든 것에서 그런 변화를 반영한 새로운 외양을 받아들인다. 오늘날 아무도 「시골 교회 마당에서의 비가」 같은 그레이^{Gray}(영국의 서정시인—옮긴이)의 시를 쓰지 못하며 아무도 그레이의 시대에 셰익스피어가 쓴 서

---

* 1642-1649년의 영국 내란 당시 의회파에 속하던 사람.

정시들을 쓰지 못한다. 이런 일들은 다른 시대에 속한다. 역사의 페이지를 가로지르는 그 검은 줄은 환상에 불과하지만 전환이 급격히 일어나는 때가 있고 가끔은 그 전환이 너무나 빨라서 그 지점을 비교적 정확한 날짜에 박아두는 것이 가능한 때도 있다. 덕분에 과장되게 단순화하지 않아도 우리는 "어느 해에 이러저러한 문학적 스타일이 시작되었다"고 말할 수 있다.

만약 현대문학이 시작된 지점이 어디냐고 묻는다면—우리가 여전히 그걸 '현대'라고 부른다는 것은 그 특별한 시대가 아직 끝나지 않았음을 의미한다—나는 T. S. 엘리엇이 「프루프록」이라는 시를 발표한 1917년을 꼽을 것이다. 아무튼 그 시기는 거기서 5년을 넘지 않을 것이다. 지난 전쟁의 끝에서부터 문학적 기후가 바뀐 것은 확실하고, 전형적인 작가는 전혀 다른 사람이 되었으며 최근 시대의 가장 좋은 책은 불과 4, 5년 전의 가장 좋은 책들과 전혀 다른 세계에 있는 것처럼 보인다.

내가 말한 바를 이해하기 위해 전혀 상관없는 두 시를 마음속에서 비교해보라고 권하고 싶다. 단, 비교를 위해 두 시는 각 시대의 전형을 간직한 것이어야 한다. 가령 엘리엇의 개성 넘치는 초기 시와 1914년 이전에 가장 추앙받던 영국 시인인 루퍼트 브룩의 시를 비교해보자. 아마도 브룩의 가장 대표적인 시편은 전쟁 초기의 애국시들일 것이다. 그중 좋은 시는 "내가 죽어야 한다면 이것만을 떠올리자. 그곳은 낯선 외국 땅의 한 구석이며, 그곳이 영원한 영국을 위한 장소임을"으로 시작되는 소네트다. 이제 이 시를 엘리엇의 『스위니』Sweeney 시극*과 나란히 읽어보자. 「나이팅게일 속의 스위니」의 한 구절은 이렇다. "폭풍을 머금은 달의 원이 서쪽 라플라타 강으로 미끄러져 나아간다." 이미 말했듯이, 이 시들은 주제 등에서 어떤 연관도 없지만 각각의 시가 한 시대를 대표하는 좋은 시로 평가받는다는 점에서 비교해볼 만한 작품들이다. 엘리엇의 시는 지금까지도 한결같이 좋은 시로 여겨진다.

이 시들의 테크닉은 물론 전체적인 정신, 삶에 대한 관점, 지적인 장치 등은 아주 다르다. 공립학교와 대학을 나와 영국식 도로와 야생장미로 머릿속이 가득 찬 젊은 영국인과 파리의 라틴 구역에 있는 약간 지저분한 레스토랑에 앉아 영원을 엿보는, 세계를 떠돌아다니지만 어딘가 싫증난 미국인 사이에는 어마어마한 간극이 있다. 그런 간극이 그저 개인차일 수도 있지만 중요한 것은 서로 다른 시기의 특징적인 두 작가의 작품을 나란히 읽으면 차이점이 저절로 비교된다는 점이다.

소설가도 시인과 마찬가지다. 한쪽에는 로렌스, 헉슬리, 윈덤 루이스Wyndham Lewis(영국의 화가이자 실험적인 작가—옮긴이)가 있다면 다른 한쪽엔 H. G. 웰스와 아놀드 베넷, 골즈워디가 있다. 현대 작가일수록 작품을 덜 쓰고 더 섬세하며 테크닉에 더 관심을 두고 덜 희망적이며 대체로 삶에 대한 확고함이 덜하다고 볼 수 있다. 하지만 그보다 더 중요한 것은 그들은 항상 지적이

---

* 엘리엇의 미완성 시극 『스위니 아고니스테스』Sweeney Agonistes를 말한다. 1932년에 출간되었으며 종종 단막극으로 공연된다.

고 심미적인 배경이 다르다는 느낌을 준다는 점인데, 그런 느낌은 19세기 프랑스 작가, 가령 플로베르를 19세기 영국 작가 디킨스와 비교할 때보다 더 심할 것이다. 프랑스 작가는 영국 작가보다 현저하게 더 현학적으로 느껴지는데 그것 때문에 프랑스 작가가 반드시 더 나은 것은 아니다. 좀더 과거로 돌아가서 1914년 이전의 영국문학에 관해서 생각해보기로 하자.

그 시대의 거장으로는 토마스 하디―좀 일찍 소설 쓰기를 그만두긴 했으나―, 쇼, 웰스, 키플링, 베넷, 골즈워디, 그리고 좀 색다른 경우로 조지프 콘래드―영국 사람은 아니지만 영어로 소설을 쓴 폴란드인―가 있다. 또한 A. E. 하우스먼^{Housman}과 조지 왕조 시대의 여러 시인들, 루퍼트 브룩과 같은 작가들도 있고 제임스 배리 경$^{Sir\ James\ Barrie}$, W. W. 제이콥스^{Jacobs}, 배리 페인 $^{Barry\ Pain}$ 같은 수많은 희극작가들도 있다. 이 작가들의 책을 다 읽는다면 1914년 이전의 영국 정신의 초상을 남김없이 감상할 것이다. 또다른 문학적 경향도 있었고, 아일랜드 작가들도 있었으며 지금 시대와 훨씬 가까우면서도 색다른 흐름을 보여준 미국 작가 헨리 제임스$^{Henry\ James}$도 있지만 주된 흐름은 내가 앞서 제시한 바에서 벗어나지 않는다.

하지만 각각 작품의 지향점이 다른 버나드 쇼와 A. E. 하우스먼, 또는 토마스 하디와 H. G. 웰스 사이의 공통분모는 과연 무엇일까? 내 생각에 그 시대 영국 작가들의 근원적 면모는 당시 영국적인 현상 이외의 것에는 완전히 무지했다는 것이다. 어떤 작가들은 다른 작가들보다 좀더 잘 썼고 정치적인 의식이 더 있기도 했지만 전반적으로 그들은 유럽의 어떤 영향에서도 벗어나 있었다. 이는 아주 얄팍하게나마 프랑스와 러시아 모델에서 기원한 베넷이나 골즈워디도 마찬가지였다. 이 작가들은 모두 평범하고 존경받을 만한 영국 중산층 출신이고 자신들의 삶의 방식이 더욱 인간화되고 계몽되면서 영원히 지속되리라는 막연한 믿음에 빠져 있었다. 그들 중 하디와 하우스먼 같은 작가는 겉으로는 비관적이었지만 적어도 진보라는 것이 실현 가능한 이상이라고 믿었다. 또한 미학적인 감수성의 부족에서 비롯되었겠지만 그들은 모두 먼 과거에 대해서는 관심이 없었다. 그 시절의 작가에게서 우리가 지금 역사의식이라고 부르는 것을 찾기는 매우 힘들다. 토마스 하디조차 나폴레옹 전쟁에 기반한 거대한 시적 드라마를 쓸 때—『군주들』^{Dynasts}이란 작품에서—모든 걸 애국적인 교과서의 관점에서 바라보았다. 게다가 그들 모두는 미학적으로도 과거에 관심이 없었다. 가령, 아놀드 베넷은 수많은 문학비평을 썼지만 19세기 이전 작품들에서 좋은 점을 찾은 경우는 거의 없으며 사실상 동시대인 외에는 관심이 없었다. 버나드 쇼에게 대부분의 과거는 진보와 위생, 효율성 같은 잣대로 쓸어버려야 할 쓰레기에 불과했다. 비록 나중엔 세계사를 쓰긴 했지만 H. G. 웰스는 마치 문명인이 식인종을 볼 때처럼 과거를 바라보았다.

이 사람들은 모두 동시대를 좋아하든 그렇지 않든 적어도 동시대가 지나간 것보다는 낫다고 생각했고 자기 시대의 문학적 표준을 당연한 것으로 여겼다. 버나드 쇼가 셰익스피어를 공격한 근본적인 이유는 그 5백년 전 작가가 페이비언 협회(영국의 점진적이고 민주적인 사회주의 단체—옮긴이)의 계몽된 회원이 아니라는 이유 때문이었다. 만약 이 작가들에게 누군가 16, 17세기의 영국 시인이나 19세기 중반의 프랑스 시인, 중세의 철학자들을 들먹였다면 그들은 그런 소리를 호사가들의 말로 취급했을 것이다.

이제, 지난 전쟁 이후 관심을 끌기 시작한 작가들—물론 그들 중 일부는 다소 이전 작가들이지만—을 한번 살펴보자. 거기에는 조이스, 엘리엇, 파운드, 헉슬리, 로렌스, 윈덤 루이스 등이 해당된다. 다른 작가들과 비교해 이들의 첫 인상은—심지어 로렌스에게도 해당되는—어딘가 바람이 빠진 것 같다는 점이다. 무엇보다 진보라는 인식이 더이상 작동되지 않는다. 그들은 진보가 일어나거나 일어나야 한다고 더이상 생각하지 않으며 더 낮은 사망률과 더 효율적인 산아제한, 더 훌륭한 배관, 더 많은 자동차와 비행기를 가진 인간들이 점점 더 진보한다고 믿지 않는다. 그들 대부분은 아주 먼 과거, 아니면 D. H. 로렌스가 고대 에트루리아인들을 동경하듯이 특정한 과거에 향수를 품고 있다. 그들 모두는 정치적으로 반동적이거나 아주 괜찮아봤자 정치에 무관심하다. 누구도 자신의 선조들이 중요하게 생각했던 은밀한 개혁들—여성 참정권, 금주 운동, 산아제한, 동물학대 금지 같은—에 관심이 없었다. 그들은 이전 세대들이 그랬던 것보다 기독교 교회에 좀더 관대하거나 적어도 적대적이지 않았다. 또한 예술적으로 활력이 넘치는데 이는 낭만주의 부흥기 이후 어떤 영국 작가들에게도 찾아볼 수 없었던 것이다.

이제부터는 지금껏 이야기했던 바를 전쟁 전후의 두 시대 가운데 비교 가능한 뛰어난 작품들을 비교함으로써 구체적으로 그려볼 것이다. 첫 사례로 H. G. 웰스의 단편—『눈먼 자의 나라』*The Country of the Blind*라는 제목으로 나온 방대한 단편집이 있다—과 D. H. 로렌스의 단편—『영국, 나의 영국』*England, my England*과 『프러시안 장교』*Prussian Officer*에 실린 단편을 중심으로—을 비교해보자. 두 작가 모두 단편에서 최고의 성취를 이뤘거니와 당대의 젊은 세대에게 막대한 영향을 끼친 새로운 삶의 비전을 제시했기 때문에 이런 비교가 부당하지 않을 것이라고 생각한다.

H. G. 웰스 단편의 궁극적인 주제의식은 무엇보다 과학적 발견이자 그것 너머의 옹졸한 속물의식, 현대 영국의 희비극—특히 중하층 계급의—이다. 내가 좋아하지 않는 표현을 사용해 그의 근원적인 '메시지'를 말해보자면 과학은 인류가 물려받은 모든 사악함을 해결할 수 있으나 현재의 인류는 자신의 가능성을 바라볼 수 없을 정도로 맹목적이라는 것이다. 야심에 찬 유토피아적 주제와 가벼운 코미디 사이를 번갈아 탐색하는 것이—W. W. 제이콥스가 추구했던—웰스 작품의 전형적인 특징이다. 그는 달과 심해의 탐험에 대해 쓰는 한편 작은 지방 도시의 무시무시한 속물주의 가운데 살아남으려 분투하며 파산을 면해보려는 작은 가게 주인에 대해서도 썼다. 그런 시도를 연결하는 지점은 과학에 대한 웰스의 믿음이다. 그는 언제나

작은 가게 주인이 과학적 관점을 얻을 수만 있다면 그의 문제 역시 해결될 수 있다고 말한다. 물론 그는 이런 일들이 아주 가까운 미래에 일어날 수 있다고 믿는다. 수백만 파운드가 더 과학적 연구에 쓰이고, 더 많은 세대들이 과학 교육을 받으며, 더 많은 미신들이 쓰레기통에 버려지면, 그 일들은 완수된다는 것이다.

반면 로렌스의 단편에는 과학에 대한 어떤 믿음도 없다. 뭔가가 있다면 오히려 과학을 향한 적대감이 있을 것이다. 또한 미래에 대한 특별한 관심도 없을뿐더러 웰스가 다뤘던 종류의 이성적이고 쾌락적인 미래에 대한 관심은 더욱 없다. 게다가 가게 주인이든 우리 사회의 어떤 다른 희생자든 교육을 잘 받는다고 나아지리라는 기대도 없다. 인간이 문명화됨에 따라 타고난 권리를 내던져버린다는 끊임없는 암시만이 보일 뿐이다. 로렌스의 모든 책들에 스며든 주제는—특히 영어권 국가에서—자신의 삶을 치열하게 이끌어가는 현대인들이 겪는 좌절이다. 그는 현대인들의 성생활에 집중하는데 당연하게도 로렌스 작품의 핵심에는 성이 자리잡고 있다. 하지만 흔히 짐작되듯 그가 이른바 더 많은 성적 자유를 요구하는 것은 아니다. 그는 그런 자유에 환멸을 가지며 이른바 보헤미안 지식인들의 현학을 중산층의 청교도주의만큼이나 혐오한다. 그가 말하는 바는 현대인들이 협소한 기준이건 아니면 아예 기준이 없건 간에 완전히 살아 있지 못하다는 것이다. 현대인들이 완전히 살아 있지 못하는 한, 그들이 사는 곳의 사회적·정치적·경제적

시스템이 어떻든 그는 별로 관심을 기울이지 않는다. 그는 계급차별 같은 현대사회의 구조를 작품 속에서 있는 그대로 받아들일 뿐 그걸 바꿔야겠다는 시급한 요청을 하지 않는다. 그가 요청하는 바는 인간이 땅에 더 접근해서 더 단순하게 살아야 한다는 것이며 축음기가 계속 돌아가는 콘크리트와 영화의 세계에서 벗어나 초목과 불, 물, 섹스, 피 같은 마법적 세계에 좀더 감각을 열어야 한다는 것이다. 그는 야만인이나 원시인들이 문명인들보다 훨씬 경렬하게 산다고—이건 그가 틀린 것 같지만—상상하며 고결한 야만인에 대한 신화적 형상을 거듭 만들어낸다. 결국 그는 이런 덕목들을 이탈리아 북부에 살았으며 우리에게 전혀 알려진 바 없는 고대 로마의 선조인 에트루리아인에게 부여한다.

H. G. 웰스의 시각에서 보자면 이렇듯 과학과 진보를 팽개치면서 원시로 되돌아가려는 시도는 그저 이단이자 몰상식에 불과하다. 하지만 로렌스의 관점이 바람직하건 도착적이건 적어도 H. G. 웰스의 과학 숭배라든가 버나드 쇼의 얄팍한 페이비언 진보주의에 대한 도전임을 우리는 인정할 수밖에 없다. 상대방의 태도를 무시한 것이 아니라 꿰뚫어본 것이라는 점에서 도전인 것이다. 또한 그것은 과학과 진보, 그리고 문명인이 틀렸음을 증명한 1914-18년 전쟁의 결과일 것이다. 진보는 결국 역사적으로 가장 거대한 학살로 끝났고 과학은 폭격기와 독가스를 만들어냈으며 문명인은 이미 드러난 바대로 어떤 야만인보다 더 야만스럽게 행동했다. 그러나 전쟁이 일어나지 않았다

해도 현대 기계문명에 대한 로렌스의 불만은 분명 마찬가지였을 것이다.

이제 제임스 조이스의 위대한 소설 『율리시스』^{Ulysses}와 존 골즈워디의 이른바 매우 방대한 연작소설 『포사이트 연대기』$^{The\ Forsyte\ Saga}$를 비교해보자. 이 비교는 공평하지 않은데, 사실상 좋은 책과 나쁜 책의 비교인 데다 『포사이트 연대기』의 후반부는 1920년대에 씌었기 때문에 시간적으로도 맞지 않는다. 하지만 『포사이트 연대기』에서 흔히 기억되는 부분은 전쟁 전인 1910년에 씌었고 조이스와 골즈워디 모두 방대한 장면을 담아내려 했으며 한 권 안에 전체 시대의 사회사와 정신을 잡아냈다는 점에서 내가 의도한 비교에도 합당하다 하겠다. 골즈워디의 『자산가』[*]는 당대 사람들에게는 사회에 대한 심오한 비판처럼 보였겠지만—당시 사람들의 평으로 보면 알 수 있듯이—지금 우리에게는 그렇지 않다.

조이스는 1914년에서 1921년까지 7년 동안, 그러니까 작가는 거의 관심도 없었던 전쟁 기간에 이탈리아와 스위스에서 영어 교사로 어렵게 생활하면서 『율리시스』를 썼다. 그는 위대한 책을 쓰기 위해 7년간의 가난과 완벽한 무명시절을 기꺼이 감수했다. 그가 그렇듯 갈급하게 표현하고자 했던 핵심은 과연 무엇이었을까? 『율리시스』의 어떤 부분은 쉽게 이해될 수 없지만 우리는 두 가지 주요한 인상을 받는다. 첫째로 조이스는 집

---

* 『포사이트 연대기』의 첫째권으로 1906년에 출간됨.

착이라 할 만큼 테크닉에 관심이 많았다. 최근에는 점점 사라지는 중이지만 테크닉은 현대문학의 주요한 특징 중 하나였다. 우리는 조형미술, 회화, 심지어 조각에서도 주제와 디자인에 비해 물질적 소재, 그림의 붓 터치 같은 것들이 더 중요시되는 유사한 현상을 목격해왔다. 조이스는 단어, 단어의 조합과 소리, 심지어는 종이 위의 단어의 패턴 같은 것에도 관심을 기울였는데 이런 경향은 폴란드인 영어 작가 조지프 콘래드를 빼고는 이전 세대 작가들에서 찾아보기 힘들었다. 조이스에 이르러 우리는 스타일, 빼어난 글쓰기, 현란한 문장 같은 개념에 다가설 수 있었다. 반대로 버나드 쇼 같은 작가는 당연히 언어의 유일한 목적은 정확한 문장을 가능한 짧게 표현하는 것이라고 말할 것이다.

비록 기계의 승리와 종교적 신앙의 붕괴 이후 현대적 삶은 무의미해졌지만 테크닉에 대한 강박 외에 『율리시스』를 관통하는 또 하나의 주요한 주제는 불결함이었다. 조이스는—그가 아일랜드인임을 기억하자, 또한 1920년대에 가장 뛰어난 영어권 작가는 영국인이 아니었음을 주목할 필요가 있다—신앙을 잃었으나 어린 시절 가톨릭에서 습득한 정신적 틀을 간직한 가톨릭교도로서 글을 썼다. 매우 긴 소설인 『율리시스』는 하루 동안의 이야기를 다루고 있으며 대부분 가난한 유대인 외판원의 시각에서 서술돼 있다. 책이 출간되었을 때 매우 격렬한 항의가 있었으며 조이스는 불결한 사람들을 이용해 먹는다는 비난을 받았다. 하지만 사실상 자세히 생각해봤을 때 인간의 일상이 어떠한지를 숙고해본다면 저자가 불결한 사람들이나 하루의 어리석음에 지나치게 과한 의미를 부여했다고 느껴지진 않는다. 아무튼 우리가 전반적으로 느끼는 바는 조이스가 피해갈 수 없었던 확신으로, 교회의 가르침이 더이상 신뢰받지 못하는 이상 그가 묘사한 전체적인 현대 세계는 어떤 의미도 가지지 못한다는 점이다. 그는 앞선 두서너 세대가 종교적 자유라는 이름을 걸고 싸워야만 했던 신앙을 갈망한다.

그러나 결국 그 책의 주된 관심사는 테크닉이다. 그 책의 상당 부분은 혼성모방과 패러디로 이뤄져 있다. 저자는 아일랜드 철기시대의 전설에서 현대의 신문 기사에 이르는 모든 것을 패러디한다. 또한 당대의 모든 특색 있는 작가들과 마찬가지로 조이스가 영국의 19세기가 아니라 유럽과 더 이전 시대의 전통을 이어받고 있음을 볼 수 있다. 그의 정신의 일부는 철기시대에, 다른 일부는 중세시대에, 또다른 일부는 엘리자베스 시대의 영국에 있다. 위생과 자동차로 무장한 20세기는 특별히 그의 관심을 끌지 못했던 것이다.

이제 골즈워디의 책 『포사이트 연대기』를 살펴보면 그 범위가 얼마나 협소한지 알게 될 것이다. 이미 나는 두 책의 비교가 공평하지 않다고 말했고 사실 엄격한 문학적 관점에서 보자면 우스꽝스럽기까지 하지만 두 책 모두 현재 사회의 종합적인 형상을 그려낸다는 점에서 일종의 삽화로 제공될 만하다. 아무튼 골즈워디가 우상 파괴적인 시도를 함에도 불구하고 자신이 공격하는 부유한 부르주아에서 완전히 벗어나지 못한다는 점은 충격이다. 아주 약간의 수정만 가한 채 그는 모든 부르주아의 가치들을 당연하게 받아들인다. 그가 보기에 잘못된 것은 인간이 너무나 비인간적이고 너무나 돈을 밝히며 예술적으로 민감하지 못하다는 것이다. 바람직한 사람이란 그저 교양있고 인간적인 중상류층으로 당시 이탈리아 화랑에 출몰하거나 동물학대 반대 단체에 후하게 돈을 내는 그런 종류의 사람을 의미한다. 또한 이런 사실—자신이 공격하는 사회적 형태에 사실은 그리 깊이 반대하지 않는다는 사실—때문에 우리는 그에게 약점이 있다는 힌트를 얻는다. 말하자면 그는 현대 영국 사회 밖의 어떤 것과도 접촉하지 않는다. 그는 자신이 영국을 좋아하지 않는다고 생각하겠지만 영국은 그의 일부였다. 영국의 돈과 안보, 또한 그 나라를 유럽으로부터 분리시키는 전함 무리들은 그에게 너무나 벅차게 다가왔다. 맨체스터의 교양없는 사업가와 마찬가지로 마음 밑바닥에서부터 그는 외국인을 경멸한다. 우리가 조이스나 엘리엇, 심지어 로렌스에게도 느끼는 감정, 다시 말해 그들이 인류 역사 전체를 머릿속에 넣고 자신의 위치와 시간에서 유럽과 과거를 비롯한 바깥세상을 바라보는 자세가 골즈워디나 1914년 이전의 영국 작가들에서는 보이지 않는다.

마지막으로 짧은 비교를 하나 더 해보자. 유토피아를 다룬 H. G. 웰스의 모든 작품들, 가령 『현대 유토피아』*A Modern Utopia*, 『꿈』*The Dream*, 『신과 같은 사람들』*Men Like Gods* 등을 올더스 헉슬리의 『멋진 신세계』*Brave New World*와 비교해보자. 그것은 유사한 비교로서, 자신감이 지나친 자와 기가 꺾인 자의 비교이자 순진하게 진보를 믿는 사람과 어쩌다보니 늦게 태어나 그런 진보가 비행기가 처음 나오던 때의 느낌처럼 사기에 가깝다는 것을 깨달은 사람과의 비교다.

1914-18년 전쟁은 전쟁 전과 후를 지배했던 작가들 사이의 뚜렷한 차이점을 확실히 해명해준다. 그런 발전은 여하튼 현대의 물질문명의 부족함 자체가 드러나면서 일어났을 테지만 전쟁은 문명의 껍데기가 얼마나 허술한지를 보여주는 한편, 다른 한편으로는 영국을 덜 번영케 하여 결과적으로 덜 고립시킴으로 그 과정을 가속화시켰다. 1918년 이후 우리는 영국이 바다뿐 아니라 시장까지 지배하던 그런 옹색하고 푹신한 세상에서 살지 못했다. 지난 20년간의 섬뜩한 역사가 가져온 효과 중 하나는 많은 옛 문학을 훨씬 더 현대적으로 보이게끔 만들었다는 것이다. 히틀러의 등장 이후 독일에서 벌어진 일들은 에드워드 기번이 쓴 『로마제국쇠망사』의 후속 권일지도 모를 일이었다.

최근 나는 셰익스피어의 『존 왕』*Kong John*을 연극으로 처음—자주 상연되지 않는 연극이기 때문에—보았다. 어린 시절 그 희곡을 처음 읽었을 때는 매우 고리타분해 보였고 역사책에서 끄집어낸 이야기라 우리 현실과 아무런 연관이 없는 것처럼 느껴졌다. 하지만 연극을 보며 그 음모와 배신, 불가침조약과 전투 와중에 편을 바꾸는 사람들의 모습에서 매우 현대적이라는 느낌을 받았다. 그것은 1910년에서 1920년 사이 문학적 발전에서 벌어진 일과 유사하다고 봐도 무방했다. 그 시대에 만연했던 기운은 모든 종류의 주제들에 새로운 현실성을 부여했는데 그 주제들이란 버나드 쇼와 그의 페이비언 협회원들이 세계를 초대형 정원 같은 도시로 바꾸려고 했을 때 유치하고 낡아 보였던 것들이었다. 복수, 애국주의, 망명, 박해, 인종 혐오, 종교적 믿음, 충성, 지도자 숭배 같은 주제들이 다시금 절실해졌다. 지금은 티무르와 칭기즈칸이 믿음직한 사람으로, 마키아벨리는 진지한 사상가로 여겨진다. 1910년이라면 있을 수 없는 일이었다. 우리는 후미진 곳에서 나와 역사로 되돌아갔다.

나는 1920년대 초의 작가들을—그들 중 중요한 이름은 엘리엇과 조이스다—무조건 지지하진 않는다. 그들을 따랐던 무리들은 자신들의 많은 행동을 되돌려놓아야 할 것이다. 진보에 대한 얄팍한 개념에서 싹튼 혐오감 때문에 그들은 정치적으로 잘못된 방향으로 나아갔고 결국 에즈라 파운드 같은 사람이 로마의 라디오에 나와 반유대주의를 외치는 망발로 이어졌다. 하지만 그들의 글쓰기가 그 직전의 작가들보다 좀더 성숙했고 좀더 넓은 시야를 가졌음을 우리는 인정해야 한다. 그들은 영국이 한 세기 동안 뭉갰던 문화적 한계를 깨버렸다. 그들은 유럽과의 접촉을 재개했으며 역사의 감수성과 비극의 가능성을 되찾아왔다. 일련의 영국문학은 그런 기초 위에 서 있고 지난 전쟁이 끝날 무렵 엘리엇과 다른 작가들이 이뤄낸 발전은 아직 끝나지 않았다.

〈BBC 동양 방송〉 1942년 3월 10일; 『리스너』 같은 달 19일.

예술과 프로파간다의 최첨단

나는 문학비평을 이야기하지만 우리가 살아가는 세상에서 그런 이야기는 평화에 대한 언급만큼이나 전망이 없는 이야기다. 우리 시대는 평화로운 시대도, 그렇다고 비판적인 시대도 아니다. 지난 10년 동안 유럽에서 옛 방식의 문학비평, 즉 정말 신중하고 꼼꼼하고, 공정하고, 예술작품을 그 자체로 가치있게 바라보는 비평은 거의 불가능한 일이 되었다.

지난 10년 동안의 영국문학을 되돌아보면, 문학이 아니라 널리 퍼진 문학적 태도에서 미학적인 것을 포기한 듯한 모습에 충격을 받는다. 문학은 프로파간다에 잠식당했다. 그 시기에 쓰인 모든 책이 형편없다는 말은 아니다. 하지만 그 시대의 특징적인 작가들, 오든^{Auden}이나 스펜더^{Spender}, 맥니스^{MacNeice} 같은 사람들은 교훈적이고 정치적이었으며 당연히 테크닉보다는 주제에 더 관심을 기울였다. 또한 크리스토퍼 커드웰Christopher Caudwell과 필립 헨더슨Philip Henderson, 에드워드 업워드Edward Upward 같은 가장 생기있는 비평가들은 모두 마르크스주의자였으며 모든 책을 사실상 정치적 팸플릿으로 간주하면서 좁은 의미의 문학적 특징보다는 정치적이고 사회적인 의미를 캐내는 데 더 관심을 가졌다.

이는 바로 이전 시대와 날카롭고 급작스런 대조를 이루기 때문에 더욱 충격을 준다. 1920년대의 특징적인 작가들—T. S. 엘리엇, 에즈라 파운드, 버지니아 울프 같은—은 테크닉을 강조하던 작가들이었다. 그들은 물론 자신만의 신념과 편견을 지녔지만 도덕이나 의미, 작품이 지닌 정치적 함의보다는 기법적인 혁신에 더 관심을 기울였다. 그들 중 최고라 할 제임스 조이스는 테크닉을 구사하는 작가로 다른 것엔 관심이 거의 없었으며 '순수한' 예술가에 가까웠다. 당대의 다른 작가들보다 '목적을 가진 작가'였던 D. H. 로렌스조차도 지금 사회적 의식이라 불리는 것에는 큰 관심을 두지 않았다. 내가 1920년대로 폭을 좁히기는 했지만 사실상 1890년 이후로 사정은 비슷했다. 그 기간을 통틀어 형식이 주제보다 더 중요하며 '예술을 위한 예술'이 쟁점이라는 인식은 당연한 것으로 받아들여졌다. 물론 찬성하지 않을 작가들도 있을 테지만—버나드 쇼가 그런 경우다—그런 분위기는 널리 통용되었다. 그 기간에 가장 중요한 평론가 조지 세인츠버리George Saintsbury는 1920년대의 매우 노쇠한 인물이었지만 1930년대에 이르기까지 막강한 영향력을 행사했으며 예술에 대한 기술적 태도를 항상 공고하게 유지했다. 그는 어떤 책이든 오직 그 솜씨와 기법으로 판단될 수 있다고 주장했고 저자의 견해에 관해서는 관심을 두지 않았다.

우리는 이런 급박한 변화를 어떻게 설명할 수 있을까? 1920년대 말에는 완전히 경박할 정도로 테크닉을 강조한 에디스 시트웰Edith Sitwell*이 교황에 관한 책을 썼을 때 그 책 속의 단어들에는 어떤 의미도 없는 것 같았다. 그리고 불과 수년 후 에드워드 업워드 같은 마르크시스트 비평가는 좋은 책이란 마르크스주의의 경향을 가져야 한다고 주장했다. 에디스 시트웰과 에드워드 업워드는 어떤 면에서 각 시대를 대표하는 인물들이었다. 문제는 왜 그들의 관점이 그렇게 달라야만 했는가이다.

나는 그 이유를 외부적인 환경에서 찾아야 한다고 생각한다. 문학에 대한 미학적이거나 정치적인 태도는 어느 시기의 사회적 분위기에 따라 생성되거나 적어도 조율되기 때문이다. 그리고 이제 또다른 시대가 끝났으니—1931년 대공황이 끝나면서 한 시대가 저물었듯이 1939년 폴란드에 대한 히틀러의 공격으로 다른 한 시대가 끝났다—우리는 뒤돌아보면서 수년 전 문학적 태도가 외부 사건에 의해 영향을 받은 방식을 더욱 확실하게 바라볼 수 있다.

지난 백년을 돌아보는 사람에게 충격을 주는 한 가지는 대략 1830년에서 1890년 사이 영국에서 언급할 만한 문학비평이나

---

* 영국의 시인이자 문학평론가. 20세기 초반 모더니즘 운동의 참여자로서 실험적이고 음악적인 운율을 특징으로 하는 시를 남겼다.

문학에 대한 비판적 태도가 거의 존재하지 않았다는 사실이다. 그 시기에 좋은 책들이 나오지 않았다는 말이 아니다. 디킨스, 새커리, 트롤럽 같은 그 시기의 작가들은 아마 그 이후에 나온 작가들보다 오래 기억될 것이다. 하지만 빅토리아 시대 영국에는 플로베르, 보들레르, 고티에 같은 해외 다수의 작가들과 비교할 만한 사람이 없다. 지금 우리에게 미학적 용의주도함으로 다가오는 작가는 없는 것이다. 빅토리아 시대 중반 영국 작가에게 책이란 반쯤은 돈벌이 수단이자 반쯤은 설교를 위한 수단이었다. 영국은 매우 빠르게 변화했고 옛 귀족의 폐허 위로 새로운 자산 계급이 올라섰으며 유럽과의 접촉은 끊어졌고 오래 이어져온 예술적 전통도 무너졌다. 19세기 중반 어쩌다 디킨스처럼 재능있는 작가들이 나오긴 했으나 영국 작가들은 야만인에 불과했다.

하지만 19세기 후반기에 유럽과의 접촉은 매슈 아널드, 페이터, 오스카 와일드 등을 통해 재개되었고 문학에서 형식과 테크닉에 대한 존중이 귀환했다. '예술을 위한 예술'—유행이 한참 지났으나 내 생각엔 여전히 가장 유효한 문구다—이라는 개념이 실제 문제시된 때는 그때로 거슬러 올라간다. 또한 그 개념이 오랫동안 번성하고 당연시됐던 이유는 1890년에서 1930년까지의 기간이 매우 안정적이고 편안했기 때문이다. 그때는 자본주의 시대의 황금 오후라 불릴 만했다. 세계대전조차 그 시기를 완전히 방해하지 못했다. 세계대전은 천만 명의 목숨을 빼앗았지만 지금껏 그래왔고 앞으로도 그렇듯 세계를 뒤

흔들지는 못했다. 1890년에서 1930년 사이 모든 유럽인들은 그 문명이 영원히 지속될 것이라는 암묵적인 믿음 속에서 살았다. 사람들은 개인적으로 행복하거나 불행했겠지만 그 내면에는 어떤 것도 근본적으로 변하지 않는다는 느낌이 있었다. 또한 그런 분위기에서는 지적으로도 치우치지 않았고 아마추어 예술도 가능했다. 노쇠하고 까칠한 보수당원이자 고교회파 신도였던 세인츠버리 같은 비평가가 자신이 싫어하는 정치적·도덕적 세계관을 가진 저자들의 책을 양심적으로 공정하게 대할 수 있었던 것도 그런 지속성과 안정감 덕분이었다.

그러나 1930년 이후로 안정감은 무너져버렸다. 히틀러와 공황은 세계대전과 러시아혁명조차 깨트리지 못한 그 안정감을 무너뜨렸다. 1930년 이후 등장한 작가들은 자신의 삶뿐 아니라 모든 가치의 기준마저 끊임없이 위협받는 세상에서 살았다. 그런 상황에서 초연함은 불가능하다. 우리를 죽게 만들지도 모를 질병에 미학적 관심을 가질 수는 없다. 우리의 목을 칠지도 모를 사람에게 아무 감정을 느끼지 않을 수는 없다. 파시즘과 사회주의가 서로 싸우는 세상에서 사유하는 사람은 어느 한편을 택해야 하고 글쓰기는 물론 문학에 대한 판단에도 자신의 감정을 결부해야만 한다. 다른 모든 것이 정신적 거짓을 동반했기 때문에 문학은 정치적이 되어야만 했다. 애정과 증오는 의식의 표면에 무시될 수 없을 정도로 가까이 붙어 있었다. 어떤 주제를 담은 책이냐가 절박하게 중요했기 때문에 어떻게 쓰였느냐는 중요해 보이지 않았다.

또한 문학, 심지어 시까지 정치적 팸플릿과 공존했던 이 10년의 기간은 순수예술이라는 환상을 파괴한 덕분에 문학비평에 큰 기여를 한다. 그 기간은 어떤 형식으로든 프로파간다가 모든 책 안에 숨어 있다는 점, 모든 예술 작업은 의미와 목적—정치적·사회적·종교적 목적—을 갖는다는 점, 그리고 우리의 예술적 판단은 항상 편견과 신념에 영향을 받는다는 점을 깨닫게 했다. 또한 '예술을 위한 예술'의 정체를 폭로했다. 하지만 그것은 또한 많은 젊은 작가들을 정치적 훈련에 몰입하도록 이끄는 바람에 한동안 맹목적인 골목으로 향하기도 했고 젊은이들이 거기에 빠져들면 정신적 솔직함은 불가능해졌다. 당시 그들에게 열린 단 하나의 사유체계는 마르크시즘이었고 이 사상은 러시아에 대한 국가적 충성을 요구하는 동시에 스스로를 마르크시스트로 부르는 작가들을 패권정치의 거짓에 스며들도록 강요했다. 그것이 바람직한 것이었다 하더라도 이들 작가들이 세워놓은 전제들은 러-독 협정*이 맺어지면서 갑자기 산산조각 나고 말았다. 1930년 즈음 많은 작가들이 당대의 사건과 거리를 둘 수 없음을 깨달은 것처럼 1939년 무렵의 많은 작가들은 정치적 신념을 위하여 자신의 지적인 진정성을 희생할 수 없음을, 또는 적어도 그렇게 하고도 작가로 남을 수는 없음을 발견했다. 미학적인 용의주도함만으로는 부족하며 정치적 진정성만으로도 부족했다. 지난 10년의 사건들은 우리를 불안

---

* 1939년 나치 독일과 소련이 맺은 상호불가침 조약. 독일과 소련의 폴란드 침공의 계기가 되었으며 2차 세계대전의 원인으로 작용했다.

정한 상태로 남겨두었고 한동안 영국에서 주목할 어떤 문학적 경향도 남기지 못했다. 하지만 그 사건들은 지난 시절에는 하지 못했던 것, 즉 예술과 프로파간다의 최첨단을 규정하도록 도와주었다.

〈BBC 해외 방송〉에서의 강연, 1941년 4월 30일;

『리스너』 1941년 5월 29일 재수록.

문학과 좌파

"세계에 진정한 천재가 등장할 때, 모든 바보들이 힘을 합해 그에 맞서는 모습에서 우리는 그가 천재임을 알게 될 것이다." 조나단 스위프트는 『율리시스』가 출간되기 2백년 전에 이렇게 썼다.

스포츠 매뉴얼이나 연감 같은 걸 보면 많은 페이지에 걸쳐 여우와 토끼 사냥에 관한 내용이 나오지만 교양있는 식자층 사냥술에 대해서는 단 한마디도 나오지 않는다. 하지만 식자층 사냥은 다른 어떤 것보다 특징적인 영국 스포츠며 부자나 가난한 사람들이나 똑같이 계급 감정과 정치적 성향에 상관없이 연중 즐기는 놀이다.

이른바 '식자층'을 향한—말하자면 기법 실험을 감행하는 작가나 예술가들을 향한—태도는 좌파나 우파 모두 상냥하지만은 않다는 점에 주목할 필요가 있다. '식자층'은 『일간 노동자』$^{Daily\ Worker}$ 뿐 아니라 『펀치』^{Punch}(영국의 유머 주간지—옮긴이)에서도 거의 비난의 뜻으로 쓰이지만, 그 비난은 정확히 교조주의적 마르크시스트 이론가들의 공격을 감내할 만한 독창성과 힘을 보여주는 작가들의 작품을 향하고 있다. 비난받는 그들의 긴 목록을 뽑을 수 있지만 특별히 조이스와 예이츠, 로렌스와 엘리엇을 들고 싶다. 특히 엘리엇은 불과 수년 전만 해도 비평가들이 좌파 북클럽에서 너무 빨리 잊힌 걸작을 썼다고 호들갑을 떨어대던 작가인데도 좌파 언론에서 흔히 키플링만큼이나 비난을 받는다.

만약 당신이 '훌륭한 열성 당원'에게(이는 좌파의 어느 당이든 마찬가지다) 엘리엇의 어떤 부분을 싫어하느냐고 물으면, 최종적으로 다음과 같은 대답을 들을 것이다.

"엘리엇은 반동분자이고(스스로를 왕정주의자에다 영국 가톨릭 신자로 주장했기에), 게다가 '부르주아지 지식인'이며 보통사람들과 교류하지 않습니다. 그러므로 나쁜 작가지요."

이런 진술 속에는 모든 정치적 문학비평을 해치는 무의식적인 사유의 혼동이 포함돼 있다.

작가의 정치적 성향을 싫어할 수 있다. 작가가 우리에게 사유하도록 만들기 때문에 싫어한다는 것은 다른 문제이며 이것 역시 가능하지 못할 이유가 없다. 하지만 우리가 '좋고' '나쁜' 작가에 관해 이야기할 때는 사실상 문학적인 전통에 호소하는 것이며 완전히 다른 종류의 가치를 끌어들이는 것이다. 과연 누가 '좋은' 작가인가? 셰익스피어는 '좋은' 작가일까? 아마 대부분의 사람들이 그렇다고 말할 것이다. 하지만 셰익스피어는 당대의 기준으로 봤을 때조차 반동적인 성향의 작가였다. 또한 그는 어려운 작가여서 보통사람들이 다가서기엔 난해했을 것이다. 그렇다면 라틴어를 인용하는 영국 가톨릭 신자이기 때문에 엘리엇을 비하하는 것은 어떻게 봐야 할까?

주제의 중요성을 강조한다는 면에서 좌파 문학비평이 잘못된 것은 아니다. 문학이 시급하고 중요한 프로파간다가 되어야 한다는 요구 역시 우리가 사는 시대를 감안할 때 잘못은 아니다. 좌파 문학비평의 잘못은 정치적 목적에 이용하기 위해 겉으로 문학적인 판단을 하는 척하는 것이다. 거친 예를 들자면, 톨스토이가 스탈린보다 더 나은 작가라고 감히 인정하는 공산주의자가 과연 있을까? "X가 재능있는 작가지만 정치적인 적수이기에 나는 그를 침묵시키기 위해 최선을 다하겠다"는 말은 충분히 할 만하다. 기관총으로 위협해 그의 입을 막는다고 해도 지식인들에게 죄를 짓는 일은 아닐 것이다. 심각한 죄는 "X는 정치적 적수야. 그러므로 그는 형편없는 글을 쓰는 작가지"라고 말하는 것이다. 그런 일은 벌어지지 않는다고 누군가 말한다면 나는 『뉴스 크로니클』*The News Chronicle*에서 『월간 노동』*Labour Monthly*에 이르기까지 좌파 언론의 문예면을 들여다보라고 말하지 않을 수 없다.

사회주의 운동이 문학 지식인과 멀어짐으로써 얼마나 많은 것을 잃었는지 알 수는 없다. 하지만 사회주의는 정치 팸플릿과 문학을 혼동함으로써, 또한 인문주의적 문화에 여지를 주지 않음으로써 지식인들을 멀어지게 했다. 작가는 다른 사람들과 마찬가지로 노동당에 쉽게 표를 줄 수 있지만 작가로서 사회주의 운동에 참여하는 것은 매우 어렵다. 책으로 훈련된 교조주의 이론가들이나 실제 정치인들은 문학 지식인들을 '부르주아 지식인'으로 비난하며 욕할 기회를 놓치지 않는다. 교조주의자들이나 정치인들은 골프를 즐기는 증권거래인이 문학 지식인을 대하는 것과 똑같은 태도를 취한다. 정치인들의 무식함은 우리 시대의 특징이 되었다. G. M. 트레벌리언^{Trevelyan}(영국의 역사학자—옮긴이)이 지적했듯이 "17세기에 의회의원들은 성경을 인용했고 18, 19세기엔 고전을 인용했다면, 20세기엔 아무것도 인용하지 않는다." 그 결과 작가들의 정치적 무력함이 생겨난 것이다.

지난 전쟁 이후 수년 동안 최고의 영국 작가들은 정치에 직접 참여하진 않았지만 대체로 반동적인 성향을 띠었다. 그들 이후 1930년경부터 좌파 운동에서 활발하게 활동하는 일군의 작가 세대가 등장했다. 그들 중 상당수는 공산당에 가입했고 보수당에서 받았을 법한 대접을 그곳에서 받았다. 그러니까 처음에는 후원과 의심을 받았고 축음기처럼 떠들어댈 사람들이 아니라는 것이 밝혀지자 바로 쫓겨났다. 그들 중 대부분은 개인주의로 퇴각했다. 틀림없이 그들은 노동당에 투표하겠지만 그들의 재능은 사회주의 운동 가운데 사라져버렸다. 또한 그들 이후에 더 해로운 발전으로 엄격하게 비정치적이지는 않은 새로운 작가 세대가 등장하는데 그들은 처음부터 사회주의 운동 밖에 위치했다. 지금 경력을 시작하는 매우 젊은 작가들 중 가장 재능있는 사람들은 평화주의자들이다. 또한 그들 중 상당수는 파시즘에 기대고 있으며 사회주의 운동에 어떤 의미도 두지 않는다. 10년간 이어진 반파시즘 투쟁에 아무런 의미도 흥미도 없었다고 그들은 솔직하게 말한다. 이런 현상은 여러 가지로 설명될 수 있지만, '부르주아 지식인들'을 향한 좌파의 경멸적 태도가 그 원인의 일부일 것이다.

길버트 머레이Gilbert Murray(고대 그리스극을 부활시킨 영국의 고전학자—옮긴이)는 사회주의권 모임에서 셰익스피어에 관해 강연한 적이 있다고 한다. 마지막에 그는 늘 그러하듯 질문을 받았는데 단 하나의 질문이 나왔다. "셰익스피어는 자본가였습니까?" 우울하게도 그의 이야기가 사실일 가능성은 크다. 그것이 암시하는 바를 추적해보면 왜 셀린Louis-Ferdinand Celine(프랑스의 소설가—옮긴이)이 『나의 죄』*Mea Culpa**를 썼고 왜 오든W. H. Auden(영국의 시인. 말년에 종교에 귀의함—옮긴이)이 미국에서 명상에 잠겼는지 그 힌트를 얻게 될 것이다.

『트리뷴』*Tribune* 1943년 7월 4일.

---

* 셀린이 러시아 여행 후 돌아와 쓴 소설로 공산주의 체제를 비판하는 내용이다.

프롤레타리아 작가

데스몬드 호킨스^{Desmond Hawkins}*와의 대담

호킨스: 항상 저는 프롤레타리아 작가라는 게 있을까, 혹은 가능할까 의심해왔습니다. 제 첫 질문은 그게 무슨 의미냐는 것입니다. 당신한테 프롤레타리아 작가란 무슨 의미인가요? 아마도 프롤레타리아 계급을 위해 쓰인, 그리고 프롤레타리아에게 읽히는 문학이 아닐까 싶은데 어떠신가요?

오웰: 아니에요, 그렇지 않습니다. 그게 옳다면 가장 프롤레타리아적인 문학은 아침 신문이 되겠지요. 하지만 가령 『새로운 글쓰기』^{New Writing} 같은 잡지나 '공동체 극장'^{Unity Theatre} 같은 말을 들어보셨을 겁니다. 유감스럽게도 여러 이상이 섞여 있기는

---

* 영국 〈BBC 방송〉의 프로듀서이자 작가.

해도 대체로 그런 용어에는 프롤레타리아적 의미가 들어 있지요. 그 의미는, 거칠게 말하자면 노동계급의 관점이 녹아든 문학, 부유한 계급의 문학과는 완전히 다른 것을 담아내는 문학이라는 말이에요. 물론 그건 사회주의자들의 선전문학과 혼동돼 있습니다. 제 생각에 이런 표현이 프롤레타리아가 쓴 평범한 문학을 뜻하진 않을 겁니다. W. H. 데이비스^{Davies}*는 프롤레타리아였지만 프롤레타리아 작가로 불리진 않을 겁니다. 폴 포츠$^{Paul\ Potts}$**는 프롤레타리아 작가로 불리지만 프롤레타리아는 아니지요. 제가 그 개념을 의심하는 이유는 프롤레타리아가 독립적인 자기만의 문학을 창조해낼 거라고 믿지 않기 때문입니다. 저는 프롤레타리아 문학이 약간 다른 관점을 가진 부르주아 문학이 돼야 한다고 생각합니다. 결국 새로움이란 그저 오래된 것 중 가장 앞서 있는 것일 뿐이죠. 가령 최근의 스페인 시민전쟁에 관한 시는 루퍼트 브룩 등이 1914년에 쓴 시들의 쭈그러든 버전인 것입니다.

호킨스: 하지만 저는 프롤레타리아 문학의 숭배가 이론적으로 옳다 그르다를 떠나서 모종의 영향을 끼치고 있다고 생각합니다. 제임스 핸리$^{James\ Hanley}$나 잭 힐튼$^{Jack\ Hilton}$ 또는 잭 커먼 $^{Jack\ Common}$ 같은 작가들을 보세요. 그들에게는 뭔가 새로운 이야기가 있지요. 그 이야기는 보통의 중산층 계급 출신들한테선

---
* 영국 웨일스 출신의 시인으로 영국과 미국을 떠돌며 체험한 극심한 가난을 시로 형상화했다.
** 영국 출신의 시인으로 오웰과의 인연을 담은 에세이를 쓰기도 했다.

쉽게 들어보기 힘든 것입니다. 물론 대공황 이후 블룸즈버리의 지성인*들이 모두 마르크시스트가 되고 사회주의가 유행할 무렵 프롤레타리아 문학에 대한 엄청난 과장이 있었지요. 하지만 그런 경향은 좀더 일찍 시작됐어요. 그 출발점은 『잉글리시 리뷰』의 편집자 포드 매덕스 포드Ford Madox Ford가 D. H. 로렌스의 작품 안에서 새로운 표현방법을 찾아낸 계급을 목격했던 1차 세계대전 이전이 아닐까 합니다. 로렌스의 『아들들과 연인들』Sons and Lovers은 정말 새로운 경지를 일군 작품이죠. 그 작품은 전에는 출간된 적이 없던 체험을 다루었어요. 하지만 그런 체험은 수백만의 사람들이 벌써부터 겪었던 것이기도 하죠. 제 질문은 왜 그런 체험이 좀더 일찍 창작되지 못했느냐는 거예요. 왜 이전에는 『아들들과 연인들』 같은 책이 나오지 못했던 걸까요?

오웰: 제 생각엔 교육의 문제 때문입니다. 그러니까 로렌스는 광부의 자식이었지만 중산층이나 다름없는 교육을 받았거든요. 그는 대학을 졸업했습니다. 대충 따져보면 교육법이 실행되었던 1890년대 이전에는 글을 쓸 줄 아는 프롤레타리아가 거의 없었습니다. 말하자면 책이나 이야기를 생산해낼 능력을 가진 프롤레타리아가 없었던 셈이죠. 다른 한편으론 전문 작가들은 프롤레타리아의 삶에 관해 아는 게 없었죠. 사실상 급진적

---

* 영국 케임브리지 대학과 킹스 칼리지 런던 출신들이 런던 블룸즈버리에 모여 구성한 지식인 연대. 주요 구성원으로 버지니아 울프, 존 레이너드 케인즈, E. M. 포스터 등이 있다.

인 작가였던 디킨스조차도 그런 상황이었어요. 디킨스는 노동계급에 대해 쓰지 않았습니다. 그들에 대해 아는 게 별로 없었던 탓이죠. 그는 노동계급 편이었지만 자신이 그들과는 완전히 다르다고 생각했습니다. 그건 오늘날 평균적인 중간계급이 노동계급에게 느끼는 차이보다 훨씬 큰 것이었어요.

호킨스: 그렇다면 결국 책을 쓸 수 없는 계급이었던 프롤레타리아의 등장이 문학의 신선한 발전—완전히 새로운 주제와 삶에 대한 색다른 관점—을 가져왔다는 말이네요.

오웰: 그렇습니다. 다만 모든 사회 계급의 경험은 점점 더 서로 비슷해지는 경향이 있습니다. 영국 같은 나라에서 계급적 특성들은 이제 거의 실체가 사라져서 조만간 사라지고 말 것처럼 보입니다. 50년 전, 심지어 20년 전만 해도 공장 노동자와 전문 직업인은 전혀 다른 종족이었습니다. 스스로 인식하지 못해서 그렇지 오늘날 그들은 얼추 똑같아졌습니다. 사람들은 같은 영화를 보고 같은 라디오 프로그램을 들으며 유사한 옷을 입고 비슷비슷한 집에서 살아갑니다. 전에 프롤레타리아라고 불리던 것—마르크스가 정의한 의미에서—은 오직 거대 산업지대와 농촌에만 존재하는 것 같습니다. 그럼에도, 노동계급의 현실이 처음으로 종이에 기록된 것은 큰 진전이었음이 분명합니다. 제 생각에 그런 진전은 픽션을 다시 현실 쪽으로 이끌어냈고 지나치게 고상한 것들로부터—골즈워디 같은 작가들

이 썼던—벗어나게 해주었습니다. 제 생각에 이런 작업을 해낸 첫번째 책은 『누더기 바지를 걸친 자선가들』The Ragged-Trousered Philanthropists*입니다. 매우 서툴러 보여도 저한테 이 작품은 언제나 경이롭습니다. 이 책은 전에는 우리가 알아채지 못했지만 매일의 일상 속에 있던 사실들을 기록하고 있습니다. 마치 서기 1800년 이전에는 아무도 바다가 푸르다는 걸 몰랐다는 말이 있듯이 말이죠. 잭 런던Jack London 또한 이런 유형의 또다른 개척자입니다.

호킨스: 언어나 테크닉은 어떤가요? 지난주 시릴 코널리Cyril Connolly(영국의 문학비평가—옮긴이)가 위대한 문학적 혁신은 내용보다는 테크닉에서 나온다고 했잖아요. 그는 그 사례로 조이스에게 새로운 것이란 테크닉밖에 없다는 말을 하던데요. 하지만 확실히 혁명적인 프롤레타리아들은 테크닉에 큰 관심이 없지요? 그들 중 일부는 지난 세기 독실한 훈계조의 여성 소설가들과 별 차이가 없는 것 같던데요. 그들의 혁명은 내용과 주제에 국한된 것인가요, 어떻게 보십니까?

오웰: 대체로 그 말이 옳다고 생각합니다. 글로 쓰인 영어는 20년 전보다 훨씬 구어체에 가까워졌고 그건 대체로 좋은 현상입니다. 하지만 우리는 영국 노동계급의 구어보다는 미국에서 더 많은 말을 빌려오고 있습니다. 테크닉에 관해서라면 프롤레

* 로버트 트레셀Robert Tressell이 1914년에 발표한 반자전적인 소설.

타리아 작가 또는 그렇게 불리는 사람들에게 받은 충격적인 인상은 매우 보수적이라는 점입니다. 라이오넬 브리튼^{Lionel Brittain}의 『굶주림과 사랑』^{Hunger and Love}은 예외적이라고 하겠지요. 하지만 『새로운 글쓰기』나 『레프트 리뷰』^{Left Review} 같은 잡지들을 보면 실험적인 작품은 별로 없는 것 같습니다.

호킨스: 그럼 이 문제로 되돌아오네요. 주제 면에서 프롤레타리아 문학은 어떤 것일까요? 이 작가들 뒤의 비밀은 계급전쟁, 더 나은 미래를 향한 희망, 비참한 현실에 맞선 노동계급의 투쟁 같은 것으로 보이는데요.

오웰: 맞아요. 프롤레타리아 문학은 주로 혁명의 문학이지요. 당연한 겁니다.

호킨스: 저의 불만은 프롤레타리아 문학이 너무도 정치적 현실에 의해 좌우된다는 것입니다. 저는 정치인들과 예술가들은 잘 어울리지 않는다고 보거든요. 정치인의 목표는 항상 제한적이고 일면적이며 단기적이고 아주 단순화돼 있죠. 현실화의 희망을 위해선 어쩔 수 없는 거 같아요. 행동의 원칙에 따라 정치는 스스로의 한계라든가 적들의 미덕 따위에 대해 고려할 형편이 안 되는 것이죠. 또한 인간적 욕구의 비극과 열정에 가치를 둘 형편도 되지 못합니다. 한마디로 정치는 예술에서 가치 있는 것들을 배제해야만 하는 것이죠. 당신은 프롤레타리아 문학

이 프롤레타리아가 되는 것을 포기할 때 비로소 정치적 의미에서 문학이 된다는 점에 동의하시나요? 또는 그런 문학이 선동이 될 때 문학이 되기를 포기한다고 보시나요?

오웰: 글쎄요 문제를 너무 거칠게 바라보는 건 아닐까요. 저는 언제나 모든 예술가들은 선동가라고 주장해왔습니다. 정치적 선동을 말하는 게 아니에요. 진정성이나 재능이 있는 작가라면 반드시 선동가가 됩니다. 대부분의 정치적 선동은 사실뿐만 아니라 우리의 감정을 대상으로 거짓말을 합니다. 하지만 예술가는 직간접적으로 자신에게 바람직한 삶의 미래를 제시한다는 점에서 선동가라고 할 수 있어요. 방금 당신이 말한 바대로 프롤레타리아 문학 이면의 비밀은 계급전쟁입니다. 그건 실재하는 것이고 적어도 실재한다고 믿어지는 일입니다. 사람들은 계급전쟁에 대해 쓸 뿐 아니라 그것을 위해 죽기도 합니다. 스페인에서 수많은 사람들이 계급전쟁에 목숨을 바쳤지요. 프롤레타리아 문학에 관해 저는 그것이 지금까지 중요하고 유용했지만 앞으로 영원하거나 문학에서 새로운 시대를 열지는 못하리라고 생각합니다. 프롤레타리아 문학은 자본주의에 맞선 혁명 위에서 세워졌고 자본주의는 사라지고 있습니다. 사회주의 국가에서는 자신들이 살고 있는 나라를 주로 공격했던 수많은 좌파 작가들—에드워드 업워드, 크리스토퍼 커드웰Christopher Caudwell, 알렉 브라운Alec Brown, 아서 칼더-마셜Ather Calder-Marshall 등등—이 공격할 대상을 잃을 거예요.

제가 앞서 잠깐 언급했던 라이오넬 브리튼의 『굶주림과 사랑』으로 돌아가보죠. 이 작품은 뛰어난 책이고 어떤 점에서 프롤레타리아 문학을 대표한다고 생각합니다. 대체 무엇에 대한 이야기인가요? 이 책은 스스로 프롤레타리아가 되고 싶지 않은 젊은 프롤레타리아에 대한 이야기입니다. 책은 그저 노동계급의 견디기 힘든 현실들, 냄새나는 하수구라든가 물이 새는 지붕 같은 것들에 대해 끊임없이 이야기합니다. 최근에 우리는 하수구 냄새 같은 걸 다루는 문학을 찾아볼 수 없게 되었습니다. 관례상 그런 문학은 트로이 포위공격만큼 오래 이어지진 않을 것 같습니다. 또한 이 책의 배후에서, 우리는 오늘날 프롤레타리아 작가들의 진정한 역사를 볼 수 있습니다. 어떤 우연에 의해—흔하게는 그저 오랜 기간 실업수당을 받은 덕분에—젊은 노동계급은 교육받을 기회를 얻었습니다. 그러고는 책을 썼고 당연히 자신의 유년시절의 경험, 가난 때문에 당한 고통, 시스템에 맞선 저항 등을 소재로 이용했지요. 하지만 진실로 독자적인 문학을 일구지는 못했습니다. 젊은 노동계급은 부르주아의 방식, 중산층의 방언으로 글을 썼지요. 그는 그저 약간 다른 목적을 위해 옛날 방식을 써먹는, 부르주아 가족의 골칫덩어리일 뿐이죠. 제 말을 오해하지 마세요. 그들이 다른 훌륭한 작가들처럼 좋은 작가가 될 수 없다는 게 아닙니다. 단지 그들이 좋은 작가라면, 노동자라서가 아니라 좋은 글을 쓰도록 교육받은 재능있는 사람이기 때문이라는 겁니다. 부르주아가 지배계급인 이상, 문학은 부르주아적이어야 합니다. 하지만 저는 부르주아가 언제까지 지배계급일 거라곤 믿지 않고, 다른 계급도 그러진 못할 겁니다. 저는 우리가 계급 없는 시기를 통과하고 있다고 믿으며 프롤레타리아 문학이라 불리는 것 역시 그런 변화의 한 징후일 거라고 생각합니다. 하지만 그런 문학이 현재 가진 장점들, 즉 노동계급의 경험을 활성화시키는 효과라든지 노동계급의 가치를 기록하는 것 등을 부정하진 않습니다.

호킨스: 물론 긍정적인 측면에서 프롤레타리아 문학은 좋은 책을 많이 남겼죠?

오웰: 맞습니다, 많이 있죠. 잭 런던의 『더 로드』$^{The\ Road}$, 잭 힐튼$^{Jack\ Hilton}$의 『칼리반의 비명』$^{Calivan\ Shrieks}$, 짐 펠런$^{Jim\ Phelan}$의 수용소 책들, 조지 개럿$^{George\ Garrett}$의 해양소설들, 프라이빗 리처즈$^{Private\ Richards}$의 『노병 사히브』$^{Old\ Soldier\ Sahib}$, 제임스 헨리$^{James\ Hanley}$의 『우울한 아이들』$^{Grey\ Children}$ 등 몇 개만 꼽아본 게 이 정도죠.

호킨스: 프롤레타리아가 읽는 문학에 관해서는 지금껏 이야기를 안했네요. 일간 신문들뿐 아니라 주간지, 싸구려 잡지들이 있죠.

오웰: 그렇습니다. 소규모 주간지들이 아주 대표적이죠. 『홈

쳇』Home Chat 또는 『교환과 시장』Exchange and Mart, 『케이지-버즈』Cage-Birds 같은 것들이요.

호킨스: 민중 스스로에게서 나온 문학에 대해서도 이야기를 못했네요. 가령, 캐나다 태평양 철도를 건설하던 노동자들의 야영지 발라드, 선원들의 뱃노래, 스태골리Stagolee 같은 흑인 노래들, 그리고 옛 거리의 신문들(특히 사형을 다룬)이 있었고, 그런 것들이 키플링의 「대니 디버」Danny Deever 같은 시에 영향을 주었을 겁니다. 그리고 묘비명, 희극적 5행시, 광고송—시이길 고집하는—같은 것들이 특별한 프롤레타리아 문학이지 않았습니까?

오웰: 네, 우스꽝스럽게 색칠된 엽서에 적힌 농담도 잊지 말아야 합니다. 특히 도널드 맥길Donald McGill*의 것이 있었죠. 저는 특히 그런 엽서들을 좋아합니다. 또한 지난 전쟁 때 군인들이 만들어서 부른 노래들이 있죠. 집합 나팔과 군사 행렬 때 쓴 육군 군가들도 있고요. 그런 노래들은 중세의 발라드처럼 우리 시대의 인기있는 시들입니다. 인쇄해서 돌려보지 못하는 게 아쉬울 따름입니다.

호킨스: 그래요. 하지만 자칫하면 우리가 민속문학으로 넘어갈까 걱정이 됩니다. 민속문학과 프롤레타리아 문학은 확실히

---

* 영국의 그래픽 아티스트, 다소 저속하지만 소박한 그림엽서로 명성을 얻음.

구분돼야 하잖아요. 당신의 말을 듣고 저는 '프롤레타리아'라는 말이 혁명적 정치와 분리되면 별 의미가 없을 것 같다는 생각을 해봤습니다.

오웰: 그렇습니다. '프롤레타리아'라는 용어는 오직 산업시대에만 통용되는 정치적 용어지요.

호킨스: 아무튼 우리가 완전히 일치를 본 견해는 별개의 프롤레타리아 문학이 존재한다는 이론은 맞지 않다는 점이군요. 명백한 차이점에도 불구하고 프롤레타리아 문학은 당신이 말하는 부르주아 글쓰기 내부에 위치해 있다는 말이지요.

오웰: '부르주아'나 '부르주아지' 같은 말에서 저는 그저 뭔가를 사고파는 사람들을 의미하는 게 아닙니다. 우리 시대의 지배적인 문화를 뜻하는 것이지요.

호킨스: 당신이 동의한다면, 이른바 프롤레타리아 작가들이 이뤄낸 기여에 대해 가늠해볼 수 있을 겁니다. 이론을 폐기한다면서 그런 기여까지 무시하면 어리석은 일이겠지요.

오웰: 제 생각엔 두 가지 정도의 기여가 있을 거 같아요. 그 하나는 노동계급이 아닌 작가들은 눈앞에 두고도 알아채지 못한 주제들을 프롤레타리아 작가들이 어느 정도 끌어낸 것입니다.

다른 하나는 당신이 말한 거침과 활력의 기운을 불어넣었다는 것이죠. 그들의 목소리는 지나치게 잰 체하거나 교양있는 척하지 못하게끔 문학을 단도리치니까요.

호킨스: 당신이 말한 또하나의 기여가 있지요. 바로 언어입니다. T. S. 엘리엇은 새롭게 만들어진 단어들을 끊임없이 언어화하는 것의 중요성을 강조했지요. 또한 최근에는 노동계급으로부터 새로운 단어들과 문자들이 현저하게 배출되었습니다. 그런 현상은 영화나 길거리 또는 다른 과정에서 비롯되었을 수도 있지만 프롤레타리아 작가는 현대 영어에 독특함과 색채를 입혀준 장본인들이에요.

오웰: 물론 다채로운 색채였느냐에 대해선 문제를 제기해볼 만합니다! 지난 10년간 전형적인 산문의 경우 여러 장식과 불필요한 형용사가 많이 줄었다고 볼 수 있습니다. 단순해진 것이지요. 이런 방식으로 발전해온 산문이 과연 미묘한 생각들을 잘 표현할 수 있겠느냐는 질문은 가능하다고 봅니다만 그런 산문은 행위를 묘사하는 데 탁월하고 흔히 유행하는 지나치게 꾸며진 산문에 좋은 대항마가 되기도 했습니다. 그런 산문은 방향성은 매우 좋지만 언어를 무기력하게 만든 점도 없지 않아요.

호킨스: 네, 결론을 짓자면, 프롤레타리아 문학이라는 슬로건은 노동계급 작가들에게 주목돼 마땅한 여러 업적을 설명하는

괜찮은 교집합을 만들어낸 것처럼 보입니다. 그 작가들이 테크닉, 정치적 성향, 주제 면에서 혁명적이거나 아니거나 상관없이 말이죠. 하지만 비평적 용어로서의 그 자체는 사실상 쓸모없는 것이군요.

오웰: 그 용어가 과도기의 다소 다원적인 문학을 규정하는 데 쓰일 순 있겠지만 진짜 프롤레타리아 문학이란 말이 성립하려면 프롤레타리아가 지배적인 계급이 되어야 한다는 점에서 저는 당신의 견해에 동의합니다.

호킨스: 네, 프롤레타리아 계급의 성격이 바뀔 날이 반드시 오리라 기대합니다. 예술을 파괴하지 않으면서 정치가 예술 안으로 스며들 수 있는 지점은 어디일까? 우리가 지금껏 약간 건드리기만 한 이 질문은 여전히 남아 있을 것 같습니다.

〈BBC 방송〉 1940년 12월 6일; 『리스너』 1940년 12월 19일.

2부

예술과 프로파간다는 다르다고?
_리뷰

멜빌을 지지하는 이들을 위하여[*]

루이스 멈포드^{Lewis Mumford} 『허먼 멜빌』^{Herman Melville}

이 경탄할 책은 실상 전기라고 불리지만 그 주요 관심사는 멜빌의 지성을 분석하는 것이다. 멈포드 자신의 말로 하자면 "멜빌의 사상, 감정, 욕망, 삶의 전망"에 대한 분석이다. 그의 항해가 끝났을 때 멜빌을 얽어맸던 음울한 일상에 관해서는 자세하게 소개된 바가 있다. 멜빌은 자신을 성가시고 이해하기 힘든 실패자로밖에 여기지 않는 사람들에 둘러싸인, 일에 지친 천재로 우리에게 알려져 있다. 그가 얼마나 가난했는지, 심지어 『모비 딕』을 쓰는 와중에도 가난은 그를 위협했고 거의 40년간 고독과 고통 가운데 그의 재능을 철저하게 무력화시켰다는 걸 우리는 알고 있다. 멈포드는 이런 가난의 배경을 잊지 않는다. 하지만 그의 확고한 목적은 해명하고 비평하며—불쾌하지

---

* 이하 서평에 붙인 제목은 편집자의 것이다.

만 꼭 필요한 말로 하자면—해석하는 것이다.

이 책의 대부분의 오류는 바로 이런 목적 때문에 발생한다. 해석을 위한 비평은 모든 행위의 가장 깊은 의미와 원인을 규명하기 위해 적용될 땐 매우 훌륭하지만 예술작품에 접근하는 방식으로는 위험하다. 절대적인 완벽함으로 추구되었을 때 비평은 예술 자체를 사라지게 한다. 따라서 멈포드가 멜빌의 철학과 심리학, 종교와 성생활 등을 분석할 때 그는 훌륭하다. 하지만 멜빌의 문학을 해석할 때 그는 그리 성공적이지 못하다. 우리는 시를 알레고리로 축소함으로써 '해석'할 수 있는데 그건 마치 씨를 얻기 위해 사과를 먹는 것과 비슷하다. 큐피드와 프시케의 전설에서처럼 뭘 알려고 하지 말고 사실을 받아들이는 게 현명한 때가 있는 것이다.

이런 과정 때문에 멈포드는 작품『모비 딕』을 다룰 때 가장 불행해진다. 그는 정당하게 감탄하고 고귀하게 열정적이지만 숨겨진 의미에 너무 집착한다. 그는 사실상『모비 딕』을 우선은 비유로, 그 다음에 문학으로 보라고 요구한다.

> 『모비 딕』은 근원적으로 악의 미스터리와 우주의 우연적인 악의에 관한 우화다. 흰 고래는 존재의 잔인한 힘을 상징한다. (…) 반면 에이헙은 작고 나약하나 목적이 뚜렷한 인간의 정신이며 그 힘에 대항하여 보잘것없음을 내세우고 그 힘의 맹목적인 무분별함에 대항하여 목적을 내세운다.

이런 비평을 부정할 사람은 없겠지만 멈포드가 비유를 끝까지 밀어붙인 점에는 아쉬움이 남는다. 그는 계속하기를, 고래잡이는 존재와 활력의 상징이며 그냥 고래들은('모비 딕'과는 달리) 다루기 쉬운 자연을, 페쿼드 호의 선원들은 인류를 상징한다고 말한다. 이 역시 행간에서 너무 깊은 의미를 찾아내려는 오래된 오류에 가깝다. 여기 지나치게 예민한 해석의 또다른 사례가 있다.

> 햄릿 속에는 (…) 자신이 구애하는 여자와 결혼하지 못하도록 하는 무의식적인 근친상간의 욕구가 있다.

매우 독창적이라고 누구나 느낄 법하지만 차라리 안 하는 게 훨씬 나을 해석이다! 우리는 헨리 필딩$^{Henry Fielding}$*의 지하세계에 등장한 유령들을 떠올린다. 거기서 유령들은 "불을 꺼, 그리고 또다른 불을 꺼"**라는 의미를 놓고 셰익스피어를 괴롭힌다. 도대체 누가 셰익스피어 본인도 잊어버렸을 그런 의미를 캐낸단 말인가! 자연스런 진행이니 그냥 좀 내버려두어라. 『모비 딕』도 마찬가지다. 의미는 내버려두고 문학의 재료가 되는 형식에 관해서만 말하는 게 훨씬 낫다.

이런 결점을 꽤 자세하게 언급했지만 그것이 멈포드의 책을 심각하게 폄훼하지는 못한다. 멈포드는 예술적 기교보다 멜빌

---

* 18세기 영국의 소설가, 극작가, 법조인으로 풍자와 유머가 강한 사회 비판적 작품들을 남겼다. 대표작으로 『톰 존스』*Tom Jones* 등이 있다.

** 셰익스피어의 비극 『오셀로』 5막 2장에서 주인공 오셀로가 아내 데스데모나를 죽이기 직전 하는 독백이다.

의 정신을 주로 다루기 때문이다. 또한 그런 목적이라면 분석적이고 해석적인 방식이 가장 좋다. 처음으로 기이하고 논쟁의 여지가 있는 멜빌의 면모들이 밝혀졌다. 확실히 멜빌은 루시퍼만큼이나 자신감에 차 있었고 에이헙 선장만큼이나 신을 향한 분노로 끓어올랐다. 하지만 천성적으로 즐거움에 가득 찬 그는 삶이 잔인하단 걸 알면서도 받아들였다. 그는 금욕적인 쾌락주의자였고 잘 단련돼 있으면서도 (우리가 알 수 있는 한) 초인적으로 순수했으며 자신이 발견한 것들에 육감적인 기쁨을 느끼는 사람이었다. 이런 능력보다 더 중요한 것은 그가―진정한 능력에 속한 것으로서―열정적인 감수성을 소유했다는 점이다. 그에게 바다는 더 깊었고 하늘은 더 넓었다. 또한 아름다움은 더 생생했으며 상처와 치욕은 더 고통스러웠다. 멜빌이 아니라면 누가 고래와 같은 터무니없는 야수에게서 아름다움과 공포를 찾아냈을까? 또한 누가 『레드번』*Redburn*에서 해리의 괴롭힘 같은 장면이나 『화이트 재킷』*White Jacket*에서 절단에 대한 충격적이고 터무니없는 이야기를 쓸 수 있겠는가? 그런 장면들은 황조롱이가 두더지보다 훨씬 뚜렷한 시각을 가진 것처럼 조금 더 생생하게 느낄 수 있는 사람에게만 관찰되는 것이다.

멈포드 책의 가장 좋은 부분은 멜빌을 그의 시대와 연관시키고 세기의 변화된 정신이 어떻게 작가를 형성하고 파괴했는지를 보여주는 장들이다. 멜빌은 미국의 자유, 또는 아마도 자유의 전통에 큰 빚을 지고 있음이 분명하다. 드물긴 하지만 『미시시피에서의 삶』*Life on the Mississippi*과 『잔디의 잎』*Leaves of Grass* 같은 작품에서 미국의 강인한 정신이 여실히 드러난다. 멜빌은 비참한 삶을 살았고 전반적으로 가난하고 괴롭힘을 당했지만 적어도 젊은 시절만큼은 하고 싶은 대로 살았다. 그는 많은 유럽인들처럼 체면과 절망 가운데서 자라지 않았다. 남북전쟁 이전의 미국은 교양있는 사람에겐 거친 곳이었지만 굶주림에 내몰리는 나라는 아니었다. 젊은이들이 항상 안전한 직업에 얽매이는 건 아니었고 때론 방황해도 괜찮았다. 19세기에 멜빌 같은 많은 미국 예술가들은 모험적이고 자유로우며 버릇없는 청춘을 보냈다. 산업주의가 목을 죄어오자 멜빌의 정신에 남아있던 것들은 시대와 함께 시들어갔다. 나라는 '진보'에 의해 타락해갔고 무뢰한들이 번성했고 여유와 자유로운 사유가 축소되었다. 그에 따라 그의 기쁨도 시들해졌고 창조적 힘도 세월 속에서 미약해졌다. 하지만 더 이전의, 더 자유로운 미국은 『모비 딕』의 한 뼈대를 이루며 『타이피족』*Typee*이나 『레드번』의 흉내낼 수 없는 독특함을 만들어냈다.

이런 책은 멜빌의 명성을 위해 어떤 비평이라도 마다하지 않을 것이다. 힘의 존재를 싫어하지 않는 사람들이라면 늘 멜빌을 사랑할 것이고 그와 같은 독자라면 멈포드 책의 열광적 찬사뿐 아니라 깊은 통찰력에도 경의를 표할 것이다. 그의 책이 의심하는 사람들을 개종하진 못하겠지만(어떤 책이 그럴 수 있겠는가?) 멜빌 지지자들에게는 많은 점들을 가르쳐줄 것이며 그를 세상에 알린 두세 권의 책을 넘어 더 많은 작품들로 이끌어줄 것이다.

『뉴 아델피』*New Adelphi* 1930년 4-5월.

그린 교수가 발견한 '스탕달'이라는 주제

F. C. 그린^{Green} 『스탕달』^{Stendhal}

F. C. 그린 교수의 『스탕달』은 60년이 넘는 세월 동안 처음 영어로 쓰인 스탕달에 관한 책이다. 어쩌면 전기 작가는 소설가와는 전혀 다른 자료를 참조하기에 이렇게 긴 세월이 걸렸는지도 모른다. 흔히 작가의 삶을 그 작가의 소설 중 한 부분을 파고들듯이 작품 안에서부터 들여다보면 스탕달의 삶은 매우 흥미로워 보인다. 하지만 그것이 전기와 딱히 맞아 떨어지진 않는데, 작가는 다소 모호함 가운데 살았고 별 특별한 일 없이 수년을 지낸 적도 있기 때문이다. 스탕달은 대중적인 우상이 아니었고 시끄러운 스캔들도 없었으며 다락방에서 굶주리거나 빚쟁이를 수용하는 감옥에서 걸작을 쓰지도 않았다. 59년의 꽤나 활동적인 삶(1783~1843) 가운데 그가 체험한 것은 대체로 보

통의 실패한 사람들에게 일어나는 일과 비슷했다.

그중 하나는 전쟁을 가까이서 목격한 것이다. 수년간 스탕달은 나폴레옹 군대의 보급 담당 부서 책임자로서 모스크바 퇴각까지 참여했는데 그 자체로 보통사람의 인생에서는 모험으로 여기기 충분했다. 그런 종류의 일은 앞으로 성공할 작가들에게도 좀처럼 일어나지 않을 일이었지만 모든 이들 가운데 스탕달에게 일어난 것은 확실히 행운이라 할 만하다. 그는 모스크바 작전에 관해 거의 아무것도 쓰지 않았지만 전쟁의 지루함을 보여준 그 거대한 현장에 없었다면 워털루 전투에 관한 빼어난 묘사도 결코 쓰지 못했을 것이다. 그 묘사는 '진정한' 전쟁문학의 효시 중 하나로 기억돼 마땅하다. 군인으로서, 그리고 이후 영사관 직원으로서 스탕달은 용감하고 유능해 보이지만 아주 예민한 사람들이 그렇듯 전쟁을 지루한 것으로 여겼음이 분명하다. 화염에 휩싸인 모스크바에서 그는 『폴과 비르지니』$^{Paul\ et\ Virginie}$*의 영역본을 읽었고 1830년 혁명 기간엔 참여하고 싶은 어떤 열정도 느끼지 못한 채 거리에서 총성을 들으며 앉아 있었다. 그를 깊이 감동시킨 건 끊임없이 이어진 연애였으며 이 분야에서 그는 꽤 소질을 보였다. 그 역시 매독에 걸렸고 이 사실이 분명히 그의 인생관에 영향을 끼쳤지만, 그린이 지적하듯 입센^{Ibsen}과 브리외^{Brieux}가 최악의 매독을 다루기 전까지** 매독은 그저 평범한 병에 불과했다.

* 자크-앙리 베르나댕 드 생피에르가 1788년에 발표한 소설로 자연에서 자란 두 사람의 순수한 사랑을 다루고 있다.
** 입센은 『유령』에서, 브리외는 『매독』에서 각각 매독을 다루었다.

아주 일부의 숭배자들을 제외한 모든 독자들은 스탕달의 두 작품만을* 읽기 때문에 작가로서 스탕달의 위치는 매우 독특하다. 그린 교수는 스탕달의 주요 네 작품에 대해 길고 흥미롭게 분석했지만 스탕달의 매력을 설명하기는 늘 어렵다고 말한다. 스탕달의 경우 무엇보다 문제시되는 것은 '매력'이기 때문이다. 그에게는 뭔가 마음의 독특한 분위기가 있는데 그것 덕분에 보통의 민감한 소설을 망쳐버릴 모든 결점들을 교묘히 피해간다. 소설가를 괴롭히는 죄로서의 나르시시즘에 관해서 그는 한번도 기분을 상하게 하지 않으면서 주제를 잘 소화해낸다. 모든 사람들이 알고 있는 두 소설 중 왜 『적과 흑』이 긴 여운을 남기는지는 쉽게 알 수 있다. 『적과 흑』에는 나머지 소설이 첫눈에 보기에도 부족해 보이는 것, 즉 하나로 집중된 주제가 있기 때문이다. 그린 교수가 적절하게 지적하듯이 그 주제란 계급혐오다. 똑똑하고 야망에 넘치는 농부소년 쥘리앵 소렐은 반동이 승리하고 올바른 생각이 멍청한 짓으로 받아들여지던 시대에 상당히 의도적으로 자신을 감춘 채 교회에 들어간다. 성직자는 출세할 수 있는 유일한 길이기 때문이다. 귀족 가문에 기생하는 가난한 인간으로서 그는 자신을 둘러싼 속물 얼간이들을 마음속 깊이 혐오한다. 하지만 책에 목소리를 부여하는 것은 그의 증오에 섞인 질투이며, 그런 감정은 현실의 삶에 당연히 잠재돼 있었다. 쥘리앵은 사실 혁명적 타입의 인간이며 그런 타입 중 열에 아홉은 주머니에 폭탄을 넣은 채 신분 상승

* 『적과 흑』과 『파르마의 수도원』을 말한다.

을 꾀하는 인간일 뿐이다. 결국, 증오 받는 귀족들이야말로 아주 매력적인 사람들이다. 마틸드 드 라 몰은 그녀의 끔찍한 자존심과 이기심 때문에 더욱 매력적이다. '얼마나 끔찍한 인물인가!' 쥘리앵은 생각한다. 그리고 그녀의 끔찍함은 그녀를 전보다 두 배는 더 매력적으로 만든다. 『적과 흑』을 또다른 속물주의 서사시 『위대한 유산』 *Great Expectation* 과 비교해보는 것도 흥미롭다. 디킨스의 『위대한 유산』에서 모든 사건은 더 낮은 사회적 수준에서 일어나지만 타락해 보이는 것들의 매혹이라는 주제는 비슷하다.

『적과 흑』의 결함이라면 르날 부인의 총격이며 이 사건은 쥘리앵을 단두대로 보낸다. 그린 교수는 이것 역시 계급혐오로 설명될 수 있다고 주장한다. 그럴 수도 있을 것이다. 하지만 이 책을 읽는 사람이면 누구나 그런 장면은 의미 없는 분노의 표출이자 쥘리앵이 세상의 이목을 받으며 죽어야 하기 때문에 끼어들었다고 생각할 것이다. 상대적으로 그럴듯한 결말은 쥘리앵이 질투에 사로잡힌 마틸드의 친척에 의해 살해당하는 설정이었을 것이다. 그렇지만 아마도 이런 결말은 스탕달에게 지나치게 뻔하게 다가왔을 것이다.

『파르마의 수도원』 *La Chartreuse de Parme* 은 얼핏 보기엔 일정하게 파악될 만한 주제가 없어 보인다. 하지만 독자들은 주제가 있다는 느낌을 받을 수밖에 없는데 이는 그린의 용어로 '통일된 음색'을 창조하는 데 스탕달이 특히 능하기 때문이다. 균형에 대한 매우 섬세한 감각이 없었다면 그는 그렇듯 자유롭게 비현실적인 것들을 다루지 못했을 것이다. 사실상 『파르마의 수도원』이 다루는 주제는 관대함이다. 실제 삶을 살아가는 사람들과 달리, 소설 속 주요인물들은 정신적인 품위를 갖추고 있다. 워털루 전투를 제외하면 이 책의 전체는 시공간을 벗어나 일종의 셰익스피어식의 공상세계로 들어간다. 인정하건대 인물들이 보여주는 관대함에는 기이한 면이 있지만 그것이야말로 스탕달의 천재성이 자리하는 지점이다. 우리가 느껴야 할 것은 상세베리나^{Sanseverina} 공작부인이 평범하고 '선한' 여성보다 우월하다는 것이 아니라 살인이나 근친상간에도 불구하고 그녀 자신은 선한 여성이라는 점이다. 그녀와 파브리스, 심지어 모스카조차 비열하게 행동할 수 없는 사람들이며, 이는 유대-기독교적 도덕 체계에서는 그리 중요하게 여겨지지 않은 것이다. 일류 소설가들과 마찬가지로 스탕달은 새로운 종류의 섬세함을 발견해냈다. 그는 매우 감성적이면서도 완전하게 성숙하며 아마도 이러한 뜻밖의 조합이야말로 독특한 향기를 만들어내는 근원일 것이다.

어쨌든 『스탕달』의 도입부 몇몇 장들은 읽기 쉽지 않지만 분명히 쓰기에는 훨씬 더 어려웠을 것이다. 조사에 들어간 노고 말고도 전기와 비평을 엮어내는 매우 어려운 작업을 해냈기 때문이다. 이보다 더 능숙하게, 또는 양심적으로 쓸 수 있을까 싶고 특별히 평가하고 싶은 부분은 그린 교수가 모루아^{Maurois}(프랑스의 전기 작가―옮긴이)식의 묘사를 피하고 스탕달의 배경을 이루는 혁명, 나폴레옹 등을 나열하지 않았다는 점이다. 저자는 주제에 집중했고 사실이 의심스러울 때는 의심스럽다고 말했다. 이 책은 확실히 꼭 필요한 책이고 모범적인 스탕달의 영어 전기로 삼을 만하다.

『뉴 잉글리시 위클리』 1939년 7월 27일.

엘리엇의 헛발질

T. S. 엘리엇 「번트 노튼」^{Burnt Norton}, 「이스트 코커」^{East Coker}, 「드라이 샐비지스」^{The Dry Salvages}[*]

엘리엇의 후기작 중 내게 깊은 인상을 남긴 작품은 거의 없다. 이는 나 자신에게 부족한 면이 있다는 고백이지만 그저 입을 다물고 아무 말도 하지 않겠다는 변명의 이유가 되지는 못한다. 내 안의 변화는 살펴볼 가치가 있는 외부의 변화를 가리키고 있을지도 모르기 때문이다.

나는 상당히 많은 수의 엘리엇 초기 작품들을 암송한다. 작품을 억지로 외우려고 한 것은 아니며 어떤 운문이 진정으로 마음을 울릴 때 그런 것처럼 마음에 박혀버린 것이다. 이따금

---

[*] 세 작품은 엘리엇의 연작시 『4중주』*Four Quartets* 중 첫 세 편으로 번트 노튼은 영국 글로스터셔의 정원 이름이고, 이스트 코커는 영국 서머싯의 작은 마을 이름이며 드라이 샐비지스는 미국 매사추세츠 해안의 암초 이름이다.

편하게 한번 읽는 것만으로 20~30행에 이르는 전체 시를 기억할 수 있었는데 이때 기억의 행위란 부분적으로 재구성의 행위였다. 하지만 최근 세 편의 시들은 시집이 출간된 이후 두세 번이나 읽었지만 얼마나 기억하고 있을지 모르겠다. "시간과 종이 하루를 묻어버렸다," "전환하는 세계의 고요한 지점에서," "바다제비와 알락돌고래의 광활한 물결" 그리고 "오 어둠 어둠 어둠. 그들은 모두 어둠으로 들어간다"로 시작되는 시행 정도가 아닐까. ("나의 끝 안에 시작이 있다" 같은 시구는 다른 곳에서 인용한 것이라 넣지 않았다.) 이게 머릿속에 저절로 남겨진 전부이다. 이런 사실이 「번트 노튼」을 비롯한 시편들이 읽는 순간 기억되었던 초기작들보다 못하다는 증거가 될 수는 없으며 오히려 더 낫다는 증거로 볼 수도 있는데 마음속에 쉽게 간직되는 것은 명확하다 못해 얄팍하다고 주장할 수도 있기 때문이다. 하지만 뭔가 사라지고 어떤 흐름이 끊긴 것은 분명하며, 발전이 있었다고 주장되기는 하지만 후기 시들은 초기작들의 경향을 지니지 않는다. 이런 현상을 주제 약화로 설명하는 것이 정당하지 않을까 하는 생각이 든다. 더 나아가기 전에 의미를 비교하기 좋은 두 편의 시를 인용한다. 첫번째 것은 「드라이 샐비지스」의 결말 부분이다.

그리고 옳은 것은 자유라는 행동이다
과거에서 미래까지 마찬가지로
우리 대부분에게 자유는

여기서는 한번도 실현된 적 없는 목표다

우리가 계속 노력해왔기에

아직 패배하지 않았을 뿐이다

우리의 일시적인 귀환이

(주목나무에서 그리 멀지 않은 곳에서)

뜻깊은 토양의 삶을 키우면

우리는 마침내 만족할 것이다.

다음의 인용은 훨씬 이전의 시에서 발췌한 것이다.

수선화는 덩어리가 아니라

그의 눈의 소켓에서부터 응시돼

둥글게 밝아진 것

그는 생각이 욕망과 사치를 옥죄면서

죽은 수족 주위에 매달리는 것을 알았다

(…)

그는 골수의 고통을,

해골의 아귀다툼을 알았다

어떤 접촉도 살에 닿을 수 없었고

뼈의 열을 가라앉히지 못했다.

두 시구는 모두 같은 주제, 즉 죽음을 다룬다는 점에서 비교할 가치가 있다. 첫번째 시구 앞 부분에는 우선 과학적 연구는 모두 엉터리며 미래를 점치는 수준의 유치한 미신임을 해명하는 긴 구절, 그리고 우주의 이치를 이해하는 데 이르는 사람들은 오직 성인들이며 나머지 사람들은 '암시와 추측'에 머문다는 구절이 나온다. 결말 부분의 핵심은 '체념'이다. 삶에서와 마찬가지로 죽음에도 '의미'가 있다. 불행하게도 우리는 그 의미를 모르지만 크로커스 같은 잡초풀이든 다른 무엇이든 시골 교회마당에서 자라는 것을 꺾을 때 그것이 존재한다는 사실은 우리에게 위안이 된다.

이제 내가 인용한 다른 시의 두 연을 보자. 누군가 다른 화자에 의지하지만, 그 시구들은 적어도 어떤 분위기에 젖은 엘리엇 본인의 죽음에 대한 느낌을 표현한다. 시어들은 체념을 노래하지 않는다. 그와 반대로 죽음에 대한 이교도적 태도, 즉 저세상은 삶을 질투하며 소리치는 희미한 유령들이 가득 찬 그늘진 곳이며 삶이 아무리 나쁘다고 해도 죽음보다는 낫다는 믿음을 노래한다. 이런 죽음의 개념은 고대에서는 일반적이었으며 어느 면에서는 지금도 마찬가지다. "골수의 고통, 해골의 아귀다툼," 호라티우스의 유명한 송가에 나오는 "덧없이 흘러가는구나"라는 구절, 그리고 패디 디그넘의 장례식 동안 블룸이 발설하지 않았던 생각* 등 그 사례는 차고 넘친다. 인간이 스스로를 한 개인으로 생각하는 한, 죽음에 대한 태도는 원망스러울 수밖에 없다. 또한 죽음을 전혀 느끼지 못하며 그저 감정에 어긋난다고 받아

---

* 블룸과 패디 디그넘은 제임스 조이스 소설 『율리시스』에 등장하는 인물로 디그넘의 장례식은 소설에서 중요한 에피소드 중 하나다.

들이는 종교적 믿음보다는 아무리 죽음이 불만족스럽더라도 강렬하게 느끼는 문학이 더 좋은 의미를 만들어낼 것이다. 여기까지 비교한 바에 따르면 내가 인용한 두 시구는 이런 사실을 증명하는 듯 보인다. 약간 풍자시 성향이 있지만 그중 두번째 시가 시로서 더 우수하며 더 치밀한 감정을 표현한다는 데는 이견이 없을 것이다.

「번트 노튼」을 비롯한 세 편의 시는 무엇을 노래하는가? 무엇에 관한 시인지를 말하기는 쉽지 않지만 표면에 드러난 바는 엘리엇의 혈통과 관계된 영국과 미국의 특정 지역들이다. 여기에 자연과 삶의 목적에 관한 다소 우울한 사색과 함께 내가 앞서 언급한 약간 불명확한 결론이 섞여 있다. 인생에는 '의미'가 있지만 서정적으로 느껴지는 그런 의미는 아니다. 믿음도 있지만 희망은 옅어지고 열정은 하나도 없다. 엘리엇의 초기 시들의 주제는 이와 매우 다르다. 초기 시들이 희망에 넘치지는 않았지만 스스로 우울에 빠지거나 타인을 우울하게 하지는 않았다. 반론을 제기한다면, 후기 시들이 우울한 믿음을 표현한 반면 초기 시들은 빛나는 절망을 표현했다고 말할 수는 있을 것이다. 초기 시들은 삶에 절망하지만 죽고 싶지는 않은 현대인의 딜레마에 기초하고 있으며 그 위에서 기계 시대의 추악함과 정신적 공허에 직면한 과대하게 문명화된 지식인들의 공포를 표현하고 있다. 핵심 주제는 "주목나무에서 그리 멀지 않은 곳에서"가 아니라 "울고 있는, 울고 있는 무리들" 또는 "더러운 손의 부러진 손톱"일 것이다. 당연히 이 시들은 처음 발표되었을 때 '퇴폐적'이라는 오명을 뒤집어썼고 엘리엇의 정치적·사회적 경향이 반동적이라고 판단될 때만 공격이 중지되었다. 그러나 '퇴폐적'이라는 혐의가 정당화될 수 있는 면도 있었다. 분명히 이 시들은 문화적 전통의 마지막 숨결에서 나왔으며 교양 있는 3세대 부르주아, 느끼고 비판할 줄은 알지만 더이상 행동하지는 못하는 사람들을 위한 결과물이었다. 포스터$^{E.M. Foster}$는 엘리엇의 「프루프록」^{Prufrock}이 처음 나왔을 때 "무기력하고 나약한 사람들의 노래"이자 "공공의식의 때가 묻지 않았다"는 이유로 그 시를 칭찬했다(그때는 또다른 전쟁 시기였으며 공공의식이 지금보다 훨씬 더 만연했던 때였다).

어느 사회든 세대를 넘어 생존하기 위해서는 산업, 용기, 애국심, 검소함, 다산성 같은 자질이 요구되는데 엘리엇의 초기 시에는 그런 것들이 발견될 만한 틈이 전혀 없다. 그 시들에는 오직 부르주아 가치, 그러니까 일하거나 싸우거나 재생산을 하기에는 너무나 문명화된 사람들의 가치를 위한 공간만이 존재한다. 하지만 그것은 읽을 만한 시를 쓰기 위해서는 어떤 식으로든 치러야 할 대가였다. 스콰이어^{Squire}와 허버트^{Herbert} 같은 시인들이 요구하는 우람한 열정이 아니라 무기력, 아이러니, 불신, 혐오의 분위기야말로 민감한 사람들이 실제로 느끼는 것이다. 흔히들 시에서는 언어만이 중요하고 '의미'는 상관이 없다고 말하지만, 사실 모든 시는 산문적인 의미를 내포하며 좋은 시라면 절박하게 표현하고자 하는 의미가 있게 마련이다. 모든 예술은 어느 정도는 프로파간다(선동)다. 「프루프록」은 허무의 표현이지만 한편으론 뛰어난 활력과 힘의 시이기도 하며 마지막 연에서는 로켓과 같은 분출을 선보인다.

> 나는 그들이 파도의 흰 머릿결을 빗어 젖히면서
> 파도를 타고 바다 쪽으로 나아가는 것을 보았네
> 바람이 불자 물결은 희고 검게 일었네
>
> 우리는 갈색을 띤 붉은 해초로 둘러싸인 바다 소녀들 곁
> 바다의 방에 머물렀네
> 목소리들이 우리를 깨우고 우리가 물에 잠기기 전까지

 비록 시행들이 품은 부르주아의 절망이 의식적으로 떨쳐지기는 했지만 이 시에는 후기 시들 같은 면모가 없다. 하지만 문제는 의식적인 허무가 오직 젊은이들만을 위한 것이라는 점이다. 우리는 성숙한 노년까지 '삶의 절망'을 끌고 가지 않는다. 퇴폐는 추락을 의미하고 우리가 곧 바닥에 닿으리라는 이성적인 판단을 추락이라고 말하기 때문에 우리는 계속 '퇴폐적'인 존재로 살아갈 수 없다. 조만간 우리는 삶과 사회에 긍정적인 태도를 취해야만 한다. 만약 우리 시대의 모든 시인이 일찍 죽거나 가톨릭 신자가 되거나 공산당에 가입해야 한다면 너무 잔인한 말이 되겠지만 사실상 허무에서 탈출한다는 것은 대체로 그런 길을 따르기 마련이다. 육체적 죽음 밖에도 다른 죽음들이 있으며 가톨릭교회와 공산당 이외에도 다른 종파와 신념

이 있다. 하지만 일정한 나이가 지나고 나면 글쓰기를 멈춰야 하거나 아니면 전혀 예술적이지 않은 일에 헌신해야 한다는 건 사실이다. 그런 헌신은 필연적으로 과거와의 단절을 의미한다.

> 모든 시도는
> 완전히 새로운 시작, 또한 다른 종류의 실패
> 왜냐하면 우리는 그저 더 나은 단어를 구하는 법만 배웠기 때문이다
> 우리가 더이상 말하지 않아도 되는 것, 또는 우리가
> 더이상 말하고 싶지 않은 방식을 위해. 그렇게 각각의 시도는
> 새로운 시작, 불분명한 것들에 가하는 습격
> 추레한 장비로 늘 더 나빠지는
> 감정의 부정확함이라는 보통의 엉망진창 가운데,
> 훈련되지 않은 감정의 무리들.

엘리엇의 개인주의에서의 탈출은 우리가 아는 것처럼 교회, 즉 성공회로 이어졌다. 현재 그가 투항한 것처럼 보이는 우울한 페텡주의*가 그의 개종으로 인한 불가피한 결과라고 추측해선 안 된다. 영국 가톨릭 운동은 추종자들에게 어떤 정치적 '노선'도 강요하지 않았고 반동적이고 오스트리아-파시스트적인 경향은 진작부터 그의 작품, 특히 산문에서 뚜렷이 드러났다.

---

* 2차 세계대전 당시 프랑스 비시 정부의 지도자 필리프 페텡의 정치 이념을 따르는 사상. 독일과의 협력을 정당화하며 타협을 강조한다.

이론상 지적으로 심각하게 손상을 입지 않고도 정통 신자가 될 수는 있지만 결코 쉬운 일은 아니다. 또한 정통 신자들의 책은 정통 스탈린주의자나 정신적으로 자유롭지 못한 사람들의 책처럼 시야가 좁고 편협한 모습을 흔히 보여준다. 그 이유는 여전히 기독교 교회들이 아무도 진지하게 믿지 않는 교리를 받아들이라고 요구하기 때문이다. 가장 확실한 사례는 영혼의 불멸성이다. 기독교 옹호자들에 의해 제시될 수 있는 개인적 불멸성의 여러 '증거들'은 심리적으로 중요하지 않다. 심리적으로 중요한 것은 오늘날 아무도 자신이 불멸의 존재라는 걸 믿지 않는다는 점이다. 내세는 어느 정도 "믿어질 수" 있지만 사람들의 마음속에서 수세기 전에 그랬던 것 같은 현실감을 갖지는 못한다. 가령 이 세 편의 시들이 지닌 우울한 중얼거림을 「예루살렘 나의 행복한 집」*과 비교해보라. 이 비교가 완전히 무의미하진 않다. 두번째 찬송가의 경우 우리는 내세에서 현세와 마찬가지로 실제적인 사람을 마주한다. 그의 내세에 대한 비전이 믿을 수 없을 정도로 천박한 것이―보석 가게에서 울리는 찬양이랄까―사실이다. 하지만 그는 자신의 말을 믿으며 그의 신앙은 말에 활력을 불어넣는다. 반면 세 편의 시에서 당신은 신앙을 진정으로 느끼지 못하지만 복잡한 요인으로 신앙을 그저 받아들이는 사람을 만난다. 그런 신앙은 그 사람에게 신선한 문학적 자극을 주지 못한다. 어떤 국면에서 그는 '목적'의 필요성

---

* 16세기 후반에 쓰인 영국 기독교 찬송가. 천국에 대한 희망을 노래한다.

을 느끼며 퇴행적이고 진보적이지 않은 '목적'을 원한다. 즉각 피할 수 있는 곳은 교회이며 그곳은 구성원들에게 지적인 황당함을 요구한다. 그의 작품은 그런 황당함 주변을 조금씩 뜯어 먹는 것이자 자신에게 황당함이 받아들여지게 하는 시도가 된다. 교회에는 이제 제공해줄 어떤 살아있는 이미지도, 새로운 언어도 없다.

　남은 것은
　기도, 의식, 훈육, 생각과 행동.

　우리에게 필요한 것은 기도나 의식 등이겠지만 그런 단어들을 조합해 시구를 만들지는 못한다. 엘리엇은 또한,

　단어와 의미를 가지고 하는
　견디기 힘든 싸움. 시는 중요하지 않다.

고 말한다. 나는 잘 모르겠지만, 만약 그가 믿을 수 없는 것을 믿으라고 강요하지 않는 신념에서 길을 찾았다면 의미와의 투쟁은 좀더 작아 보였을 것이고 시는 좀더 중요해 보였을 것이다.
　엘리엇이 지금껏 해왔던 것과 다르게 발전할 수 있었는지를 말하기는 불가능하다. 좋은 작가들이라면 누구나 삶 전체를 통해 발전하며 그들이 발전하는 일반적인 방향은 정해져 있다. 몇몇 좌파 비평가들처럼 엘리엇이 '반동적'이라고 공격하는

것, 그리고 그가 민주주의와 사회주의를 위해 자신의 재능을 사용했으리라는 상상은 어리석다. 그의 내면에는 민주주의에 대한 회의와 그리고 '진보'에 대한 불신이 명백히 있었다. 그런 회의와 불신이 없었다면 그는 아마 단 한줄의 시도 쓰지 못했을 것이다. 하지만 그의 유명한 "영국 가톨릭과 왕정주의" 선언에 암시된 방향으로 더 나아가는 게 좋았을 거라는 말에는 논쟁의 여지가 있다. 그는 사회주의자로 나아갈 수 없었지만 귀족주의의 마지막 옹호자로 나아갈 수는 있었을 것이다.

봉건주의는 물론이거니와 파시즘 역시 산문 작가들에게는 치명적이지만 시인에게는 꼭 치명적이진 않다. 둘 다에게 진짜 치명적인 것은 어중간하게 현대적인 보수주의다.

만약 엘리엇이 진심으로 내면의 반민주주의적, 반완벽주의적 성향을 온전히 따랐다면 초기 작품들에 필적할 만한 새로운 결을 만들어냈으리라고 상상해볼 수도 있겠다. 하지만 시선을 과거로 돌리고 패배를 받아들이며 현세의 행복을 불가능하다고 치부하고 기도와 회개만 읊조리며 인생을 "캔터베리 여성들의 뱃속에 살아있는 벌레의 패턴"*으로 바라보는 행위를 영적인 진보로 생각하는 등의 부정적인 페탱주의는 정말 시인이 선택할 길로서는 가장 바람직하지 않은 것이다.

『포에트리 런던』*Poetry London* 1942년 10월~11월; 데니스 발 베이커 편집 『리틀 리뷰 앤솔로지』*Little Review Anthology* 1943년 재수록.

* T. S. 엘리엇 「드라이 샐비지스」에 나오는 한 구절.

낭만적이고도 고전적인 포프

에디스 시트웰^{Edith Sitwell} 『알렉산더 포프』^{Alexander Pope}
셰라드 바인즈^{Sherard Vines} 『영국 고전주의 강의』^{The Course of English Classicism}

모든 예술을 고전적/낭만적으로 구분하는 것은 가능한 일이고 또 필요한 일이기도 할 것이다. 그건 마치 잘 다듬어진 고전주의의 정원과 엄청난 아름다움은 물론 늪과 끔찍한 잡초들로 가득한 낭만주의의 정글을 구분해서 보는 것과 비슷하다. 하지만 두 경향이 서로를 침입하여 중립 지대를 주장하면 때로는 어느 것이 정글이고 어느 것이 정원인지 구분하기가 어려워진다.

그런 사례는 지금 다뤄보려는 두 책에서도 벌어진다. 두 책은 동일한 주제를 다루며 하나의 관점에서 일치하는데, 알렉산더 포프^{Alexander Pope}*는 뛰어난 시인—어떤 면에서는 뛰어난 영

---

* 18세기 영국의 시인이자 문학평론가로 고전주의 문학의 거장이자 풍자 문학의 대가로 불린다.

국 시인—이라는 관점이다. 하지만 이 책들은 내용도 서로 다를 뿐 아니라 완전히 상반되는 특징들로 포프를 높게 평가한다. 셰라드 바인즈는 고전주의 전통의 지지자로 포프를 고전주의의 최고 모범으로 내세우는 반면 근본적으로 낭만주의자인 에디스 시트웰은 포프에게서 낭만주의적 자질을 찾아내 그 자질을 칭송한다. 포프의 어떤 면에 대해서 그들은 동의하지만, 시학의 근본원칙을 놓고서는 대립하는 것이다.

셰라드 바인즈는 고전주의의 주된 흐름부터 칭송해마지 않는다. 그는 고전주의 정신을 강하면서도 우아하고, 고상하면서도 겸손하며, 단순하면서도 세련되었다고 주장한다. 그것은 충분히 아름다우면서도 어떤 소음이나 과격한 새로움, 혈기, 신비화 따위가 없다. 낭만주의의 관점에서는 예술이라 할 눈, 귀, 욕망을 향한 모든 도전들을 고전주의는 그저 허리띠 아랫부분을 자극하는 감각적인 것이라고 간주한다. 그러한 부분을 인용해보겠다.

> 현대 시학에 몰래 스며든 '마법'이나 '주문' 같은 말들은 고상함과는 아무 관련이 없다. 그런 말들은 그저 고딕풍[*]일 뿐이다. 고상한 비극의 전형인 『카토』^{Cato}[**]에는 어떤 역겨운 마술도 없고 그 대신 보기 드문 평정이 있으며, 미신에 빠진 영국보다는 중국의 대하소설에 더 가까운 진심이 있다. (…) 『햄릿』을 극

[*] 18~19세기 괴기스러운 분위기에 낭만적인 모험담을 담은 예술양식.
[**] 1712년 영국의 극작가 조지프 애디슨Joseph Addison이 쓴 고전주의 비극.

찬하고 『카토』를 무시하다니 얼마나 비뚤어진 시대인가.

또한,

음악에도 효율적이기 위한 고유한 방식이 있지만 시의 방식과는 아주 다르다. 그 둘이 서로 접근할 때, 그것은 유사 신비주의 이론가들이 상상한 대로가 아니라 말하자면 넓은 밀회의 장소 하이드 파크에서 오페라와 오라토리오를 만나는 것이 된다.

이것은 모든 낭만적 시학에 대한 무례한 답변이다. 고전주의자 셰라드 바인즈는 셰익스피어에 대해 부득이하게 가혹하며 셸리, 콜리지, 워즈워스에 대해서는 진심으로 무례하다. 그로서는 어쩔 수 없는데, 고전적 관점에서 이 작가들은 모든 규칙을 무너뜨릴 뿐 아니라 그들의 재능은 대부분 우아함의 적이라 할 수 있는 음악에 있기 때문이다. 셰라드가 보기에 시란 지혜와 장엄함과 양식 같은 것이지 '마술'이나 유혹적인 소리 따위가 아니다. 그러니 너무 고조되거나 흥분하는 법이 없이 '언제나 효율적인' 시인인 포프는 탁월한 예술가인 것이다.

하지만 낭만주의자 시트웰로 돌아오면, 우리는 다시금 마법과 주문에 곧장 마주한다. 시트웰은 테크닉이란 주제를 다음과 같이 설명한다.

시인은 예민한 팔과 손아귀로 그 정확한 무게를 가늠하면서 시를 느끼며 (…) 자신의 정맥 안에서 시를 키운다. 시인은 그 예민한 손을 통해, 담쟁이처럼 짙은 정맥—에게해^{海}의 파도 같은 모습을 하고 빛으로 가득 차 있는—의 모든 신성한 변주를 지닌 채 송가^{頌歌}의 바다처럼 차가운 대리석과(사티로스의 숲처럼 차가운) 장미의 뜨거운 벨벳 이파리의 차이까지 구분할 줄 안다.

말하자면 이것은 고전주의의 화법이 아니다. '마법'에 눈을 찌푸리는 대신 시트웰은 우리가 프랜시스 톰슨$^{Francis Thompson}$이나 제러드 맨리 홉킨스 같은 사람들에게서 발견하는 열광을 똑같이 포프에게 선사한다. 그녀는 포프를 셰익스피어, 셸리, 콜리지 같은 작가들과 함께 분류하며 심지어 포프의 『우인열전^{愚人列傳}』 *The Dunciad to The Ancient Mariner*(동시대의 작가와 학자들을 풍자한 시—옮긴이)까지 좋아한다. 반면 고전주의자인 셰라드 바인즈는 『우인열전』에 관해 그저 "알바트로스의 희한한 사건을 언급한 것"이라고만 말했다. 시트웰은 또한 시는 근본적으로 주제나 심지어 리듬으로 평가돼서는 안 되며 "결"로 평가돼야 한다고 말한다. 이를테면 시는 음악으로, 그저 한 음절이 다른 음절에 가하는 영향만으로 즐거움도 주고 역겹게도 하는 그 방대하고 설명할 수 없는 힘으로 평가된다.

사람들은 이런 말에 일반적으로 동의하겠지만 포프 같은 작가를 오직 음악으로 칭송한다는 점에는 당황스러울 것이다. 시트웰은 운율에 광적으로 몰입한다. 그녀는 실제로 "M의 두텁고 가라앉은 둔탁한 쿵 소리"와 "B의 운율에서 나오는 간담이 서늘해질 정도로 귀를 먹먹하게 하는 충격"에 아주 섬세하고 민감하게 반응한 나머지 때로는 운율이 좋은 시라 하더라도 진부한 감정에 빠져서는 안 된다는 사실을 잊어버리곤 한다. 가령 그녀는 다음과 같은 시가,

> 그때는 막 포이보스*가 밤에 자리를 내주고
> 떠오르는 킨티아**가 은빛을 뿌리는 때였다.
> 그녀가 끌어온 근엄한 장관 속 넓은 세상 위로
> 그녀의 비현실적인 마차가 진주 같은 이슬에 덮인 채 매달려 있었다.

"매우 아름다운 가벼움"을 지녔다고 말하는데, 그것은 그 시의 이면에 있는 진부함과 따분함에는 확실히 눈을 감아준 평가다. 그녀는 또한 평범한 다음의 2행에서 엄청난 영감을 받는다.

> 그토록 주의 깊은 곰은 정성을 다해
> 자라나는 덩어리를 빚어 또 하나의 곰을 만든다.***

우리는 시트웰이 과장을 한다고 비난하지 못한다. 포프의 시에서 드러나는 방대한 음악적 깊이를 알게 되면, 그렇게 주장

---

* 태양신 아폴론.
** 달의 여신 디아나의 별명.
*** 『우인열전』의 한 부분.

하는 것도 무리가 아니기 때문이다. 하지만 포프의 세련된 운율을 두고 "끔찍한 분노의 트럼펫 소리" "연기 자욱하고 서늘한 아름다움"이라고 표현한 구절을 읽을 때 우리는 고전적이고 비음악적인 어떤 것은 전혀 없을까 하는 의문이 들기 시작하는 것이다.

그리하여, 그가 셰익스피어와 닮지 않았다는 이유로 포프를 칭송하는 고전주의자와 그가 셰익스피어와 닮았다고 생각하는 낭만주의자 사이에서 우리는 어리둥절해진다. 하지만 고전주의적 논점이 아무리 견실한들, 제정신인 사람이 셰익스피어를 포기할 리가 있겠는가? 우리는 또한 고전주의적인 규칙들 또한 그저 잠정적이라는 사실을 기억한다. 셰라드 바인즈의 책에는 셰익스피어가 "멋진 사내들과 아가씨들"이란 구절에서 "사내들"lads이란 말을 썼기 때문에 낭만주의적이라고 비판한—적절한 고전주의적 단어는 "젊은이들"youths이다—부분이 있다. 다른 전문가들은 반대로 "사내들"이 고전주의적이고 "젊은이들"이 낭만적이라고 말하는 듯하다. 이로써 우리는 고전주의적인 것과 그렇지 않은 것을 규정하기 위해 얼마나 자잘한 것들을 따져야 하는지를 짐작할 수 있다. 또한 분명히 고전주의적이지 않은 오시안Ossian(아일랜드의 시인—옮긴이)이 현대의 몇몇 비평가들에게는 고전주의자로 해석되기도 한다. 게다가 셰라드 바인즈는 순수한 혈통은 아닌 푸셀리H. Fuseli(영국에서 활동한 스위스 화가이자 작가—옮긴이)가 고전주의적이라고 말하지만 우리가 기억하는 푸셀리는 블레이크가 경멸하지 않는 거의 유일한 인물이다. 그 말은 낭만주의의 최고 사제로부터 칭송을 받았다는 말이다. 이런 식으로 단정한 정원에도 정글이 침입해 들어온다.

덧붙여야 할 것은 셰라드 바인즈가 그렇게 크고 복잡한 주제를 그토록 작은 영역 안에서 다루는 건 무리였다는 점이다. 시트웰의 포프 일대기는 그 시인의 가치를 깎아내리려는 사람들에 맞서 따듯하게 옹호하는 점에서 탁월하다. 그녀의 모호한 언어는 좀더 정확해져야 하겠지만 그 자체로 아름다운 운율을 가진 단어들에 대한 애정에서 매력이 느껴진다. 흥미로운 삽화가 실린 그녀의 책은 인쇄 상태도 훌륭하다.

『뉴 아델피』 1930년 7-8월.

서툰 악인처럼 보였던 히틀러

아돌프 히틀러^{Adolf Hitler} 『나의 투쟁』^{Mein Kampf}

 불과 1년 전에 출간된 허스트 앤드 블랙킷^{Hurst and Blackett} 출판사의 무삭제판 『나의 투쟁』이 히틀러를 비호하는 시각에서 다시 편집돼 나왔다는 건 빠른 속도로 출간이 진행되었음을 보여준다. 번역자 서문에 드러난 명백한 의도와 각주들은 책이 가진 흉포함과 현재의 히틀러를 가급적 다정하게 누그러뜨리고 있다. 그 책이 처음 나올 때만 해도 히틀러는 존경을 받고 있었다. 그는 독일 노동운동을 분쇄했고 그 때문에 자본가 계급은 무슨 짓을 하든 그를 내버려두었다. 좌든 우든 독일 민족사회주의(나치)가 그저 보수주의의 한 형식이겠거니 하는 얕은 인식을 공유하는 분위기였다.

 그런데 갑자기 히틀러가 전혀 존경받을 만한 인물이 아님이 드러났다. 그 결과 허스트 앤드 블랙킷 측은 새로운 표지에 모든 이익은 적십자에 기부될 것이라는 문구를 달아 재발간한 것이다. 그럼에도 『나의 투쟁』의 본문을 들여다보면 히틀러의 목적이나 주장에 진정한 변화가 일어났다고 믿기는 어렵다. 그가 10년 전 했던 말을 1년 전 한 말과 비교하면서 깨달은 충격적인 사실은 그의 마음이 완고하다는 것, 즉 그의 세계관이 전혀 변하지 않았다는 점이다. 그의 세계관은 편집광적으로 고정돼 있으며 현실 정치의 어떤 움직임에도 큰 영향을 받지 않는 것 같다. 아마도 히틀러의 마음속에서 러시아-독일 협정은 시간표를 바꾼 것에 불과했을 것이다. 『나의 투쟁』은 러시아를 먼저 깨부수고 나중에 영국을 공격하겠다는 암시를 담고 있었다. 지금 드러나듯이 영국이 먼저 타격을 받았는데 그건 러시아가 좀더 쉽게 매수될 수 있었기 때문이다. 하지만 영국이 관심 밖으로 사라지면 러시아의 차례가 올 것이라는 게 정확히 히틀러의 사고방식이다. 과연 그렇게 될지 말지는 물론 또다른 질문이다.

히틀러의 계획이 실현된다고 상상해보자. 그가 예상하기로는 백년 이내로 2억 5천만 독일인이 지속적으로 넉넉한 '거실'을 확보할 것이고(아프가니스탄 또는 그 너머까지) 무지막지하고 포악한 제국은 전쟁을 위해 젊은이들을 훈련시켜 신선한 총알받이로 끊임없이 공급할 것이다. 이런 괴물 같은 전망이 어떻게 그의 머릿속에서 가능해졌을까? 그가 무대에 오르면서 사회주의와 공산주의를 깨부술 사람으로 그를 지목한 거대 산업자본가들의 경제적 후원을 받았다는 말이 여기저기서 들린다. 만약 그가 거대한 운동을 실현시키겠다고 공언하지 않았다면 자본가들은 그를 후원하지 않았을 것이다. 또한 7백만에 이른 실업자를 짊어진 독일의 상황 역시 정치선동가에게 뚜렷하게 우호적이었다. 하지만 히틀러는 자신의 매력이 아니었다면 수많은 경쟁자들을 물리치고 그 자리까지 오를 수 없었을 것이다. 그런 개성은 『나의 투쟁』에서 발휘한 그 투박한 글쓰기에도 드러나는데 그의 연설을 들은 사람이라면 틀림없이 빠져들 만한 개성이었다.

　내가 히틀러를 싫어할 수 없었다는 것을 꼭 기록으로 남겨두고 싶다. 그때 이후로 그는 권좌에 들어섰고—다른 사람들과 마찬가지로 그때부터 나는 그가 중요하지 않다는 생각에 속아왔다—그가 내 곁에 있다면 죽여버릴 거라고 생각하면서도 어떤 개인적인 악의도 품을 수 없었다. 사실 그에게는 정말 매력적인 데가 있었다. 그의 사진을 보면 다시금 느끼는데 특히 허스트 앤드 블랙킷 판의 초입에 실린 갈색셔츠단 시절의 사진을 권하고 싶다. 그 사진 속 얼굴은 불쌍하면서도 마치 견딜 수 없는 부당함을 견디는, 사람 같기도 하고 개 같기도 한 얼굴을 하고 있다. 다소 인간적인 방식으로 그 사진은 십자가에 달린 예수의 수많은 그림들을 재현해냈으며 히틀러도 자신을 그렇게 바라봤음을 부인하기는 어려울 것이다. 우주를 향한 슬픔에 담긴 본래적이고 개인적인 연유야 알 길이 없지만 아무튼 그 얼굴엔 슬픔이 묻어 있었다. 그는 순교자이자 희생자이며 바위에 묶인 프로메테우스이자 홀로 불가능한 역경에 맞서 싸우는 희생적인 영웅이었다. 쥐 한 마리를 죽일 때도 그는 그것이 용처럼 보이게 하는 법을 아는 사람이었다. 나폴레옹이 그랬던 것처럼 그는 누가 봐도 이길 수 없는, 그러나 싸워볼 가치가 있는 운명과 싸우는 것처럼 보였다. 그런 자세가 주는 매력은 당연히 엄청났으며 우리가 보는 영화의 반쯤은 그런 주제를 조명하는 것이다.

또한 그는 삶에 대한 쾌락주의적 태도의 허위도 파악하고 있었다. 지난 전쟁 이후 확실히 '진보적' 사유라 할 서구의 사상은 암묵적으로 인간이 편안하고 안전하며 고통을 피하는 삶만을 욕망한다고 가정해왔다. 그런 삶의 관점 가운데는 가령 애국심이나 군사적 덕목에 대한 공간이 없었다. 아이들이 병정 장난감을 가지고 놀면 사회주의자들은 대부분 화를 냈지만 그런 깡통 병사들을 대체할 어떤 대안도 내놓지 못했다. 깡통 평화주의자들은 어떡하든 그런 대안을 피하려고 했다. 만족을 모르는 스스로의 정신 속에서 아주 강력하게 애국심을 느꼈던 히틀러는 인간이 대충 만족이나 안전, 짧은 노동시간, 위생, 산아제한 같은 것들, 한마디로 상식 같은 것만을 원하는 존재가 아니라는 걸 알았다. 적어도 이따금씩 사람들은 북소리와 깃발, 충성 행렬은 물론 투쟁과 자기만족을 원했다. 파시즘과 나치즘은 비록 경제 이론일 수도 있지만 어떤 쾌락주의적 개념보다 건강했다. 그것은 스탈린의 군사적 사회주의 버전에도 해당되는 말이었다. 이 세 명의 대단한 독재자들은 민중에게 견디기 힘든 짐을 부여함으로써 자신들의 권력을 키워나갔다. 사회주의, 그리고 심지어는 자본주의조차 좀 억울해하면서도 민중들에게 "당신한테 좋은 시간을 주겠다"라고 말하는 반면, 히틀러는 "투쟁과 위험, 그리고 죽음을 주겠다"고 말했고 그 결과 전체 민족은 그의 발밑에 엎드렸다. 아마도 지난 전쟁의 말미에서처럼 언젠간 사람들은 염증을 느끼고 마음을 바꿀 것이다. 수년간의 살육과 기아 이후에는 "최대 다수의 최대 행복"이 좋은 슬로건이 되겠지만 당장은 "끝이 없는 공포보다는 공포로써 끝장을 보는 것"이 승자가 된다. 우리는 그걸 발명한 사람과 싸우는 중이니 그 감정적인 호소를 저평가해선 안 된다.

『뉴 잉글리시 위클리』 1940년 3월.

지적 기사도를 발휘하는 러셀

버트런드 러셀^{Bertrand Russell} 『**권력: 새로운 사회분석**』^{Power: A New Social Analysis}

만약 버트런드 러셀의 책 『권력』의 일부 페이지들이 다소 공허해 보인다면, 명백한 것을 다시 진술하는 것이 지식인의 첫 의무가 될 만큼 우리의 수준이 떨어졌다는 의미일 것이다. 현재 벌거벗은 권력이 거의 모든 곳을 지배하는 것만이 문제는 아니다. 아마도 언제나 그랬을 것이다. 이 시대가 이전 시대와 다른 지점은 자유주의적인 지식인이 부족하다는 것이다. 여러 위장을 하고 약자를 위협하는 것은 보편적인 종교가 되었고 '선한' 사람이 방아쇠를 당기더라도 총은 여전히 총일 뿐이라는 평범한 말—이것이 러셀이 하려는 말이다—은 사실상 발언하기 위험한 이단이 되고 말았다.

이 책의 가장 흥미로운 부분은 저자가 권력의 여러 형태들—사제적, 과두제적, 독재적 등—을 분석하는 초반의 장들이다.

현재의 상황을 다루는 부분은 만족스럽지 않은데, 다른 모든 자유주의자들과 마찬가지로 저자는 바람직한 것을 주목하는 데는 능하지만 그것을 성취하는 방법을 제시하는 데는 부족하기 때문이다. 저자는 오늘날의 근본적 문제가 '권력의 길들이기'라는 점, 그리고 민주주의 이외의 어떤 체계도 무시무시한 공포에서 우리를 구하기는 어렵다는 점을 분명히 알고 있다. 또한 어느 정도의 경제적 평등, 그리고 관용과 강인한 정신을 증진시키는 교육적 체계 없이는 민주주의 역시 의미가 없다는 사실도 강조한다. 하지만 불행하게도 우리가 이런 것들을 어떻게 얻을 수 있는지는 말해주지 않는다. 그저 현재의 상태가 지속되지는 못할 것이라는 경건한 희망만 언급할 뿐이다. 저자는 과거에 집중하는 경향이 있다. 모든 전제정치는 조만간 무너졌으며 "(히틀러가) 이전의 독재자들보다 오래 집권할 것이라 예상할 어떤 근거도 없다."

이런 판단의 근거에는 상식이 결국 승리하리라는 생각이 자리잡고 있다. 그러나 현재 마주한 독특한 공포 속에서는 그런 승리를 장담할 수 없다. 지도자가 2 더하기 2는 5라고 말하면 그게 맞다고 해야 하는 시대로 추락했다고 볼 수도 있다. 독재자가 의지하는 거대한 거짓말의 체계가 추종자들을 현실과 멀어지게 할 뿐 아니라 진실을 아는 사람에 비해 불리한 위치로 몰고간다고 러셀은 지적한다. 여기까진 사실이지만 독재자들이 목표로 하는 노예사회가 불안정해질 것임을 입증하진 못한다. 지배계급이 스스로를 속이지 않으면서 자신들의 추종자들을 속이는 상태를 상상하기란 어렵지 않다. 이런 상태가 아직 실현되지 않았다고 감히 확신할 사람이 있을까? 라디오나 국가에 의해 조종되는 교육의 사악한 가능성을 생각만 해도 우리는 "진실은 위대하며 승리할 것"이라는 말이 격언이 아니라 기도에 가깝다는 사실을 이해할 수 있다.

러셀은 가장 읽어볼 만한 현존 작가 중 하나이며 그가 건재하다는 것만으로도 매우 안심이 된다. 그와 같은 사람 몇몇이 살아 있는 상태로 감옥 바깥에 있는 한 세계의 한구석은 여전히 제정신일 것이다. 그는 다방면에 관심이 있고 피상적인 것과 심오하고 흥미로운 것들을 번갈아 말할 수 있으며, 이 책에서도 그렇지만 자신의 주제에 비해 덜 진지할 때가 종종 있다. 그러나 그는 근본적으로 품위있는 지성을 소유했으며 그저 똑똑하기만 한 것보다는 훨씬 진귀한 지적 기사도를 발휘하고 있다. 지난 30년 간 시대의 유행에 따른 허풍에 그처럼 휘둘리지 않은 사람도 드물 것이다. 보편적 공포와 거짓이 판치는 시대에 그는 교류하기 좋은 사람으로 남아 있다. 그런 이유로, 비록 『자유와 조직』*Freedom and Organization* 보다는 못하지만 이 책은 매우 읽어볼 가치가 있다.

『아델피』 1939년 1월.

너무 멀리 갔지만
올바른 방향으로 나아간 책

헨리 밀러 Henry Miller 『북회귀선』 *Tropic of Cancer*

현대의 인간은 몸이 이등분된 상태에서도 복부 아래가 없는 건 별 문제 아니라는 듯 꿀을 빨아대는 말벌과 같은 면이 있다. 『북회귀선』 같은 책이 존재하는(이런 책들은 시간이 지날수록 더 많아질 것이다) 이유도 바로 그런 인식 때문이다.

『북회귀선』은 파리의 미국인을 다룬 소설이자 상당 부분은 자전적인 소설인데 돈 많은 예술애호가가 아니라 아무 짝에도 쓸모없는 가난뱅이 부류에 관한 것이다. 소설 속에는 놀라운 부분이 많지만 즉시 눈에 띄는 핵심적인 부분은 성적 관계를 묘사한 것들이다. 그 장면들이 흥미로운 이유는 포르노그래피 같은 자극 때문이 아니라(오히려 정반대다), 실제의 사실에 다가서려는 시도 때문이다. 그런 묘사들은 성적인 생활을 평범한 남자의 시각에서 묘사한다. 하지만 평범한 남자 중에서도 다소 천박한 부류임을 인정해야 한다. 그 책의 거의 모든 캐릭터들은 사창가의 단골들이다. 작가는 냉담함과 조악함에 빠진 그들의 행동을 묘사하는데 그런 캐릭터는 소설에서는 유래가 없으나 현실에서는 흔하다. 심지어 그 책은 인간 본성에 대한 모독이라고 불러도 무방할 정도다. 도대체 인간을 모독해서 좋을 게 뭐냐는 질문이 나올 만하므로 설명을 더 자세히 해보겠다.

종교적 믿음의 붕괴로 초래된 결과 중 하나는 육체에 대한 어설픈 이상화였다. 어떤 면에선 당연한 결과이기도 하다. 무덤을 초월하는 삶이 없다면 출생이나 성교 같은 것들이 혐오스럽다는 사실을 더욱 더 인정할 수 없기 때문이다. 물론 기독교 시대에는 인생에 대한 비관적인 견해가 어느 정도 당연시되었다. "여자에게서 태어난 사람은 비참으로 가득한 짧은 생애를 살아간다"라고 기도서는* 확신하는 어조로 전한다. 하지만 무덤이 인생의 끝이라고 믿으면서 삶이 비참으로 가득하다는 사실을 우리 입으로 인정하는 것은 전혀 다른 문제다. 희망적인 거짓말로 스스로를 위로하면서 사는 게 훨씬 편하다. 그래서 『펀치』의 밝은 낄낄거림이 있고 배리^{J. M. Barrie}(『피터 팬』의 저자—옮긴이)와 그의 팅커벨이 있는 것이며 H. G. 웰스와 그의 벌거벗은 여교사들이 우글대는 유토피아가 존재하는 것이다. 무엇보다 그래서 지난 수백년간 대부분의 소설에서 성애적 주제를 이어온

---

* 본문에서 저자는 '기도서' Prayer Book라고 말하는데 더 자세하게는 성경 속 욥이 한 말이다.

무시무시한 물결이 있었던 것이다. 사실을 인정사정없이 주장함으로써 성을 다룬 『북회귀선』 같은 책은 의심할 바 없이 너무 멀리 갔지만 올바른 방향으로 나아갔다. 인간은 야수가 아니지만 다소 야수 같은 면이 있으며 이따금 그 점을 환기시킬 필요가 있다. 이런 유의 책에 요구되는 것은 유능하게 할 일을 하되 칭얼거리지 않는 것이다. 내 생각에 이 작품은 그런 조건을 충족시킨다.

비록 추한 것들을 묘사하기로 선택했지만 작가 헨리 밀러는 비관주의자라는 호칭에는 답하지 않을 것이다. 심지어 그에게는 인생사에 관한 월트 휘트먼Walt Whitman 같은 열광의 구절까지 있다. 그가 말하자고 하는 바는 우리가 추함을 명상함으로써 스스로를 단련할 때 인생은 살아볼 만하다는 걸 발견하리라는 것이다. 문학적 관점에서 그의 책은 눈부실 정도는 아니지만 꽤 괜찮은 수준에 올라서 있다. 이 작품은 전형적인 현대의 엉성함에 빠지지 않고 견고하게 씌었다. 이 작품이 비평적인 주목을 끈다면 『율리시스』와 나란히 언급되겠지만 그건 아주 잘못된 것이다. 『율리시스』가 훨씬 더 좋은 책일 뿐 아니라 의도 역시 완전히 다르다. 조이스는 근본적으로 예술가다. 밀러는 통찰력이 있고 비정하지만 삶에 대해 견해를 제시하는 사람이다. 작품 곳곳에 흩어진 인쇄하기 부적절한 말들 때문에 그의 작품을 인용하기는 매우 어렵지만 여기 하나 사례를 들어보겠다.

썰물이 되어 물살이 빠지고 매독에 걸린 인어들만 더러운 갯

벌에 갇혀 남게 될 때 그 둥근 지붕의 건물은 태풍의 습격을 받은 사격장처럼 보인다. 모든 것은 천천히 다시 하수구로 흘러들고 있다. 토사물이 치워지는 그 한 시간 동안 죽음 같은 고요가 찾아온다. 갑자기 나무들이 끽 하는 소리를 낸다. 도로의 한쪽 끝에서 다른 쪽 끝으로 미친 듯한 노래가 흘러나온다. 교환이 끝났음을 알리는 신호다. 얼마나 많은 희망이 휩쓸려갔는가. 이제 마지막 한 포대의 오줌을 비워낼 때가 온 것이다. 대낮은 나환자처럼 머뭇거리며 다가오고 있다…

얼마나 질 좋은 리듬인가. 미국 영어는 영국 영어보다 투박하고 세련된 면이 덜하지만 더 활기가 있다. 『북회귀선』에서 세기의 걸작을 맛보았다고는 하지 못하겠다. 하지만 나는 눈여겨볼 만한 책이라고 생각하며 누구든 그 책을 손에 넣었다면 한번 읽어보라고 강력히 권한다.

『뉴 잉글리시 위클리』 1935년 11월 14일.

순수한 꿈속으로 미끄러진 현실

헨리 밀러 『검은 봄』

1년 전 헨리 밀러의 『북회귀선』이 나왔을 때 많은 사람들이 그러하듯 나도 외설적인 면에만 치중하지 않기 위해 조심스럽게 접근했다. 하지만 마음속에 남은 강렬함에 비해 그 책을 과소평가했음을 깨달은 지금, 그의 신작 『검은 봄』을 다루기 전에 『북회귀선』을 먼저 언급해보고자 한다.

눈길을 끄는 점은 『북회귀선』이 지식인들과 일반인들의 극심한 격차 사이에 다리를 놓았다는 것이다. 좀더 수준 높은 영어 소설들은 대부분 문학 신사들을 위해, 문학 신사들에 대해, 문학 신사들에 의해 씌었다. 수준 낮은 소설들은 보통 아주 불쾌한 '도피 작품'으로—이안 헤이$^{Ian\ Hay}$ 풍의—총각들을 향한 늙은 하녀들의 환상이나 시카고 갱스터를 꿈꾸는 작고 뚱뚱한 남자들의 백일몽 등을 다루고 있다. 평범한 행동을 하는 보통

사람들의 이야기는 매우 드문데 그건 가령 조이스가 블룸(『율리시스』의 주인공—옮긴이)의 내면과 외부에 있었던 것처럼 오직 보통사람들의 내면과 외부를 살필 수 있는 사람만이 쓸 수 있기 때문이다. 하지만 이건 자신이 십중팔구 당대의 보통사람임을 전제해야 하며 그런 전제는 어떤 지식인도 원치 않는 것이다. 『율리시스』에 비하면 『북회귀선』은 스케일이 작은 책이다. 『북회귀선』은 원래 예술적 시도를 담은 작품이 아니며 다층적인 의식 상태를 분석하려 하지도 않는다. 하지만 공포나 후회 같은 감정에 휩싸이지 않음으로써 그 작품은 『율리시스』보다 성공적으로 지적인 사람과 경박한 사람 사이에 다리를 놓는다. 헨리 밀러는 성욕에 빠진 남자를 엘리엇의 『스위니』에서처럼 고해소 속의 인물로 다루지 않으며 오히려 있는 그대로 받아들인다. 『북회귀선』의 관점은 오히려 휘트먼에 가까운데, 그렇다고 휘트먼의 미국식 청교도주의(일종의 니체주의 열광으로 위장하여 잘 눈에 띄지 않지만)나 미국식 건방짐 따위는 없다. 지적인 사람을 그 냉정한 우월함의 횃대에서 끌어내려 보통사람들과 연결시키려 한 노력은 주목할 만하다. 다만 그 보통사람을 파리의 아르프 Harpe 거리*에서 그려낸 것이 유감이라면 유감이지만.

신작 『검은 봄』은 다른 종류의 책이다. 이 책은 더이상 일상의 인식 가능한 사건들을 다루지 않으며 그런 사건들을 미키마우스 같은 우주를 만들어내는 작은 세포로만 이용한다. 그 우주

---

* 파리 5구와 6구에 걸쳐 있는 거리로 지식인과 예술인이 많이 찾는 곳이었다.

에서 사건은 시공간의 일반적 규칙에 따라 일어날 필요가 없다. 각 장이나 문장은 이른바 환상의 풍선으로 부풀어 오른 현실의 단편으로 시작된다. 되는 대로 하나의 사례를 들어보자.

> …남자들과 여자들이 보도를 거닐고 있다. 기묘한 야수이자 반쯤은 인간이고 반쯤은 셀룰로이드 같은 모습이다. 반은 미쳐버린 상태로 이빨은 번쩍거리고 눈은 게슴츠레한 채 거리를 오르락내리락 한다. 아름답게 차려입은 여인들은 냉동고에서 꺼낸 듯한 미소를 장착하고 있다. (…) 미친 듯 게슴츠레한 시선으로 삶을 비웃는 동안 깃발은 펄럭였고 성적인 물결이 부드럽게 하수구로 흘러들었다. 42번가에 이르자 나는 가지고 있던 권총을 쏴버렸다. 아무도 신경을 쓰지 않았다. 나는 좌우의 사람들을 마구 쏴 죽였지만 군중은 전혀 줄어들지 않았다. 살아 있는 자들은 아름답고 하얀 이빨을 자랑하듯 미소 지으며 죽은 자들을 밟고 나아갔다.

여기서 우리는 보통의 현실일 법한 것들이 순수한 꿈속으로 미끄러지는 순간을 목격한다. '현실'의 의미를 둘러싼 형이상학적 논쟁의 수렁에 빠져들 필요가 전혀 없다. 핵심은 말들이 영화의 영역을 침범하는 데 사용된다는 점이다. 미키마우스 영화는 일반적 감각의 규칙을 어떤 책보다 더 강렬하게 깨트리지만 완벽하게 이해되는 것처럼 보인다. 그걸 말로 표현하려는 시도는 실패할 것이다. 더 나쁘게는, 아무도 귀기울이지 않을 것이다. 사실 소설은 2 더하기 2가 4가 되는 일상의 세계에서 지나치게 멀리 나가거나 너무 오래 머물면 그 힘을 잃는다. 자신의 공상을 종이 위에 펼치는 경향은 헨리 밀러의 이전 작품에도 뚜렷했으며 단어를 장악하는 뛰어난 능력 덕분에 그는 어떤 작은 불편이나 부조화 없이도 현실에서 벗어나 환상으로, 변소에서 천사로 옮겨다님으로써 괴이한 방향으로 나아갔으리라고 나는 생각한다. 기법 면에서 이번 책은 또다른 성취를 보여준다. 그의 산문은 아주 나쁠 때는 운율로 가득한 평범한 문장일 수 있으나(위에 예를 든 문장처럼) 아주 좋을 땐 경이롭다. 그 특유의 저속함 때문에 이번에도 인상 깊은 문장을 맘껏 인용할 순 없지만 책을 가지고 있다면 50에서 64페이지 사이의 문장을 읽어보라고 권하고 싶다. 그 문장을 읽었을 때 나는 스물한 발의 예포를 쏘아 경의를 표하고 싶을 정도였다.

이 책을 살 수 있는 사람은 꼭 구입해 읽어보라고 권하는 바다. 그리고 우연히 초판을 입수했다면 언젠가 돈이 될 테니 꼭 간직하라고 말하고 싶다. 하지만 여전히 나는 이전의 책을 더 좋아하며 밀러가 자신의 불량스런 친구들의 모험을 좀더 기록했으면 하는 마음이다. 그런 작업이야말로 밀러한테 더없이 어울리기 때문이다.

『뉴 잉글리시 위클리』 1936년 9월 24일.

과잉된 명성에 가려진 이기주의자

오스버트 버뎃^{Osbert Burdett} 『칼라일의 두 얼굴』^{The Two Carlyles}

이 통찰력 있고 조용한 재능을 품은 책은 주로 토마스 칼라일^{Thomas Carlyle}*의 결혼 생활을 다루지만 그의 지성에 대한 예리한 연구서로도 손색이 없다. 이 책은 일반 독자들이 칼라일의 잘 알려지지 않은 명성을 조명하는 데 도움을 줄 것이다.

버뎃은 칼라일을 한마디로 이기주의자로 정리했는데 문학적으로 표현하자면 아마도 상당히 정교한 형태의 이기주의자, 즉 웅변가로 불릴 것이다. 물론 역사가만이 그의 역사적 작품을 평가할 수 있지만 그의 『영웅숭배론』^{Heroes and Hero-Worship}으로 그를 평가하자면—그의 신념에 가깝고 전성기에 씌었다는 점에서 옳은 선택일 것이다—웅변가 말고는 다른 말이 떠오르지

---

* 스코틀랜드의 역사학자이자 철학자로 영웅주의, 지도력, 역사에 대한 개인의 영향을 깊이 탐구했다. 대표작으로 『영웅숭배론』『프랑스 혁명사』 등이 있다.

않을 정도다. 그 작품에는 빼어난 찬사와 수식어들이 있지만—자신들만의 기이한 삶을 사는 그 형용사들은 심오한 분위기를 풍긴다—진정한 사유의 깊이는 없다. 겉으로만 인상적인 말의 예복처럼 보일 뿐 상당히 닳고 닳은, 비열한 생각들을 걸친 꼴에 불과하다. 언어를 제외하고, 『영웅숭배론』의 전체적인 주장은 다음과 같다. 즉 역사에는 의심할 바 없이 방대하고 선한 세계-목적이라는 것이 있고 위대한 인간들(성공한 인간들을 의미한다)은 그 목적의 도구가 된다는 것이다. 진정한 영웅은 운명의 편에서 싸우는 사람이다. 신이 내린 갑옷을 입고 그저 죽을 운명의 사람들을 짓밟을 허가를 받아낸 아킬레스 같은 사람 말이다. 우리는 그의 성실함을 찬양하라는 명령을 받았다. 또한 우리는 그의 성실함을 성공으로 평가하라는 명령을 받았다. 오직 선한 것들만이 승리한다. 또한 덕의 이름으로, 패자는 비참하기 마련이다!

> 나는 검이든 혀든 어떤 도구든 세상에서 스스로를 위해 투쟁하는 모든 것을 허용하고 싶다. (…) 나는 결국 정복할 가치가 없는 것은 정복하지 않을 것이라고 확신한다. 자신보다 더 나은 것은 버려질 수 없으며 오직 자신보다 더 못한 것만 버려질 수 있다.

패자는 비참하기 마련이라는 말과 다를 바가 없다. 기관총에 의지하지 않는 신념에 화가 있으라! 하지만 이 책에서의 웅변술, 즉 무함마드와 루터와 크롬웰에 대한 그 빼어나고 모호한 설교들은 또다른 차원의 문제다.

분명히 칼라일의 이러한 위인 숭배에는 이기주의와 감춰진 야망이 드러나 보인다. 버뎃은 칼라일이 점점 부유해지면서 그의 영웅들이 점점 더 지배적이고 거창해지는 현상을 지적했다. 칼라일은 번스^{Burns}에서 크롬웰로, 크롬웰에서 프레데릭^{Frederick}으로, 즉 성공적인 혁명가에서 성공적인 악당으로 변해갔다. 한마디로 정리하자면 정복자에 대한 그의 애정, 전쟁 장면에 대한 열정은 일종의 대리 폭력인 셈이었다. 그러나 우리가 잊지 말아야 할 것은 그것이 무의식적인 이기주의라는 점이다. 그의 추악한 신조 속에는 신비주의가 숨어 있다. 세계-목적(세계의 위대하고 깊은 법칙)이라는 독특한 인식 덕분에 그는 자신의 정복 영웅들이 뭔가 고귀한, 그들 자신보다 더 위대한 계획에 복무한다는 느낌을 받았다. 그에겐 시간과 역사의 흐름에 관해 반쯤은 시적인 감각이 있었다. 그 감각은 항상 그의 작업에 잠재돼 있었고 가장 뛰어난 문장들로 표출되었다. "긴 머리를 휘날리며 소들이 끄는 마차에 앉아 파리 거리를 천천히 나아가는 메로빙거 왕조의 왕들은 영원을 향해 서서히 나아가는 것 같았다." 그 뒤의 생각은 단순하기 그지없지만 그 말 자체는 얼마나 유려한가! 이런 수많은 문장들은 칼라일의 견해를 매우 훌륭하게 정당화시켜주었다.

칼라일의 이기주의의 또 하나의 증상은 그의 개인적인 불행이다. 그의 생에 관해 아무것도 모르는 사람이라도 그의 책을 열 페이지만 읽어도 그 불쾌감과 기묘함, 음산한 형용사들('오초록 바다빛 예언자여' 같은)과 본능적인 조롱 따위에 충격을 받을 것이다. 최악의 경우, (가령 램^{Lamb}과 해즐릿^{Hazlitt}에* 관한 악의적인 진술이나 1870년 프랑스의 패배 이후 추악한 승리의 함성에 대한 묘사에서) 그의 원한은 불운에 의해 영원히 시들어버린 인간을 진술한다. 하지만 칼라일이 필연적으로 불행한 사람은 아니었다. 그의 건강은 좋지 않았지만 심각한 상태는 아니었다. 적어도 "영원한 고통을 담은 네소스의 불길한 겉옷"**이 그를 86세까지 살지 못하게 했던 것은 아니다. 그의 결혼도 완전히 불행하지만은 않았다. 그건 그저 각자 불행한 두 사람의 결합일 뿐이었다. 또한 그는 성공했고, 심지어 눈에 띄게 출세하여 이른 중년 이후로 계속 성공 가도를 달렸다. 아이도 없고 몸이 성치 못했던 부인의 불행이 훨씬 더 수긍할 만했다. 그럼에도 칼라일은 항상 운명적으로 불행했고 그의 작품에 스며든 쓰디쓴 어조는 상당 부분 그 불행을 반영하고 있다.

"그의 핏속엔 진흙이, 머릿속엔 칼뱅주의가, 위 속엔 소화불량이 도사리고 있었다."는 게 버넷의 진단이다. 그는 칼라일의 경우 가난한 사람들을 옹호하는 것조차도 선의에서 비롯된 게 아니라 사회를 비난하기 위한 것이었다고 주장한다. 당연히 분노야말로 무의식적인 이기주의자의 분노, 세상 것들에 대한 비난, 새로운 죄악의 발견 같은 칼라일의 독특한 특성을 드러내

---

* 둘 다 18세기 영국의 비평가들임.
** 네소스가 죽으면서 헤라클레스의 아내 데이아네이라에게 건넨 독이 묻은 겉옷. 이 겉옷 때문에 헤라클레스는 죽음을 맞는다.

는 정확한 단어였다. 샤를로트 코르데Charlotte Corday가 들어오는 순간 마라Marat를 묘사하는 다음 장면을 생각해보자.*

> …슬리퍼 모양의 욕조에서 끓어오르는, 몹시 화가 난, 혁명의 열병―역사에서 어떤 다른 질병을 호명하기 어려울 것이다. 과도하게 병들고 지친 불쌍한 남자. 정확히 현금으로 11펜스 50페니를 소유한, 슬리퍼 모양의 욕조와 함께; 종이 속에서; 한동안; 그 위에서 글을 쓰는 튼튼한 삼발이 의자; 그리고 비열한―세탁부, 아마도 누군가 그녀를 부를…

이건 정말 비웃음보다는 동정심을 불러일으키는 사례다. 하지만 모호한 악의로 인해 칼라일은 마라를 저주한다. 반복의 속임수로, 심지어 마침표로 인해 사실이 드러날 때 칼라일은 마라를 저주한다. 모든 세미콜론조차 모욕이다. 그것은 또한 칼라일식 모욕의 기묘한 인상을 전해준다. 지금껏 그러한 업신여김의 장인은 나오지 않았다. 가장 무의미한 비아냥(가령 그가 휘트먼은 "자신이 위대한 도시에서 산다는 이유로 위대한 남자라고 생각했다"고 말할 때처럼)조차도 당하는 사람을 상당히 위축시키는 듯 보인다. 그것이 문장과 수식어의 장인이자 웅변가가 비천한 세속에서 발휘하는 힘이다.

버뎃의 책은 칼라일과 제인 웰시 커플의 결혼 전 삶에 반 이

---

* 프랑스혁명 당시 대학살 등으로 과격해지는 혁명에 반대한 샤를로트 코르데는 자코뱅의 우두머리 장 폴 마라를 살해한다.

상을 할애하고 있음을 덧붙여야겠다. 그들의 사랑 이야기가 그다지 특이할 건 없지만 그렇듯 빼어나게 서술된 점은 각별하다 할 것이다. 사람들이 결혼할 때의 심리 구조를 드러낸 것, 가장 충실한 사랑 가운데 존재하는 놀라운 이기심을 캐내는 부분은 정말 날카롭다. 칼라일에게 특별히 관심이 있는 사람뿐 아니라 많은 독자들에게도 이 책은 감흥을 불러일으키리라 기대한다.

『아델피』 1931년 3월.

불만을 스스로 치유한 작가의
말년작에 대하여

존 골즈워디^{John Galsworthy} 『깨달음과 숙고』^{Glimpses and Reflections}

존 골즈워디는 해로 학교^{Old Harrovian}(런던의 유서 깊은 퍼블릭 스쿨―옮긴이) 출신으로 매우 예민한 사람이었는데 인생의 말년으로 갈수록 예민함이 더욱 새롭게 자라났다. 쓸쓸하게도 이런 과정은 변함없이 정상이지만 골즈워디의 경우 그의 인생 초기작이 지닌 신랄함이 작품에 부정할 수 없는 힘을 부여했다는 사실 때문에 흥미롭기까지 하다.

『깨달음과 숙고』는 짧은 에세이와 편지들을 모은 책으로 새 키우기나 늙어빠진 말 타고 다니기 같은 주제를 폭넓게 다루고 있다. 한때 위험할 정도로 전복적이고 병적으로 비관적인 책을 쓰던 사람이 이런 글을 썼다고 하면 사람들은 의아해할 것이다. 골즈워디의 말년 작품들은 시시하지만 초기 희곡과 소설

(『자산가』『시골 집』*The Country House* 『정의』*Justice* 『동지애』*Fraternity* 등)에는 적어도 맛과 분위기, 즉 시골 풍경과 메이페어(런던 동쪽의 고급 주택지—옮긴이)에서의 저녁 식사가 뒤섞인, 좌절과 과장된 연민의 퇴폐적인 분위기가 있었다. 그가 그려내고자 한 것은 돈이 지배하는 세상의 말로 표현하기 힘든 잔인함이었고 그 세상에서 소고기를 먹는 대지주, 변호사, 주교, 판사, 주식중개인들이 슬럼 거주자들, 하인들, 이민자들, 타락한 여인들과 예술가들 같은 아주 취약한 부류들의 등에 '영원무궁토록' 올라타 있는 현실이었다. 이는 영국 자본주의가 여전히 난공불락의 요새처럼 보이던 에드워드 시대(1901~1910년, 에드워드 7세 재위기—옮긴이)의 모습이고 완전히 틀린 묘사도 아니었다. 그러나 갑자기 뭔가 일이 생겼다. (그것이 무엇이었건 간에) 골즈워디가 개인적으로 수행하던 싸움은 불현듯 끝을 맺었고 이유를 찾자면 억압받던 계급이 조금이나마 덜 억압받는 것처럼 보였기 때문인 것 같았다. 그때부터 그는 자신이 공격 대상으로 삼음으로써 명성을 떨쳤던 그 사람들과 근본적으로 다르지 않아 보였다.

이 책에 실린 편지와 에세이에서 골즈워디는 인구과잉과 동물학대 외에 이 사회에 아무 문제도 없다고 생각하는 애완동물 협회 회원처럼 보인다. 모든 경제 문제에 대한 그의 해결책은 이민—실업자를 내쫓아 시야에서 사라지게 하는 것—이다. 그는 석탄을 나르는 조랑말의 고통에 대해서는 광분하면서도 석탄을 캐는 광부에 대해서는 전혀 안타까워하지 않는다. "삶은 대부분 거품과 허상이다"라는 아담 린지 고든Adam Lindsay Gordon[*]의 말을 인용하면서 그 말이 자신의 '철학적이고 종교적인 모토'라고 고백한다. 그가 자신의 희곡들에 내포된 명백한 혁명적 의미들을 애써 해명하려는 듯한 태도 또한 흥미로운 점이다.

이 책을 여기저기 펴보다가 아담 린지 고든이나 '새와 동물과 즐기는 놀이' 같은 에세이를 마주친 많은 사람들은 자신들이 전후세대이자 엘리엇 이후 세대임에 감사해하며 그에 대한 혐오에 빠져들 것이다. 하지만 그게 전부는 아니다. 골즈워디는 감수성을 날카롭게 벼린 어떤 내적 고뇌 덕분에 좋은 작가가 될 뻔했던 나쁜 작가다. 그의 불만은 스스로 치유되었고 평범한 상태로 되돌아갔다. 어떤 이유로 그런 일이 일어나는지는 우리 스스로 멈춰 서서 생각해볼 필요가 있다.

『뉴 스테이츠먼 앤드 네이션』New Statesman and Nation 1938년 3월 12일.

---

[*] 호주의 시인이자 승마인이며, 호주 문학의 초기 개척자 중 한 명으로 여겨진다. 자연 풍경, 승마 문화를 주제로 한 작품으로 잘 알려져 있다.

불만을 스스로 치유한 작가의 말년작에 대하여

사회를 전달한 소설과
사회를 회피한 소설

숄렘 애쉬^{Scholem Asch} 『종이 송아지』^{The Calf of Paper}

쥘리앵 그린^{Julian Green} 『미드나이트』^{Midnight}

 동유럽에서 온 많은 사회적인 소설들이 그저 역사적인 문서라는 이유로 비판받을 수는 없다. 왜냐하면 그 작가들은 의식적이든 무의식적이든 소설가로서의 기본적인 문제들을 신경쓰지 않는 경향이 있기 때문이다. 다른 한편으로 보자면 그 작가들은 현대의 역사를 읽을 만한 형식으로 전달함으로써 나름 유용한 작업을 해내고 있다. 물론 그들은 주목을 끌지 못하는데 외국인들이 진짜 존재하며 그것도 왕성하게 살아 있음을 영국인들에게 절실히 느끼게 해야 환영을 받기 때문이다.

 숄렘 애쉬[*]의 『종이 송아지』를 딱히 소설이라고 불러야 할지

---

[*] 폴란드 태생의 유대계 미국인 작가로, 현대 이디시 문학을 대표하는 작가다. 동유럽 유대인 공동체의 삶과 신앙, 이민자 경험, 종교적·사회적 갈등 등을 주제로 삼았으며 대표작으로 『복수의 신』『모트케 도둑』 등이 있다.

는 잘 모르겠지만 엄청나게 재미있기에 상당한 분량임에도 몇 차례 만에 읽어치우고 말았다. 그 작품은 끔찍한 인플레이션 시기의 독일 사회를 묘사한 일종의 파노라마다. 프랑스 군대는 루르^{Ruhr} 지역에 주둔하고 마르크 화(독일의 옛 통화)는 로켓처럼 치솟으며 투기꾼들은 점점 부유해지고(그들은 신용을 이용해 물품을 선구매한 후에 마르크 화가 떨어진 후에 대금을 치르는 기가 막히게 단순한 시스템을 활용한다) 굶주리는 민중들은 돼지나 먹는 음식을 먹는다. 또한 히틀러와 그의 최초의 무리들은 이제 막 언급되기 시작한다. 이 모든 것은 두세 가족의 연관된 이야기를 통해 에밀 졸라$^{E.\ Zola}$를 떠올리게 한다. 그런 책이 예술작품으로 대접받지 못하는 이유는 그 방식이 사실상 지나치게 형식적이기 때문이다. 작가는 기본적으로 교과서를 저술하듯 쓰고 있으며 케이크에 재료를 넣듯이 본인이 적합다고 생각하는 것을 캐릭터에 집어넣는다. 그는 마치 '반유대주의가 막 시작되었으니 유대인 가족을 몇몇 등장시켜야 한다, 나치가 지평 너머로 떠오르니 나치도 좀 넣어줘야 한다, 그리고 당연히 식량 부족이 초래되니 투기꾼과 굶주리는 우편배달부를 좀 첨가해야 한다'라고 말하는 것 같다. 하지만 하나의 장면이나 캐릭터, 대화까지도 소설가에게 강요되듯 다가온 소재처럼 억지로 만들어진 느낌을 주진 않는다. 그런 강요는 사회적 소설에만 해당되는 고유한 잘못은 아니다. 사실 대부분의 괜찮은 소설들은 목적성을 가진 소설일 것이다. 가령 졸라의 소설을 보자. 졸라가 『제르미날』 Germinal 과 『패전』 La Debacle 에서 묘사한 폭력 장면은 자본주의의 부패를 상징하지만 동시에 그 자체로 생생한 장면이다. 졸라의 가장 좋은 작품들은 인위적이지 않다. 그는 아마추어 요리사가 크레스토나 CRESTONA (식품회사 이름—옮긴이) 케이크 가루 포장지에 적힌 요리법에 따라 요리하듯 쓰지 않으며, 본인에게 떠오른 감각에 따라 작업한다.

아쉬운 점에도 불구하고, 내가 말했듯이 『종이 송아지』는 단지 왜 나치가 승리했으며 승리할 수밖에 없었는지를 명확히 밝혔다는 점에서 모든 이가 읽어볼 만한 책이다. 아마도 유대인이었을 저자가 품었을 단 하나의 의문은 왜 하필 반유대주의였느냐는 것이다. 하지만 흥미롭게도, 작가는 무의식적으로 한 유대인(젊은 볼셰비키 군 장교)이 우리의 감탄을 자아내는 몇몇 장면에서 단서를 제공한다. 이 장면은 만약 우리가 반유대주의에 대한 해명을 원한다면 가장 먼저 구약 성서부터 읽어야 한다는 점을 일깨우고 있다.

쥘리앵 그린*의 『미드나이트』로 넘어가면, 당신은 전혀 다른 우주에 온 기분일 것이다. 여기서는 당대의 문제에 대한 가장 완벽하고 신중한 회피가 주를 이룬다. 심지어 시대조차도 모호하게 '현재'일 뿐 특정한 시기로 고정되지 않는다. 많은 장면이 자연주의의 외관을 하고 있음에도 이야기는 마치 독일 영화에

---

* 프랑스어로 작품을 집필한 미국 출신 작가로, 가톨릭 신앙, 동성애, 도덕적 갈등, 영혼의 내면 탐구를 주제로 깊이 있는 소설과 일기를 남겼다. 대표작으로 『몽소의 거리』 『모아이라』 등이 있다.

서 모든 배우들이 검은 종이에서 오려낸 그림자처럼 보이는 식에 가깝게 그려져 있다.

그걸 줄거리라고 할 수 있다면 다음과 같다. 1장에 의미없는 자살이 등장하고 자살한 여인의 딸인 엘리자베스라는 이름의 열두살 소녀가 집도 없이 남겨진다. 그녀는 미친 고모들 서너 명의 집에서 몇 시간 잘 지내다가(그들 중 막내는 중국의 괴물 같은 사람이다) 공포에 휩싸여 도망치며 거리에서 마음씨 좋은 노인을 만나 그의 가정으로 입양된다. 그러곤 3년의 시간을 건너뛰어 이번에는 죽은 어머니의 연인이었던 남자에게 입양된다. 마지막 에피소드는 책의 절반 이상을 차지하며 정확히 이틀의 시간을 묘사한다. 이 에피소드는 순전히 악몽으로 일관돼 있다. 엘리자베스가 도착한 집은 숲속의 폐허로 다양한 종류의 정신병자들로 채워진 끔찍한 수용소다. 도대체 얼마나 많은 사람들이 수용돼 있는지 소녀가 모른다는 사실 때문에 악몽은 더 끔찍해진다. 한밤중 공포에서 벗어난 그녀는 집 구석구석을 기어다니며 열쇠구멍을 통해서나 살짝 문을 열어봄으로써 각 방에 새롭게 나타나는 괴물과 마주친다. 마침내 그녀는 그 집에서 유일하게 제정신인, 열일곱 무렵의 거친 농부를 만나 즉시 도망치기로 한다. 여기서 잠시 그 농부가 그녀를 유혹하는 짧고 외설에 가까운 장면이 등장하고 그러고는 살인, 우연한 죽음, 또다른 자살과 함께 이야기는 끝을 맺는다.

보통의 영국 소설 수준에서 이런 이야기를 접했다면 당신은 몇장 읽기도 전에 그만두었을 것이다. 하지만 그린의 생각 속에는 다른 작가와 구별되는 정확한 감각이 있기 때문에 당신은 끝까지 읽고 질문할 것이다. "도대체 이 난리가 다 뭐란 말인가?" 내 생각에 대답은 결국 아무것도 아니었다는 게 분명하다.

에드가 앨런 포$^{Edgar\ Allen\ Poe}$의 분위기를 연출하려는 시도는 분명하며 어느 정도 성공한다. 아무튼 공포와 신비의 느낌은 전달된다. 하지만 중요한 차이점이 있는데 포는 환상적이지만 결코 자의적이지 않다는 것이다. 가장 사실적이지 않은 이야기들(『검은 고양이』, 『어셔 가의 몰락』 같은)도 완벽하게 이해 가능한 모티브들을 담고 있다는 점에서 심리적으로는 정확하다. 『미드나이트』는 그렇지 않다. 이 작품에는 어떤 일들도 일어나야 하는 이유가 전혀 제시되지 않는다. 내 생각에 그것은 재능 있는 두뇌의 산물이며 어떤 천박함이나 감상벽도 없다. 또한 그 작품은 훌륭한 프랑스어로 쓰였으리라고 확신하지만 큰 의미를 전달하진 않는다.

쥘리앙 그린의 소설을 읽은 건 이번이 처음이다. 그의 방식을 이해하는 만큼, 뒤늦게나마 그의 소설을 읽게 된 기쁨이 있다. 그의 작품에 드러난 자연주의적 묘사는 플로베르와 모파상을 잇는 좋은 소설가임을 보여주기에 충분하다. 작가는 아마도 『종이 송아지』 같은 책의 정반대편으로 도망치고자 너무 애쓴 나머지 자신의 소명을 놓친 것이 아닐까. 사실 우리 시대는 지금의 현실에 대해 모를 수 없는 시대이기 때문에 폐허가 된 성에서 미치광이들에 대한 신비한 로맨스를 지어내기 적합한 시대는 아니다. 우리는 히틀러, 무솔리니, 실업, 비행기, 그리고 라디오를 무시할 수 없다. 다만 무시하는 척할 수 있을 뿐이며 그건 우리 의식의 상당 부분을 도려내는 것을 의미한다. 매일의 일상에서 등을 돌려 우리가 진짜 관심이 있는 척 검은 종이 그림자를 조종하는 것은 일종의 환상 게임이며 어둠속에서 유령 이야기를 하는 것만큼이나 약간은 헛된 일일 것이다.

『뉴 잉글리시 위클리』 1936년 11월 12일.

야만이 승리할 것을 깨달은
어느 지식인의 일기

쥘리앵 그린 『개인적 기록 1928-1939』 *Personal Record 1928-1939*

 십년 전이나 오년 전만 해도 다소 진부해 보였을 쥘리앵 그린의 일기가 지금은 큰 흥미를 불러일으킨다. 그 일기에 실제로 기록된 것은 미학적 시대의 황혼이며 교양있는 2세대 부르주아의 마지막 숨결이다. 극단의 감수성과 여성적인 글쓰기 태도로 그린은 1920년대를 독특하게 대표하는 인물인데 그 시대란 미적 진실성을 간직하는 것만으로도 상속받은 돈으로 충분히 살아가는 것처럼 보이는 시대였다. 비록 일기에는 런던, 유럽의 여러 곳, 그리고 미국을 방문한 기록들이 있지만(그린은 미국계지만 프랑스어로 글을 쓴다) 정면이 노란 옛 집들이며 초록색 플라타너스, 첫날 밤, 개인적인 의견, 지드, 거트루드 스타인, 노아유 부인^{Madame de Noailles} 등과 나눈 끝없는 대화 등으로 시종일

관 파리에 있는 것 같은 느낌을 준다. 모든 것을 끊임없이 예민하게 기록하면서 저자는 소가 풀을 먹고 우유를 만들듯이 거의 자동적으로 자신의 체험을 문학으로 창조하고 있다.

> 12월 19일. 호텔 안내원 방의 유리문 뒤 가스등은 어둠을 앞에 두고 겨울날의 끝에서 타오르고 있다―얼마나 사랑스런 소설의 도입부인가! 오늘 하루 종일 나는 이런 감탄스러운 그림을 마음속에 그려보았다.
> 2월 2일. 베르사유에서 (…) 앙증맞으면서도 노랗고 빛바랜 테두리의 담쟁이 잎을 들여다보면서 나는 순간 내 삶이 끝날 때까지 사물들은 그토록 사랑스럽게 나를 위해 머물겠지만 그걸 묘사할 시간은 없을 거라는 슬픈 예감에 빠져들었다.

그는 작업에 대해, 그리고 작업의 어려움에 대해(많은 작가들처럼 그는 글을 쓰고 싶은 기분이 아니었지만 어느새 그의 책은 끝나 있었다), 또한 깨어 있는 동안 깊은 영향을 끼치는 자신의 꿈에 대해, '전쟁 전' 황금시대의 어린 시절에 대해 많은 글을 썼다. 그의 모든 생각은 향수鄕愁의 색채를 띤다. 하지만 그의 사유를 특별히 돋보이게 하는 것은 자신의 인생 역정이나 가치 체계가 영원히 지속되지 않을 것임을 뻔히 알 만큼 그가 영리하다는 사실이다. 정치에 완전히 무관심함에도 그는 이미 1920년대 초에 자유주의 시대는 저물고 있으며 전쟁, 혁명, 독재가 성큼 다가왔다는 사실을 알 수 있었다. 모든 것이 부서지고 무너지고 있었다. 페이지마다 끊임없이 히틀러의 그늘이 스쳐 지나간다.

> 우리는 바로 우리 눈앞에서 변해가는 삶을 보게 될 것이다. 우리에게 즐거움을 주는 모든 것을 빼앗길 것이다. (…) 나는 세상에서 사랑하는 모든 것들이 시야에서 사라진다는 생각에 점점 더 익숙해져간다. 우리가 오랜 시절의 끝으로 다가간다는 가정이 합리적으로 보이기 때문이다. 얼마나 더 잠에 빠져 있어야 할까? (…) 파리는 일종의 잠재적 공황에서 살아간다. (…) 1934년 유럽에서 살인은 어쩔 수 없이 운명적으로 또다른 살인으로 이어진다. 전쟁이 발발하지 않고 이런 상태가 얼마나 오래 지속될 수 있을까? (…) 이전처럼 전쟁의 소문은 끝이 없다. 모든 이들의 일상은 이런 우려로 가득 차 있는 듯하다. (…) 라인란트 지방이 재점령되었다. (…) 나는 라디오에서 미뉘이(Minuit, 자정이란 뜻으로 신비로운 테마를 말한다—옮긴이)에 대해 이야기해달라는 요청을 받았다. 마치 현재 벌어지는 일들은 하나도 중요하지 않다는 듯이! 하지만 우리는 계속 그런 척을 해야 한다…

지난 7년 동안 우리를 사로잡았던 무력감과 무상감, 찬바람 불어오는 방에 매달려 총이 발사되길 기다리는 듯한 감정은 어디서나 느껴지고, 일기가 1939년으로 나아갈수록 불안은 더욱 커져간다. 아마 이런 감정에 사로잡히는 것조차 나이에 의존하는 것인지(쥘리앵 그린은 채 마흔이 되지 않았다), 그는 삶에서 뭔가를 기대할 만큼은 젊고 또 '전쟁 전'을 기억할 만큼은 나이를 먹었다. 이제 스물이 된 사람은 세계가 폐허로 추락하는 사실을 알아차리지 못하는 듯하다. 하지만 이 일기의 매력은 시대와 함께 움직이길 거부하는 완벽한 고집에 있다. 이 책은 야만이 승리할 것임을 깨달았으나 교양인이길 멈출 수는 없는 한 지식인의 일기다. 새로운 세계는 탄생하고 있지만 그 세계에 그가 있을 자리는 없다. 그는 세계와 맞서 싸우기에는 너무 큰 환상을 품고 있다. 다른 한편으로 그는 세상을 좋아하는 척하지 않는다. 지난 수년간 젊은 지식인들이 매달렸던 상투성이야말로 정확히 그런 위선을 드러낸 탓에, 이 일기의 기이한 진정성은 더 깊은 울림을 준다. 이 책이 지닌 무능의 매력은 아주 낡아서 오히려 신선한 분위기를 품고 있다.

『시대와 조류』 1940년 4월 13일.

제국 출신의 고뇌하는 판사

모리스 콜리스^{Maurice Collis} 『버마의 재판』_{Trials in Burma}

이 책은 겉으로는 평범해 보이지만 제국 관리들이 직면한 딜레마를 비범한 통찰력으로 전해준다. 콜리스는 1930년 무렵 혼란한 시기 랑군(양곤의 영국식 표기—옮긴이)의 지방 판사였다. 그는 공공의 큰 주목을 받는 사건을 여럿 맡으면서 법조항을 지키면서도 유럽의 견해를 동시에 만족시키기는 사실상 불가능하다는 걸 발견했다. 마침내 그는 한 영국 군인에게 운전 부주의 혐의로 3개월 징역형을 선고함으로써 견책을 당하고 다른 지역으로 급히 전보되었다. 같은 범죄를 저지른 원주민 역시 당연히 징역형을 받았을 것이다.

인도에서도 모든 영국 판사들은 유럽인과 원주민의 이익이 충돌하는 사건을 다룰 때 난처한 입장에 놓이는 게 사실이다. 이론상으로는 정의의 공정한 체계를 집행한다 하지만 현실의 판사들은 영국의 이해를 보호하기 위한 거대한 기계의 일부분이며 많은 경우 진실을 포기하든지 아니면 자신의 커리어에 흠집을 내든지 둘 중 하나를 선택해야만 한다. 그럼에도 인도 공무원이 가진 상당히 수준 높은 전통 덕분에 인도의 법은 생각보다 훨씬 공정하게 집행되며 워낙 공정하기 때문에 사업가들을 만족시키지 못할 정도다. 콜리스는 기본적인 상황을 명확히 이해한다. 그는 버마인들이 자신의 조국에서 착취당한 어마어마한 부에서 결코 이득을 얻지 못했으며 그래서 1931년의 절망적인 혁명*에 깊은 회한이 있다는 것을 인정한다. 하지만 그 역시 뛰어난 제국주의자이며 영국의 정의에 대한 그의 관심 때문에 수도 없이 동료 영국인들과 뜨거운 논쟁을 벌이기도 했다.

1930년에 그는 인도국민회의당의 지도자 중 한 사람이자 당시 캘커타 시장이었던 센 굽타를 재판해야 했다. 센 굽타는 랑군으로 날아가서 선동적인 연설을 한 혐의를 받았다. 재판 기록을 읽어보면 흥미롭다. 인도 군중은 밖에서 소리를 질렀고 콜리스 판사는 곧 머리를 강타당할지 모르는 상황에 긴장했으며 피고석에 앉은 피고는 영국 법원의 사법권을 인정하지 않는다는 점을 분명히 하려는 듯 신문을 읽고 있었다. 콜리스는 열흘의 구류를 선고했으며 이는 센 굽타가 순교할 기회를 빼앗는 현명한 판결이었다. 그후 두 사람은 개인적으로 만나 그 사건에 대해 이야기를 나눌 수 있었다. 매우 우호적이었던 영국인

---

* 1930년 타야와디 지방에서 시작된 농민 봉기가 버마 전역으로 퍼져 나갔지만, 1931년에 진압되었다.

과 인도인의 만남에서 각자는 상대방의 동기를 꿰뚫어보았고 상대를 명예로운 사람으로 대우했다. 그러나 최후의 순간 적일 수밖에 없었던 상황은 묘한 감동을 주며 우리 정치인들도 그처럼 품위있는 정신을 가지면 얼마나 좋을까 염원하게 한다.

『리스너』 1938년 3월 9일.

예술과 프로파간다는 다르다고?

필립 헨더슨^{Philip Henderson} 『오늘날의 소설』^{The Novel Today}

필립 헨더슨의 『오늘날의 소설』은 마르크시스트의 관점에서 오늘의 소설을 조명한 책이다. 아주 뛰어난 책이라 볼 순 없고 영국에서 살아야 하므로 너무 많은 사람들을 욕할 수 없는 처지의 작가가 쓴 책으로, 머스키^{Mirsky}의 『영국의 인텔리겐챠』의 약한 버전이라 보면 되겠다. 하지만 이 책은 최근 모든 비평 논쟁에서 시끄러운 다툼을 일으키는 예술과 프로파간다의 문제를 제기한다는 점에서 눈길을 끈다.

6, 7년 전에 주간지 『펀치』에 대학을 마치고 '글을 쓰려는' 한 열혈 청년이 숙모와 나눈 대화를 담은, 웃긴 농담이 실린 적이 있다. 숙모가 물었다. "그래 무슨 글을 쓰려고 하니?" "숙모님," 젊은이가 심각하게 대답했다. "글은 무엇에 대해 쓰는 게 아니고 그냥 쓰는 겁니다."

이 말은 당시의 문학적 위선에 대한 완벽하게 정당한 비판이었다. 당시는—그런 말이 1890년대 같다면서 폐기되긴 했지만—지금보다 더 심하게 예술을 위한 예술이 위세를 떨치던 때였다. "예술은 도덕과 아무 상관이 없다" 같은 말이 인기 있는 슬로건이었다. 예술가는 도덕적·정치적·경제적 공허 속에서 언제나 한걸음 앞서 있는 이른바 "아름다움"을 추구하며 이리저리 헤매다니는 사람으로 인식되었다. 또한 비평가는 자신의 편견에 절대 영향을 받지 않는 추상적이고 미적인 기준을 지키는 완벽하게 '공정한' 사람으로 간주되었다. 도덕적이거나 종교적인 성향 때문에 책을 싫어하거나 좋아한다고 인정하는 것은, 심지어 그 책이 경향성을 띤다고 인정하는 것까지 포함해 아주 저속한 짓이었다.

이것이 여전히 공식적인 태도지만 현재 구식이 되는 중이며 특히 사유의 양 극단을 점하고 있는 공산주의와 가톨릭이 그런 경향을 주도한다. 공산주의와 가톨릭은 공히 추상적이고 미적인 기준은 모두 헛소리이며 올바른 설교를 전할 때만 '좋은' 책이라고 믿는다. 공산주의자들에게 좋은 문학이란 프롤레타리아 문학을 말한다. (헨더슨 씨는 조심스럽게 이것이 프롤레타리아에 의해 창작된 문학은 아니라고 설명한다. 그도 그럴 것이 그런 문학은 없기 때문이다.) 가령, 앙리 바르뷔스$^{Henri\ Barbusse}$의 『러시아를 보다』$^{One\ Looks\ at\ Russia}$의 경우 '부르주아' 캐릭터를 다룬 소설은 좋은 소설일 리가 없다는 언급을 거듭 반복한다. 이런 표현은 어리석지만 어떤 면에서는 나쁜 입장만은 아니다.

그런 입장을 일관성 있게 견지하는 평론가는 적어도 어떤 책이 선호되거나 싫어지는 이유를 명확히 밝힘으로써(때로는 아주 비예술적으로) 유용한 작업을 하기 때문이다. 하지만 불행하게도 예술을 위한 예술이라는 생각은 비록 신뢰가 떨어졌다고는 해도 잊히기에는 너무 최근의 것이며 따라서 힘든 순간이 올 때마다 그 생각으로 돌아가고 싶은 유혹이 항상 존재한다. 이런 이유로 프로파간다를 비판하는 거의 모든 평론가들에게는 끔찍한 지적 비양심이 관찰되기도 한다. 그 평론가들은 이중적인 가치 체계를 가지며 자신들의 입맛에 맞게 아무거나 선택한다. 그들은 공산주의, 가톨릭, 파시스트, 또는 다른 무엇이라는 이유로 책을 칭찬하거나 비난한다. 그러나 동시에 그 책을 순전히 예술적인 이유로 판단하는 척한다. 예술이 프로파간다와 같은 것이라고 솔직하게 말하는 용기있는 사람은 없다.

그런 식의 서평은 이른바 로마가톨릭의 신문들, 그리고 보통 종교적인 신문들에서 가장 심하게 목격된다. 『처치 타임스』*Church Times*의 편집진들은 '현대'라는 말만 들어도(가령 테니슨 이후의 시풍이라는) 분노에 차서 몸을 떨지만 이상하게도 T. S. 엘리엇은 예외로 삼는다. 엘리엇은 확실한 영국-가톨릭 신자이니 비록 그의 시가 '현대적'이어도 칭송돼 마땅하다는 것이다. 공산주의 비평가 역시 정직하다고 보기 어렵다. 헨더슨 씨도 엄격한 비평적 중립을 가장하지만 그의 미적 기준은 정치적 기준과 이상하리만치 빈틈없이 일치한다. 프루스트, 조이스, 윈덤 루이스, 버지니아 울프, 올더스 헉슬리, 웰스, E. M. 포스터(이들 모두는 부르주아 소설가들이다)는 여러 차원의 경멸로 훈계를 받았고 로렌스(부르주아로 전향한 프롤레타리아는 더욱 나쁘다)는 악의적인 공격을 당했다. 헤밍웨이는 상대적으로 존중을 받았다(알다시피 헤밍웨이는 잠깐 공산주의에 빠졌다는 소문이 있기 때문이다). 바르뷔스에게는 머리를 조아렸고 알렉 브라운Alec Brown의 『알비온의 딸들』Daughters of Albion 같은 평범한 작품들이 매 페이지마다 극찬을 받았다. 진정한 '프롤레타리아' 문학이라는 이유였으나 그것은 다른 프롤레타리아 문학과 마찬가지로 중간계급에 의해 씌었다.

이런 일들은 사회주의 편에 선 사람들에게는 매우 암울한 일이다. 이것은 가장 손쉬운 배타주의를 뒤집은 것에 불과하지 않은가? 공산주의자들은 반대 진영과 하나도 다를 게 없다는 느낌을 줄 뿐이다. 그럼에도 마르크시스트 문학 비평서들은 마르크시즘을 배우고자 하는 사람들에게는 나름의 가치를 지닌다. 모든 정통 마르크시스트들에게 근본적인 문제는, 모든 것의 해법인 듯 보이는 체계를 가졌다는 이유로 다른 사람들의 머릿속을 들여다보려는 수고를 절대 하지 않는다는 것이다. 이것이 바로 모든 서구 국가에서 지난 십여년 동안 마르크시스트들이 적들의 손에 놀아난 이유다. 경제학에 대한 글과 달리 문학 비평에서 마르크시스트들은 자신이 좋아하는 복잡한 전문용어 뒤에 숨을 수 없다. 마르크시스트는 공개된 곳으로 나와야 하며 그래서 사람들이 그의 눈에 쓰인 가리개를 볼 수 있어야만 한다.

이 책은 형편없이 지어진 데다 전체적으로 지루하므로 추천하지 않겠다. 차라리 앞서 언급한 1935년 출간된 머스키의 『영국의 인텔리겐챠』를 추천한다. 이 책은 굉장히 악의적이지만 매우 재능 있는 책으로, 뒤틀린 듯 주목할 만한 통찰을 보여주는 마르크시스트 비평의 한 전형이라 할 만하다. 또한 이 책을 읽으면—비록 저자가 의도한 바는 아니겠지만—왜 파시즘이 일어났는지, 그리고 왜 제법 지적인 외부인들조차 "공산주의와 파시즘은 같은 것"이라는, 최근 유행하는 새빨간 거짓말에 속아 넘어가는지를 알게 될 것이다.

『뉴 잉글리시 위클리』 1936년 12월 31일.

어떤 상황에서도 전쟁을 거부하라

F. P. 크로지어^{Crozier} 장군 『내가 죽인 사람들』^{The Men I Killed}

직업 군인인 크로지어 장군은 1899년부터 1921년 사이 수없이 인간을 죽이며 보냈던 일을 기록했다. 평화주의자로서 그는 구세군 모임에 참석한 개심한 절도범 같은 인상적인 모습을 보여준다. '진짜 살육'의 현장에서 젊고 열정적인 장교들이 입맛을 다시는 식민지전쟁의 일화를 간결한 전보 형식의 문체로 담아낸 그의 초기작들을 모두 기억할 것이다. 그 책들은 군데군데 혐오스럽지만 아주 직설적이고 그 시절의 더럽고 초라한 전쟁이 내포한 정신을 그려냈다는 점에서 가치가 있었다. 확실히 스무살 때라면 비무장한 '원주민'들에게 총을 겨누는 게 모험으로 다가올 것이다. 하지만 유럽의 전쟁은 차원이 다른 문제였고 두 전쟁을 다 겪은 후 크로지어 장군이 내린 하나의 해결책은 어떤 상황에서도 전쟁을 완전히 거부하기였다. 단 하나

궁금한 점은, 그가 일반 대중을 능동적 반전反戰의 방향으로 한 걸음이라도 이끌 만한 논리를 제시했는가 하는 점이다.

그 지점에서 대체로 『내가 죽인 사람들』은 실패한다. 이 책은 두 가지 반전 논리—그 중 하나는 설득력이 있지만 다른 하나는 의심스러운—를 모호하게 에둘러 설명하는 산만하고 알아듣기 힘든 책이다. 첫째는 전쟁의 실제 과정은 본능적으로 혐오스러운 것, 가령 도망가지 못하도록 부하를 쏘는 행위들로 이뤄져 있다는 주장이다. 이런 일들을 강조하는 것은 옳은 일이다. 왜냐하면 전쟁은 폭력을 경험해보지 못한 사람들의 비밀스런 상상 속에서 여전히 '영광스러운' 것으로 남아 있기 때문이다. 다른 하나는 전투기를 방어하는 모든 방법은 쓸모가 없으며 따라서 독일 폭격기들은 수주 내에 영국을 혼돈과 기아에 빠트린다는 주장이다. 이것이 반전 논리로 썩 가치가 있는지는 의문이다. 사실이더라도 겁주기에 불과하며 독일의 재무장이라는 인식과 더불어 대부분의 사람들에게 더 강한 영국을(가령 더 많은 폭격기에 대한 망상을) 목격하고자 하는 욕망을 일깨울 뿐이다. 오늘날 널리 알려지진 않았으나 반전 선동의 중심에 있어야 할 두 사실은 이것과는 꽤 다르다. 크로지어 장군은 그 사실들을 알고 있으나 그저 부분적으로 알 뿐이다. 그 두 가지 사실이란,

1. 외국과의 전쟁은 오직 돈 있는 계급이 전쟁으로 이득을 얻을 수 있다고 믿을 때 벌어진다.

2. 전쟁이 다가올 때, 혹은 일어나기 전의 모든 전쟁은 전쟁이 아니라 살인마(1914년 독일의 '군국주의', 내년 혹은 그 이후 독일의 '파시스트')에 대한 자기방어로 표출된다.

근본적인 건, 사람들이 전쟁 선동을 인식하도록 하는 것이다. 전쟁 선동이 평화 운동의 가면을 쓰고 있을 때 더욱 그러하다.

평화주의자를 테스트하는 기준은 그 사람이 외국과의 전쟁과 내전을 구별하느냐는 것이다. 그런 구분을 하지 못한다면 사실상 부자들이 가난한 자들에게 가하는 폭력은 정당하지만 가난한 자들이 부자들에게 행하는 폭력은 부당하다고 말하는 것과 같다. 크로지어 장군은 이 테스트는 통과했으며 완벽하게 논리적인 평화주의자는 아니더라도 아주 매력적인 평화주의자라 할 수 있다. 모든 평화주의자는 굽실거리는 예수라는 널리 퍼진 조롱에 대한 살아있는 반론으로서, 그는 자신의 대의에 크게 기여할 것이다.

『뉴 스테이츠먼 앤 네이션』 1937년 8월 28일.

원수끼리의 연합, 인민전선

페너 브록웨이^{Fenner Brockway} **『노동자의 최전선』**^{Worker's Front}

지난 한두 해 동안 모든 사회주의자들은 좋든 싫든 인민전선^{Popular Front}*의 정책에 분노를 표하는 야만적인 논쟁에 휩쓸렸다. 이런 논쟁은 모든 면에서 혐오스러웠지만 사회주의자뿐 아니라 사회주의 운동에 적대적인 사람들에게까지 결코 무시할 수 없는 중요한 질문을 제기했다.

브록웨이의 책 『노동자의 최전선』은 지금 같으면 보통 '트로츠키주의'라고 경멸받는 입장에서 쓰였다. 그의 주장은 인민전선(말하자면 표면적으로 반파시즘의 목표를 가진 자본주의와 프롤레타리아의 연합)은 그저 적들의 연합이며 결국은 자본주의 계급을 더욱 공고히 안착시키는 효과를 가져올 뿐이라는 것이다. 이것이 사

---

* 좌파 혹은 반파시스트 등 다양한 세력들이 연합하여 공동의 정치 목표를 달성하기 위해 구성한 정치 연대를 의미한다.

실이라는 데는 의심의 여지가 없으며 얼마 전까지만 해도 이를 부정하려는 사람은 거의 없었다. 대략 1933년까지는 사회주의자, 또는 반사회주의자도 계급 협력의 전체 역사('인민전선'이나 '민중전선'은 그저 이를 점잖게 표현한 것이다)는 니제르의 젊은 부인에 대한 짧은 풍자시*에 요약될 수 있다고 말했을 것이다. 하지만 불행하게도 히틀러의 위협적인 부상은 상황을 객관적으로 파악하기 어렵게 만들고 말았다. 고무 경찰봉과 피마자유**는 여러 종류의 사람들을 위협해 파시즘과 자본주의가 근원적으로 같다는 사실을 잊게 만들었다. 그러므로 인민전선은 도둑들과 도둑맞은 사람들의 불경스런 연합에 불과하다. 영국에서 인민전선은 아직 아이디어에 불과하지만 이미 주교들, 공산주의자들, 코코아산업의 거물들, 출판업자들, 공작부인들, 그리고 노동당 의원들이 손에 손을 잡고 '영국이여 통치하라'(영국 국가―옮긴이)의 선율에 맞춰 행진하면서 자신들의 정책이 효과를 발휘할 때 방공호로 뛰어들기 위해 근육을 긴장시키는 역겨운 장관을 이뤄내고 있다.

이 모든 것에 저항하면서 브록웨이는 파시즘에 맞선 투쟁은 비파시즘적인 자본주의든 파시즘적인 자본주의든 자본주의를 공격함으로써만 쟁취될 수 있음을 강조한다. 따라서 파시즘이 대면한 단 하나의 진정한 적은 자본주의에서 어떤 이득도 얻지

* 제국주의 침입에 전혀 무지한 아프리카의 상황을 암시한 풍자시로, 호랑이 뱃속에 들어갈 줄도 모르고 그 등에 업힌 처녀를 묘사한다.
** 이탈리아 파시스트는 반대자들을 모욕주기 위해 심각한 탈수와 설사를 유발하는 피마자유를 사용했다.

못하는 계급, 즉 노동자 계급이 된다. 그러나 저자가 '노동자 계급'이란 말을 아주 협소하고 한정된 의미로 사용하여 거의 모든 사회주의 작가들이 그러하듯 '프롤레타리아'를 육체노동자로 규정지은 것은 아쉬운 점이다. 지금 모든 서구 국가에서는 자신들의 관심사가 프롤레타리아와 일치하지만 그 사실을 알지 못하는 바람에 위기의 순간에 자본가 계급의 편을 드는 수많은 중간계급들이 존재한다. 두말할 것도 없이 사회주의 선전의 서투름 때문이다. 현재 사회주의 운동에 가장 요청되는 것은 19세기의 구호들을 버리는 것이다.

브록웨이는 책의 대부분을 공산당의 전술을 비판하는 데 할애한다. 그도 그럴 것이, 인민전선의 전체 계략은 프랑코-러시아 연합 및 지난 수년간 코민테른이 행한 방향전환과 연관돼 있기 때문이다. 여기에는 훨씬 더 큰 질문이 놓여 있으며 그것은 인민전선이 논의될 때 전면적으로는 아니더라도 항상 거론된다. 그 질문은 소련에서 일어난, 거대하기는 하지만 불가해한 변화들을 다룬다. 우리 모두의 운명이 직간접적으로 묶여 있는 터라, 현재 가장 인기 없는 시각에서 기록된 이 책은 그 시각의 주된 영향에 적대적인 사람일지라도 함부로 무시해선 안 될 것이다.

『뉴 잉글리시 위클리』 1938년 2월 17일.

특파원이 바라본
스탈린체제의 민낯

유진 라이온스 Eugene Lyons 『유토피아에서의 임무』 Assignment in Utopia

소련에서 무슨 일이 일어났는지 잘 모르는 사람들을 위해 지난 2년간 가장 자극적이었던 사건 중 하나인 트로츠키주의자 재판*을 영국식 언어로 번역해볼 가치가 있겠다. 필요한 조정을 덧붙여 좌파를 우파로, 우파를 좌파로 바꾸면 다음과 같은 이야기가 된다.

현재 포르투갈에 망명중인 윈스턴 처칠은 대영제국을 전복시키고 영국에 공산주의를 건설하려는 계획을 세우고 있다. 무제한으로 제공되는 러시아 자금을 사용하여 그는 의회의원, 공

---

* 일명 모스크바 재판, 스탈린의 대숙청 기간 소련에서 열린 일련의 재판으로 저명한 볼셰비키 지도자들을 숙청하기 위한 목적으로 열렸다.

장 지배인, 로마가톨릭 주교, 앵초단* 전체를 포함하는 거대한 '처칠 조직'을 세우는 데 성공했다. 매일 뻔뻔한 파괴 행위가 일어나는데 때로는 상원을 폭파하려는 음모가 드러나기도 하고 때로는 왕실 경마장에 구제역이 발생하기도 한다. 런던탑의 경비병 중 80퍼센트가 코민테른의 일원임이 밝혀지기도 한다. 우체국의 고위 관리는 우편 주문금 5백만 파운드를 횡령했으며 우표에다 콧수염을 그려넣어 왕실을 모욕하는 불경죄를 저질렀다고 버젓이 인정한다. 너필드 경$^{Lord\ Nuffield}$(모리스 자동차 회사를 건립한 영국의 사업가—옮긴이)은 노먼 버킷$^{Norman\ Birkett}$(영국의 판사—옮긴이)에게 7시간 심문을 당한 끝에 자신은 1920년부터 자기 회사의 파업을 선동해왔다고 고백한다. 일간지 매호의 단신에는 처칠 조직 내부의 50여 명의 양 도둑들이 웨스트모어에서 총살을 당했으며 코츠월즈의 마을 가게 여주인이 황소의 눈을 뽑아 병에 넣었다는 이유로 호주로 이주당했다는 소식이 실린다. 또한 처칠 조직(로더미어 경이 처형당한 이후론 처칠-함스워사이트 조직으로 불림**)은 자본주의의 진정한 방어자들은 자신들이며 체임벌린과 그 일당들은 위장한 볼셰비키 집단에 불과하다는 주장을 멈추지 않는다.

러시아 재판을 지켜본 사람이라면 이것이 한낱 패러디가 아

---

* 영국의 정치가이자 소설가인 디즈레일리를 추모하여 결성된 보수당원 단체.
** 함스워사이트는 자극적인 여론몰이를 하는 포퓰리스트를 일컫는다. 타블로이드 언론을 개척한 알프레드 함스워스Alfred Harmsworth에서 기원한 말.

님을 알 것이다. 이 같은 일이 영국에서도 일어날 것인가라는 물음이 뒤따른다. 결코 일어나지 않을 것이다. 우리의 관점으로 보자면 이 모든 것은 진짜 음모로 보기에도 믿기 어려울 뿐 아니라 조작으로 보기에도 황당하기 짝이 없다. 이 재판은 암울한 미스터리에 불과하지만 여기서 단 하나 알 수 있는 사실은—그 자체로도 충분히 불길하지만—공산주의자들이 이런 음모와 조작을 공산주의를 홍보할 좋은 소재로 여긴다는 점이다.

한편 우리가 알 수만 있다면, 스탈린체제에 대한 진실에는 매우 중요한 의미가 있다. 그것은 사회주의일까 아니면 국가자본주의의 포악한 형태일까? 좀처럼 눈앞에 드러나진 않지만 삶을 끔찍하게 만들었던 지난 2년간의 모든 정치적 논쟁은 이 질문 주위를 맴돌고 있다. 러시아로 가기는 어렵고 충분히 조사하기도 불가능하다면, 그 주제에 관한 생각을 책에서 끌어낼 수밖에 없는데 그 책들은 지나치게 '긍정적'이든지 아니면 악의로 가득 찬 채 '부정적'이어서 편견을 벗어나기 힘들어 보인다. 그러나 라이온스의 책은 분명히 계급에 '부정적'이지만 다른 책들보다는 훨씬 믿을 만한 인상을 준다. 글쓰기로 볼 때 그는 얄팍한 선동가가 아님에 분명하다. 그는 '연합통신'의 특파원으로 러시아에 오래 체류했으며(1928-1934) 공산주의 당국의 추천으로 그곳에 가게 되었다. 러시아로 갔던 많은 사람들처럼 그는 처음에는 희망에 가득 찼으나 점점 환멸에 빠져들었고 다른 사람들과 달리 마침내 진실을 말하기로 결심했다. 현 러시아 체제에 대한 비판이 너무나 쉽게 사회주의에 적대적인 선동으로 취급되는 현실은 불행한 일이다. 모든 사회주의자들은 이런 현실을 알고 있으며 이는 솔직한 토론에 전혀 도움이 되지 않는다.

라이온스가 러시아에서 보낸 시절은 우크라이나에서 적어도 3백만 명의 사람들이 대기근으로 목숨을 잃는 등 끔찍한 고난이 벌어진 시기였다. 물론 지금은 제2차 5개년계획의 성공으로 물리적 여건은 나아졌다지만 사회적 분위기가 획기적으로 바뀌었다는 조짐은 어디에도 없다. 라이온스가 묘사한 러시아의 체제는 파시즘과 달라 보이지 않는다. 실제적인 권력은 모두 2, 3백만 명의 손에 집중돼 있고 이론적으로 혁명의 상속자라 할 도시의 프롤레타리아는 기초적인 파업권마저 강탈당한 상태다. 최근에는 국내에서도 여권 제도가 도입됨으로써 도시 노동자들은 거의 농노 수준으로 전락하고 말았다. 국가정치보위부^{GPU}는 어디에나 있고 모든 사람들은 끊임없이 고발의 공포 속에 살아가며 발언과 언론의 자유는 우리가 상상하지 못할 정도로 말살되었다. '쿨라크'(부농)나 '네프만'(소규모 상공업자) 숙청이라는 테러가 주기적으로 일어나며 수개월 혹은 수년 동안 감옥에 있던 사람들이 갑자기 믿기 힘든 자백을 한다고 질질 끌려나오는 기괴한 재판이 종종 열리는데 "나는 뱀 같은 트로츠키주의자 아버지와 절연했다"라는 자녀들의 인터뷰가 기사로 실리기도 한다. 한편 보이지 않는 스탈린은 네로 황제도 얼굴을 붉힐 만큼 숭배의 대상으로 떠올랐다. 엄청난 분량의 상세한 묘사를 담은 이 책은 라이온스가 제공하는 상황이며 나는 그가 사실을 왜곡했다고 믿지 않는다. 다만 그는 본인의 체험에 몹시 괴로워하는 듯하며 아마도 러시아인들 사이에서 널리 퍼진 불만을 과장했으리라 짐작해본다.

그는 스탈린과의 인터뷰를 성사시킨 적도 있는데, 스탈린을 인간적이고 단순하며 호감 가는 인물이라고 묘사했다. H. G. 웰스도 그런 말을 했다는 데 주목할 필요가 있고 스탈린이 화면에서는 호감 가는 인물이었다는 것도 사실이다. 시카고의 마피아 두목 알 카포네도 좋은 남편이자 아버지였다는 것, 그리고 욕조 살인사건으로 유명한 조지프 스미스*조차도 7명의 부인 중 첫번째 부인에게는 지극한 사랑을 받았으며 살인을 저지르는 사이사이 항상 그녀에게 돌아왔다고 하지 않는가?

『뉴 잉글리시 위클리』 1938년 6월 9일.

---

* 1915년 영국 연쇄 살인사건의 범인, 욕조에서 아내들을 익사시켰다.

경제 이론이 아닌,
삶의 방식으로서의 사회주의

잭 커먼^{Jack Common} 『거리의 자유』^{The Freedom of the Streets}

잭 커먼*은 현재 그리 유명한 작가는 아니지만 차후 좌파의 체스터턴^{Chesterton}(영국의 작가이자 논객—옮긴이)이 될 만한 사람이며 흥미롭고 독특한 시각으로 사회주의 문제에 접근하는 사람이다.

그는 프롤레타리아 출신이며 같은 부류의 어떤 작가보다 더 프롤레타리아의 관점을 간직하고 있다. 그렇게 함으로써 그는 사회주의 운동의 주요 난제 중 하나, 즉 '사회주의'라는 말이 중간계급 마르크시스트에게 의미하는 바가 노동계급에 의미하는 바와는 다르다는 점을 꼬집어낸다. 사회주의 운동의 운명을

---

* 영국의 작가이자 저널리스트. 노동계급의 삶을 사실적으로 묘사한 작품으로 알려져 있다. 대표작으로는 자전적 소설 『키다의 행운』^{Kiddar's Luck}이 있다.

손에 쥔 사람들에게 육체노동자의 '사회주의'가 의미하는 모든 것은 사실상 의미가 없거나 이단적으로 보인다. 독립되었지만 서로 연결된 일련의 에세이에서 커먼이 보여주듯, 기계 문명 시대의 육체노동자들은 그들이 살아가는 환경에 의해 강요되는 독특한 성격들, 즉 충성심, 충동적인 수용, 관대함, 특권에 대한 혐오 등을 품고 있다. 이런 특성들 속에서 그들은 미래 사회의 비전을 키워가며 그 결과 프롤레타리아 사회주의의 신비는 평등의 사상이 된다. 이는 마르크스를 예언자로 받아들인 중간계급 사회주의자의 비전과는 매우 다른 것이다. 여기서 예언자란 경마장의 정보원 같은 사람으로, 어떤 말에 돈을 걸어야 할지를 말해줄 뿐 아니라 왜 그 말이 이기지 못하는지를 설명해주는 사람을 뜻한다.

커먼의 글쓰기에 담긴 정신은 토요일 밤 싸구려 바의 조용한 구석에서 종종 발견되는 메시아적 희망과 달뜬 비관주의의 혼합 같은 것이다. 그는 우리 모두가 폭격에 의해 멸망하더라도 프롤레타리아 독재는 실제로 가능할 것이라고 전망한다.

> 비교적 안락한 사람들도 자신들이 선택하거나 묵인한 무법 정부의 테러에 의해 고통받을 날이 오고 있다. 곧 폭격을 당할 사람들이 공산주의를 두려워할 필요는 없다. 폭격이 끝날 무렵, 살아남은 자들은 공산주의자가 돼 있을 것이다. (…) 나사를 한번 조이고 긴장을 높이기만 하면 전 세계 대중들이 자신들의 분열을 조장하도록 만드는 연약한 상상의 칸막이는 사라지

고 말 것이다.

맞다. 하지만 이런 일이 확실하게 일어난다면, 모든 사회주의자들은 전쟁을 소망하며 복무해야 할 의무가 있지 않을까? 오늘날 어떤 지식인이 그런 일을 감히 도모할까?

많은 사람들이 그 진부한 '프롤레타리아 독재'라는 문장을 악몽이었다가 희망, 이제는 괴물로 받아들이는 듯하다. 누구든―결국 대부분의 중간계급이 그러하듯―'무슨 일이 있어도 신이 우리를 도우실 거야'라고 시작해서 '그런 일이 일어나지 않다니 유감이군'으로 끝을 맺는다. 커먼은 프롤레타리아 독재가 마치 눈앞에 다가온 것처럼 쓰지만, 그 경건한 희망은 사실상 이렇다 할 보장이 없는 것처럼 보인다. 우리가 목격하는 것은 매번 약삭빠른 상류층에 의해 배신당하고 휘둘리는 프롤레타리아 운동과 새로운 지배계급의 성장이다. 결코 성취되지 못하는 한 가지는 평등이다. 다수 대중들은 내면의 품위를 주도적으로 드러낼 기회를 갖지 못하며 그 결과 인간은 그저 힘이 없을 때만 품위가 있다는 냉소적 생각에 내몰린다.

한편 이 책은 사회주의를 경제 이론이 아닌, 우리 삶의 방식이라고 말해도 좋을 하나의 신념 체계로 설명한 점에서 평균적인 교과서보다 훨씬 구미가 당기는 책이다. 특히 수록된 글들 중 '서민들의 판단'과 '선한 사람들 속의 파시즘'이라는 두 에세이를 추천한다. 그 안에 문학적 표현이 있음을―그 자체로 흔치 않은 일이다―감안할 때 이 책은 보통사람의 순수한 목소리를 전하고 있다. 그 보통사람은 할 수만 있다면 새로운 품위를 주도적으로 발휘하는 사람일지도 모르지만 현실에서는 참호, 노동현장, 감옥을 벗어나기 어려울 것처럼 보인다.

『뉴 잉글리시 위클리』 1938년 6월 16일.

좌나 우나 전쟁을 준비하는 이유

애설 공작부인^{Duchess of Atholl} 『스페인 탐구』^{Searchlight on Spain}

 지금 시대에 스페인내전에 관한 단 두 견해만 존재한다는 주장은 결코 무의미하다. 심지어 스페인 공화국 정부의 지지자들 중에도 공산주의자, 아나키스트, '트로츠키주의자' 등 적어도 세 가지 견해가 있다. 영국에서는 '트로츠키' 견해가 조금 알려져 있고 아나키스트 견해에 관해서는 아는 것이 전무한 반면, 공산주의자 견해는 이른바 공식적으로 받아들여진다.
 애설 공작부인의 책은 익숙한 경로를 따른다. 사실상 몇몇 문장을 빼면 공산주의자가 썼다고 봐도 무방할 정도다. 이 책에 뭔가 새로운 건 없을 듯하므로 책 자체에 대해 논의하기보다는 차라리 이런 책들이 왜 등장하는지를 잠시 생각해보는 게 더 유용하지 않을까 한다.
 물론 요즘 들어 공산주의를 지지하는 공작부인이 있다는 게 놀랄 일은 아니다. 좌익 운동에 입문한 거의 모든 자산가들은 사실상 '스탈린주의자'의 노선에 선다. 아나키즘이나 트로츠키주의는 1년에 5백파운드 이상을 버는 사람들에겐 큰 흥미를 끌지 못한다. 하지만 진짜 문제는 왜 자산가들이 '스탈린주의자'인가가 아니라 도대체 왜 좌익 운동에 입문하느냐는 것이다. 수년 전까지만 해도 그러지 않았기 때문이다. 왜 공작부인은 프랑코 군부가 아니라 스페인 정부를 지원하는가? 그녀가 외톨이 괴짜여서는 아닌 것 같다. 영국 자본주의 체계에 깊이 뿌리박은 많은 사람들, 귀족들, 신문사 소유주들, 고위 성직자들은 모두 그녀와 같은 노선을 취한다. 왜일까? 스페인전쟁은 본질적으로 계급전쟁이며 프랑코는 자본가 계급의 수호자였다는 것이 정설이다. 그런데 해외에서는 그리 훌륭한 사회주의자로 행세하는 사람들이 어떻게 본국에서는 훌륭한 보수주의자가 될 수 있는가?

얼핏 보기엔 쉬워 보인다. 파시스트 세력들이 영국 제국을 위협하기 때문이다. 스페인을 파시스트가 점령할 때의 위험성을 제시한 장('그것이 우리에게 의미하는 바')에서 공작부인 스스로 해답을 제시한다. 독일과 이탈리아가 인도로 가는 우리의 길을 막을 것이며 프랑스에는 막아야 할 또다른 전선이 생길 것이라는 게 그 해답이다. 여기서 일종의 '반^{反}파시즘'과 영국 제국주의가 손을 맞잡는다. 아무튼 이런 도덕적 관점을 가진 책들이 같은 시리즈에서 여러 권 출간되었다. 이는 영국 제국을 방어하는 자는 누구든 민주주의를 방어한다는 논리를 따르는 듯하다. 하지만 그런 논리가 제국의 실제적 행태를 아는 사람들까지 속이기는 힘들어 보인다. 사태는 단순하지 않다. 비록 영국 지배계급의 상당수가 반反프랑코라지만 주관적으로나 객관적으로나 대다수는 친프랑코 성향을 띠고 있다. 많은 비난을 받아 마땅한 위선과 비열함을 조합함으로써 체임벌린(당시 영국의 총리이자 보수당 대표—옮긴이)과 그의 친구들은 스페인 공화국을 천천히 질식시키고 있다. 이런 모순을 어떻게 설명할 것인가? 반파시즘을 떠들어대는 공작부인들과 사제들이 실은 영국 배당금*에 대해 우려한다고 믿는다면, 체임벌린은 그렇지 않다고 믿어야 마땅한데 이는 믿기 힘든 일이다.

달리 말하자면 지배계급 사이의 명백한 견해 차이 이면에 경제적 이해관계의 충돌이 있다는 것이다. 하지만 또다른 설명도 가능하다고 나는 생각한다. '반공'反共과 자산가의 '반파시즘' 사이에는 어떤 근본적인 차이도 없다는 것이다. 그들은 같은 체계의 한 부분이며 대부분 같은 정치적 입장을 취한다. 그들은 중요한 위기에서도 같은 의견을 보일 것이며 무엇보다 영국이 전쟁에 돌입할 때 더욱 그러할 것이다. 총이 불을 뿜기 시작하면 체임벌린이나 애설 공작부인, 로이드 조지(1차 세계대전 때의 영국 총리—옮긴이), 로더미어 경(영국의 보수 일간지 『데일리 메일』을 경영하는 귀족—옮긴이) 등은 같은 회의석상에서 만나게 될 것이다. 그러므로 상류 사회에서 횡행하는 반파시즘 같은 기이한 현상은

* 영국 기업들이 프랑코를 지원하고 이후 프랑코 정권에게 받은 각종 경제적 특혜.

그저 국가적 전쟁준비의 차원일 가능성이 매우 높은 것이다.

체임벌린은 독일과의 전쟁을 준비하고 있다. 재무장, 프랑스와의 군사 협정, 공습 대비, 징병제에 대한 암울한 소문들은 다른 방식으로 설명하기 힘들다. 그는 일을 엉망으로 만들면서 전략적 상황을 악화시켰으며 이는 부분적으로 그가 무솔리니와 마찬가지로 러시아에 의해 조종되는 스페인을 두려워했기 때문에 발생한 일일 가능성이 크다. 그럼에도 그는 전쟁을 준비하고 있다. 또한 정부가 전쟁을 위한 물리적 준비를 하는 동안, 이른바 좌파는 증오와 자기합리화의 정신을 섞어 마음의 준비를 시키고 있다. 군수공장들은 무기를 제조하고 『뉴스 크로니클』 같은 신문들은 무기를 사용할 의지를 만들어낸다. 우리는 성경 속 삼손의 연인 들릴라가 "블레셋 사람들이 당신을 덮칠 거예요, 삼손"이라고 말했을 때 어떤 일이 벌어졌는지를 기억하고 있다. 영국의 이익에 첫번째 위협이 가해졌을 때 영국 사회주의자 중 열에 아홉은 맹목적 애국자로 변해버렸다.

그러면 보수주의 반파시스트들의 기능은 무엇인가? 그들은 연락 장교들이다. 현재 평균적인 영국 좌파들은 훌륭한 제국주의자들이지만 여전히 이론적으로는 영국 지배계급에 적대적이다. 『뉴 스테이츠먼』(좌파 경향의 잡지)의 구독자들은 독일과의 전쟁을 꿈꾸지만 동시에 블림프 대령 Colonel Blimp*을 조롱해야 한다고 생각한다. 하지만 막상 전쟁이 시작되면 좌파들은 블림프

---

* 정치풍자 만화가 데이비드 로우가 창조한 캐릭터로 보수적이고 고루한 사고방식의 애국주의자를 풍자한 인물.

대령의 불타는 푸른 눈앞에 펼쳐진 연병장에서 대형을 짓고 있을 것이다. 미리 화해를 성사시킬 필요가 있다. 내 생각에, 이것이 바로 애설 공작부인의 책이 가진 진정한 기능이며, G. T. 개럿Garratt의 『무솔리니의 로마 제국』Mussolini's Roman Empire이나 타부이 부인Madame Tabouis(프랑스의 저명한 언론인—옮긴이)의 예언적 진술 등도 같은 기능을 한다. 이런 사람들은—물론 의식적이진 않지만—전쟁의 목적을 위해선 절대적으로 필요한 좌파와 우파 사이의 가교 역할을 한다. 스페인내전은—사실상 아비시니아 위기 이후의 전반적 상황이지만—영국 여론을 자극하는 촉매로 작용했고 수년 전에는 누구도 예상치 못한 결합을 만들어냈다. 아직 명확하지 않은 부분이 많지만, 애국적 공산주의자들과 공산주의적 공작부인의 등장은 전쟁을 위해 계급을 저버렸다는 가정 외에는 설명할 길이 없다.

『뉴 잉글리시 위클리』 1938년 7월 21일.

논쟁적인 주제를
인간의 목소리로 비판하기

프란츠 보르케나우 『공산주의 인터내셔널』 *The Communist International*

  보르케나우의 『스페인 조종석』이 나왔을 때는 스페인내전이 1년 정도 지났을 때라 전쟁의 첫 6~7개월 정도를 겨우 다루었다. 그럼에도 그 책은 같은 주제를 다룬 최고의 책으로 남아 있고 더욱이 양쪽 진영에서 나온 모든 책들과는 급이 '다른' 종류의 책이었다. 책을 펼치는 순간 우리는 시끄럽게 소리치는 선동가들의 무리 가운데 마침내 사실을 알고 있으면서도 차분하게 글을 쓸 줄 아는 성숙한 어른이 나타났다는 걸 알게 된다. 오늘날 정치 관련 서적들이 언제나 무지하고 무식한 자들에 의해 집필되는 것은 불행한 일이다. 정치적 주제를 다루는 저자가 냉정한 태도를 유지하면, 저자가 무슨 말을 하는지 모르기 때문이라고 한다. 정치적 운동을 이해하기 위해서는 그 운동에 참여해야 하며 참여하는 순간 우리는 선동가가 된다. 그러나 보르케나우 박사는 지적인 능력 이외에도 8년간 독일공산당의 일원이자 때로는 코민테른(공산주의 인터내셔널)의 간부로 일했으면서도 마침내 자유주의와 민주주의의 신봉자로 전향한 독특한 이력이 있다. 이는 가톨릭에서 개신교로 개종하는 것만큼이나 흔치 않은 일이지만 사회학자로서는 그보다 나은 경력을 갖추기도 어려울 것이다.

코민테른의 20년 역사 가운데 보르케나우 박사는 대략 세 단계로 구분된 시기를 추적한다. 내전 직후였던 첫번째 시기 유럽에는 순수한 혁명적 동요가 있었으며 코민테른은 진지하게 세계혁명을 목표로 한 기구로서 러시아의 영향에 전적으로 지배받지 않는 상태였다. 두번째 시기의 코민테른은 트로츠키-치노비예프* 그룹과, 나중에는 부하린**-리코프*** 그룹과 투쟁하는 스탈린의 도구가 된다. 우리가 지금 처한 세번째 시기의 코민테른은 러시아 대외정책의 다소 공식적인 기구로 자리잡았다. 그 사이에 코민테른 정책이 좌파와 우파를 번갈아 왔다갔다하는 진동이 있었다. 보르케나우가 지적하듯 좀더 이른 변화들은 비교적 사소했으나 최근의 변화들은 재앙에 가까웠다. 1934년에서 1936년 사이에 일어난 공산주의 정책에서의 급격한 전환은 사실 너무나 뜻밖이어서 일반 대중은 이를 제대로 이해하지 못할 정도였다. '극좌'였던 1928~34년의 '사회적 파

---

* 볼셰비키주의자 가운데 고참 인물. 스탈린에 의해 처형당함.
** 공산당 기관지 『프라우다』의 편집장.
*** 레닌의 뒤를 이은 인민위원회 의장. 스탈린에 반대하다 실각당함.

시스트' 시기에는 혁명적 순수성이 지나치게 강조된 나머지 모든 노동자 지도자들은 자본주의의 지원금을 받는다고 내몰렸다. 러시아의 사보타주 재판은 블룸^{M. Blum}과 2차 인터내셔널의 다른 지도자들이 러시아 침공을 모의했다고 '판명'했으며 사회주의자와 공산주의의 연합전선을 선전하는 사람은 누구든 배신자, 트로츠키주의자, 미친개, 하이에나 등등 공산주의 언어가 동원하는 모든 단어들로 폄하되었다.

사회민주주의는 노동계급의 진정한 적으로 판명되었고 파시즘은 전혀 가치 없는 것으로 묵살되었으며 이런 정신나간 이론은 히틀러가 권력을 쥔 이후에도 유지되었다. 그러나 곧 독일은 재무장했고 프랑코-러시아 협정이 체결되었다. 비^非파시스트 국가에서 공산주의 정책은 하루아침에 인민전선(극우 파시즘에 대항하기 위한 좌파 연합—옮긴이)과 '민주주의 수호'로 전환되었고 자유주의자, 가톨릭 등과의 연합을 트집잡는 사람들은 다시 배신자, 트로츠키주의자, 미친개, 하이에나 등의 취급을 받았다. 물론 그런 정책 변화들이 가능했던 이유는 소련 밖의 모든 공산주의 정당이 몇해마다 새로운 당원으로 채워지기 때문이었다. 거기에 대응해 앞으로 또다른 '좌파'로의 전환이 일어날지는 의문이다. 보르케나우는 스탈린이 결국 서구 민주주의 국가들과의 확실한 연합을 위하여 코민테른을 해체하라는 압박을 받을 것으로 예상한다. 다른 한편으로는 이른바 민주주의 국가들의 통치자들이 바보가 아니라는 점을 기억할 필요가 있다. 그들은 공산주의 선동이 '좌파' 단계에서도 그리 심각한 위협이 되지 못한다는 것을 알았고 거의 변함없이 자신들의 손아귀에 놀아나는 조직으로 남아 있길 원했을 것이다.

세계혁명을 목표로 삼는 한—여전히 다소 모호하게 공언하고 있지만—코민테른은 완전히 실패했다. 코민테른이 엄청난 악행을 저질렀고 또 저지르고 있지만 보르케나우가 보기에 가장 중요한 악행은 파시즘 성장의 주요 원인을 제공한 것이다. 모든 공산당 중에서 당원의 5% 정도—그러니까 당 간부 정도—만이 계속 남아 있다. 하지만 정책의 각 시기마다 민주적 방식에 대한 경멸을 빼면 아무것도 배우지 못한 수천, 수만의 사람들이 당을 거쳐 나간다. 그들은 사회주의에 대한 믿음이 아니라 폭력과 배신에 대한 믿음을 품고 등장한다. 결국 결정적인 순간이 다가올 때 그들은 폭력과 배신에 정통한 자들, 다시 말해 파시스트들에게 휘둘리게 된다.

보르케나우는 마르크스, 레닌이 예견한 혁명은 러시아에서나 일어났지 오늘날 발전된 서구 국가에서는 일어날 수 없다는 사실을 코민테른 정책이 변화된 근본원인으로 꼽는다. 나는 그가 옳다고 믿는다. 단, 내가 그와 갈라서는 지점은 서구 민주주의를 위해서 파시즘을 선택하든지 아니면 모든 계급의 협력을 통한 질서있는 재구축을 선택해야 한다고 말하는 부분이다. 1년에 5만 파운드를 버는 사람과 일주일에 15실링을 받는 사람이 협력할 수 있다는 사실을 믿지 않기 때문에 나는 두번째 선택의 가능성을 신뢰하지 못하겠다. 그 둘 사이의 관계의 본질은 간단히 말해 한 사람이 다른 사람의 것을 강탈하는 것인데 그 강도가 갑자기 마음을 고쳐먹으리라고 기대할 수는 없다. 그러므로 서구 자본주의 문제를 해결하려면 제3의 대안이 도입돼야 하는데 그것은 순수하게 혁명적인 운동, 즉 필요하면 폭력을 동원해서라도 급격한 변화를 이뤄내되 민주주의의 근본적 가치와 멀어지지 않아야만—공산주의나 파시즘은 멀어졌지만—한다. 결코 불가능하지 않다. 그런 운동의 싹은 여러 나라에서 피어났으며 성장을 꿈꾸고 있다. 아무튼 그렇게 하지 않으면 우리가 속한 돼지우리 같은 곳을 벗어날 출구는 없을 것이다.

이 책은 아주 재미있는 책이다. 내용의 정확성을 판단할 만큼의 전문 지식은 없지만 그처럼 논쟁적인 주제를 다룬 책으로서는 편견에 물들지 않은 편이라고 안심하고 말할 수 있다. 역사적 작업으로서의 이 책의 가치를 검증할 만한 가장 좋은 방법은 공산주의 언론의 반응을 살피는 것이다. 말할 필요도 없이 '더 나쁜 평가를 받을수록 더 좋은 것'이라는 전제하에 말이다. 나는 보르케나우 박사가 계속 글을 쓰기를 바라며 수많은 추종자들이 나왔으면 좋겠다. 오만 개의 스피커가 똑같은 소리를 낼 때 하나의 인간적인 목소리를 듣는 것은 매우 고무적인 일이기 때문이다.

『뉴 잉글리시 위클리』 1938년 9월 22일.

전례 없는 독재자들

N. 드 바질리^{de Basily}* 『소비에트 통치 하의 러시아』^{Russia under Soviet Rule}

『소비에트 통치 하의 러시아』는 확실히 소련에 반대하는 책이지만 트로츠키주의자의 책은 아니다. 저자는—당연히 망명 중이다—케렌스키^{Kerensky}** 나 본인이 공식 직책을 맡았던 1917년 임시정부의 사람들과 대략 같은 의견을 가진다. 따라서 그는 가에타노 살베미니^{Gaetano Salvemini}*** 가 이탈리아 파시즘 실험을 공격하듯이 사회주의자의 관점이 아닌 자유주의-자본주의 관점에서 볼셰비키 실험을 공격한다. 그의 책은 사실상 살베미니의 『파시즘의 도끼 아래서』^{Under the Axe of Fascism} 와 짝을 이루는

---

* 러시아 출신 외교관이자 작가. 제정 러시아 시기에 외교활동을 했으며 러시아혁명 후에는 서방으로 망명해 활동했다.

** 1917년 러시아혁명 임시정부에서 주요 역할을 맡았던 정치인.

*** 민주주의를 옹호하는 입장에서 무솔리니 정부를 공격했던 반파시스트 지식인.

작품이다. 결론적으로 전체주의 체계를 자유주의적 시각에서 비판하는 것이 과연 의미가 있느냐는 의문이 제기된다. 이는 마치 교황을 나쁜 개신교도라고 비난하는 것과 비슷하다. 하지만 보통 독재자들이 자유주의의 미덕을 전체주의 미덕의 최고봉으로 내세울 만큼 부정직하므로 그들은 자유주의적 비판에 쉽게 노출될 수밖에 없다.

알아야 할 것은, 저자는 비록 볼셰비키 정권에 적대적이지만 가까운 미래에 그 정권이 붕괴하리라고는 생각하지 않는다는 점이다. 저자의 주된 논점은 볼셰비키 정권이 비효율적으로 작용했으며 그에 따른 자유의 손실과 막대한 고통이 초래되었다는 것이다. 저자 드 바질리에 따르면 스탈린이 추진한 산업과 농업의 현대화는 전쟁 전 러시아에서 이미 진행되던 것을 이어간 것에 불과하며 발전의 속도는 혁명에 의해 가속되기는커녕 더욱 느려졌다. 물론 이런 주장은 확실하게 입증되거나 반증될 수는 없다. 증명하고자 하면 통계의 늪에 빠질 것이다. 아무튼 이 책은 주로 소비에트에서 나온 많은 자료들을 제시하며 내가 수년간 읽은 어떤 책보다 긴 각주를 달고 있다. 하지만 혁명 이전 십년 동안 러시아가 이미 상당히 빠르게 현대화되고 있었다는 사실은 되새겨볼 만하다. 이제는 러시아혁명을 역사적 관점에서 볼 수 있게 되었고 야만적인 봉건국가가 하루아침에 슈퍼-아메리카 같은 나라로 변했다는 식의 통념도 수정될 필요가 있을 것이다.

하지만 러시아에서의 삶—보통사람의 삶—은 전보다 나아

졌을까? 그건 외부인이 확언하기는 불가능한 일처럼 보인다. 솔직하게 제시됐다 하더라도 통계에는 항상 오해의 소지가 있다. 우리는 그 숫자 뒤에 감춰진 사실들을 결코 알지 못하기 때문이다. 거친 예를 들자면, 기온에 대해서는 아무 언급 없이 연료소비량을 제시함으로써 중앙아프리카가 추위로 고통받고 있다고 주장하는 격이다. 골란츠Gollancz(판타지 장르로 유명한 영국의 출판사—옮긴이) 같은 출판사들에 의해 출간되며 사망률 외의 곡선은 위로만 치솟는 소련의 통계를 모르는 사람이 어디 있는가? 또한 그 통계들이 얼마나 많은 것을 말해주는가? 드 바질리의 통계는 수치의 정확성에 대해서는 전혀 문제삼지 않으면서 자연스럽게 다른 교훈을 제시하지만 그것에 대해 나까지 언급하지는 않겠다. 삶의 물질적 측면에서 확실하게 드러나는 것은 다음과 같다. 생활수준은 NEP(신경제계획) 기간 동안 높아졌고 1928~33년 동안은 낮아졌으며 지금은 다시 오르고 있으나 서구 유럽 수준에 비하면 여전히 낮다. 이는 소비에트 옹호자들에 의해 부인되지만 설득력을 얻지는 못한다. 1936년 평균 임금은 한 달에 225루블에 불과했다(1루블의 구매력은 3펜스 정도다). 게다가 누구나 알듯이 공식적 임무가 아니라면 소비에트 시민이 외국을 방문하기란 거의 불가능하다. 이는 다른 곳에서의 삶이 더 편안하다는 걸 묵인하는 것과 다름없다.

  드 바질리가 그저 볼셰비키 20년 집권이 생활수준을 올리는 데 실패했다고 주장한다면 그의 비판은 별 가치가 없을 것이다. 결국 그런 스케일의 실험이 시작부터 완벽하게 작동하리라고 예상하기는 쉽지 않기 때문이다. 경제적으로 볼셰비키는 1918년 어떤 이방인들이 예언한 것보다 훨씬 성공적이었다. 하지만 지적이고 도덕적이며 정치적인 면—점점 심해지는 당 독재, 재갈 물린 언론, 숙청, 스탈린에 대한 동양적 숭배—은 차원이 다른 문제다. 드 바질리는 이런 것을 언급하는 데 여러 장을 할애한다. 그럼에도 그는 상대적으로 낙관적이다. 자유주의자로서 그는 '자유의 정신'이 곧 생기를 되찾으리라고 당연하게 생각하기 때문이다. 그는 심지어 이런 일이 벌써 일어나고 있다고 믿는다.

> 자유에 대한 갈망, 자존감의 인식… 구 러시아 엘리트의 이 모든 특징들이 오늘날 지식인들에 의해 받아들여지기 시작한다. (…) 소비에트 엘리트가 개개인의 해방을 위한 투쟁을 전개하는 순간, 엄청난 대중들이 거기에 참여할 것이다.

그러나 과연 그럴까? 현대 독재자들의 무시무시한 특성은 완전히 전례가 없는 존재라는 점이다. 그들의 끝을 우리는 예상할 수 없다. 과거에 모든 전제정치는 얼마 못 가 무너졌으며 적어도 저항을 받았는데 이는 당연히 자유를 추구하는 '인간 본성' 덕분이었다. 그러나 '인간 본성'이 계속 유지될지 우리는 확신할 수 없다. 마치 뿔 없는 소가 만들어지듯이 자유를 갈구하지 않는 사람도 만들어지고 있는지 모른다. 종교재판은 실패했으나 당시 종교재판에는 현대 국가의 자원들이 없었다. 라디오, 언론 검열, 평균화된 교육, 그리고 비밀경찰이 모든 것을 바꿔놓았다. 집단 암시Mass-suggestion*는 지난 20년 동안의 과학이었으며 아직 우리는 그것이 얼마나 성공적일지 알지 못한다.

드 바질리가 현 러시아 정부의 모든 단점을 스탈린 개인의 사악함 탓으로 돌리지 않는 점은 특기할 만하다. 그는 그런 단점들이 볼셰비키 당의 목표와 본성에 이미 처음부터 내재되었다고 생각한다. 레닌은 일찍 죽은 덕분에 평판이 나쁘지 않았을 것이다. 망명중인 트로츠키는 러시아 독재를 깎아내리고 있지만 지금 생존하는 누구보다도 그 정권에 대한 책임이 크며 독재자로서 그가 스탈린보다 낫다는 보장은—비록 그가 좀더 흥미로운 정신을 소유했다고는 해도—어디에도 없다. 문제적인 행동은 민주주의를 거부하는 것, 즉 민주주의의 근본 가치를 거부하는 것이다. 우리가 민주주의를 거부하기로 결정하면, 스탈린—또는 스탈린 같은 사람—은 이미 행동에 들어선 것이나 마찬가지다. 나는 이런 견해가 더 강력해지리라 믿으며 또 그렇게 되기를 희망한다. 똑같은 성을 세웠다 무너뜨렸다 하는 일이 아무 쓸데없는 일임을 수십만의 사람들이라도 알게 된다면 '민주주의 대 파시즘'처럼 귀에 못이 박히도록 듣는 말이 뭔가 의미를 찾기 시작할 것이다.

『뉴 잉글리시 위클리』1939년 1월 12일.

---

* 선전, 연설, 미디어 등으로 사상이나 감정을 대중에게 퍼뜨리는 것.

경제적 정의 앞에서
갈팡질팡하는 교회

F. J. 시드 Sheed 『공산주의와 인간』 *Communism and Man*

이 책은 마르크스 사회주의를 가톨릭의 입장에서 반박한 책으로 온건하게 쓰인 기록이라는 점에서 주목할 만하다. 최근 주요 논쟁에서 흔히 사용되는 모욕적인 왜곡을 거부하고 대부분의 마르크시스트들이 가톨릭에 가하는 신뢰할 만한 평가보다 더 공정하게 마르크시즘과 가톨릭을 설명한다. 책이 실패하거나 여하튼 시작보다 재미없게 끝난다면 그건 아마 저자가 자신의 지적 함의들을 덧붙이는 데 자신의 적수들보다 준비가 덜 되었기 때문일 것이다.

저자가 명확히 파악하는 바와 같이 크리스천과 공산주의자의 뚜렷한 차이점은 개인의 불멸성에 대한 시각에서 드러난다. 이번 생이 다음 생의 준비라면 개인의 영혼은 아주 중요하게 여겨지지만, 죽음 이후의 생이 없다면 개인은 교체될 수 있는 세포로서의 육신에 불과할 것이다. 이런 두 이론은 절대 양립될 수 없으며 그 이론들에 기반한 정치적이고 경제적인 체계는 서로 적대적일 수밖에 없다.

하지만 시드는 가톨릭의 입장을 수용하는 것이 현재 사회의 불의를 계속 묵인하겠다는 의지라는 점을 받아들이기 어려웠나보다. 그는 가톨릭 사회는 사회주의자가 목표하는 바를 모두 담아낸다고 주장하는 것처럼 보인다. 이는 "양쪽을 모두 취하는" 것과 같다.

개인의 구원은 자유를 의미하며, 이는 항상 가톨릭 저자들에 의해 사적 재산권을 포함한다는 식으로 확대되었다. 하지만 우리가 현재 도달한 산업 발전의 단계에서 사적 재산권이란 수백만 명의 이웃들을 착취하고 고문할 권리를 의미한다. 따라서 사회주의자들은 경제적 정의에 전혀 관심이 없는 사람들만이 재산권을 방어할 수 있다고 주장할 것이다.

이 문제에 대한 가톨릭의 답변은 그리 만족스럽지 않다. 교회는 자본주의의 불의를 용납하지 않으며 오히려 그 반대라고 가톨릭은 말한다. 여러 교황들이 자본의 체제를 매우 강하게 비난했으며 사회주의자들은 이런 사실을 무시한다는 시드의 지적은 옳다. 하지만 동시에 교회는 진정한 차이를 만들 수 있는 유일한 해결책을 거부한다. 사유재산은 유지돼야 하고, 고용주-피고용인 관계도 지속돼야 하며 심지어 '부자'와 '가난한 사람'이라는 범주도 남아 있어야 한다. 다만 정의와 공평한 분배가 전제돼야 한다. 다른 말로 하자면 부유한 사람의 재산을 몰수해서는 안 되고 그저 올바르게 행동하도록 부자들을 권고해야 한다는 것이다.

> (교회는) 기본적으로 인간을 착취하는 자와 착취당하는 자로 보지 않으며 착취하는 자들을 물리치는 것이 고유한 임무라고 생각한다. (…) 교회의 관점에서 볼 때 죄인으로서의 부자는 가장 사랑스런 관심을 받아야 할 자들이다. 사람들이 자부심 넘치고 성공한 강자를 바라본다면, 교회는 위험에 처한 지옥 속의 가련한 영혼을 바라본다. (…) 그리스도는 부자의 영혼이 각별한 위험에 처했다고 교회에 말했으며 그 영혼을 돌보는 일은 교회의 주요 임무이다.

인간이 올바르게 행동한다는 확신이 있다면 어떤 경제 체제도 틀림없이 공평하게 작동할 것이다. 하지만 오랜 경험이 보여주듯 돈 문제에서는 극소수의 사람들만이 강제로 부과된 의무 이상의 것을 행한다. 이는 재산에 대한 가톨릭의 태도가 옹호될 수 없다는 뜻은 아니지만 경제적 정의와 일치되기는 어렵다는 의미다. 사실상, 가톨릭의 입장을 수용한다는 건 착취, 가난, 기근, 전쟁, 질병 등을 자연의 섭리 중 하나로 받아들이는 것과 다르지 않다.

그러므로 가톨릭교회가 영적 영향력을 되찾기 원한다면 스스로의 입장을 좀더 과감하게 정립해야 한다. 사유재산을 향한 태도를 수정해야 하고 교회가 말하는 천국은 이 세상의 것이 아니며 육신을 살찌움이 영혼 구원보다 절대 중요하지 않다고 명확히 밝혀야만 한다.

사실상 교회는 이런 말을 하고는 있지만 눈치 보며 하고 있다. 현대의 사람들이 듣고 싶어 하는 말이 아니기 때문이다. 따라서 교회는 최근까지도 변칙적인 입장을 취한다. 교황이 자본주의 체제를 비판하는 동시에 프랑코 장군에게 훈장을 수여하는 상황이 이를 잘 보여준다.

아무튼 이 책은 간명한 스타일로 기록되었고 악의나 싸구려 재담에 빠지지 않은 좋은 책이다. 모든 가톨릭 옹호자들이 시드 같았다면 교회의 적은 훨씬 적었을 것이다.

『평화 뉴스』 1939년 1월 27일.

전체주의의 속내를 간파하다

F. 보르케나우 『전체주의의 적』^{The Totalitarian Enemy}

이 책이 보르케나우 박사가 쓴 최고의 책은 아니지만 전체주의의 본질에 관한 연구라는 점에서 현재 널리 읽힐 가치와 필요가 있다. 우리는 파시즘을 이해하려고 노력해야만 그것과 맞서 싸울 수 있는데 좌나 우나 근본적으로 시도 자체를 하지 않음으로써 명백한 실패를 겪고 있다.

러시아-독일 불가침 협정이 맺어지기 전까지 좌우 양쪽은 나치 정권이 결코 급진적이라고 생각하지 않았다. 국가사회주의는 그저 결함을 가진 자본주의였으며 히틀러는 티센^{Thyssen}(독일의 거대자본가—옮긴이)의 꼭두각시에 불과하다는 것은 존 스트레이치^{John Strachey}(영국 노동당의 정치가이자 경제학자—옮긴이)의 수많은 글에서 증명되었고 『더 타임스』^{The Times}에서도 받아들인 공식 기조였다. 보수주의자들이나 좌파 북클럽 회원들 역시 눈앞의 현실을 무시함으로써 그 문제를 덮어두곤 했다. 아주 당연하게도 유산계급은 히틀러가 볼셰비즘으로부터 자신들을 지켜준다고 믿고 싶어했으며 사회주의자들 역시 당연히 자신들의 동료들을 학살한 사람이 사회주의자라는 사실을 인정하고 싶어하지 않았다. 결국 양쪽에서 독일과 러시아 정권의 점점 더 두드러지는 유사성을 해명해보려는 필사적인 시도가 일어나더니 히틀러-스탈린 협정이라는 놀라운 사건이 벌어진 것이다. 갑자기 지구의 쓰레기 같은 인간과 노동자를 피범벅으로 만든 도살자가 (실제로 그들은 서로를 그렇게 불렀다) 손에 손을 잡고 행진했고 스탈린이 열광적으로 표현했듯이 그들은 "피로 맺어진" 우정을 나누었다. 그때부터 스트레이치와 보수주의자의 이론은 받아들여질 수 없었다. 국가사회주의는 사회주의의 일종이고 강력하게 폭력적이며 노동자를 분쇄하는 것만큼이나 확실하게 자산가들을 깨부순다. 서로 반대편 끝에서 시작된 두 정권은 급속도로 같은 체계, 즉 독재적 전체주의로 나아갔다. 또한 보르케나우 박사가 지적하듯이 지금 러시아를 흉내내는 것은 독일이지 그 반대가 아니다. 그러므로 히틀러가 망하면 독일이 "볼셰비키화된다"는 말은 잠꼬대에 불과하다. 독일은 다름 아닌 히틀러 때문에 볼셰비키화되고 있는 것이다.

결코 풀리지 않는 의문은 볼셰비즘으로부터 세계를 구하기 위해 들고일어난 나치가 어떻게 볼셰비키 자신이 되었느냐가 아니라 그들이 어떻게 권력이나 자신감을 잃지 않고 그 일을 완수할 수 있었느냐는 것이다. 보르케나우는 경제적인 이유와 심리적인 이유 두 가지를 제기한다. 애초부터 나치는 독일을 전쟁기계로 만들고자 했으며 모든 것을 그 목적 아래 굴복시키고자 했다. 하지만 '전면전'을 준비하는 나라는—그것도 특별히 가난한 나라는—어떤 면에선 사회주의적이어야 한다. 국가가 산업을 완전히 손에 틀어쥐고 있을 때, 자본가들이 경영인의 위치로 내려앉을 때, 또한 상품 소비가 부족하고 철저하게 계획돼 있어서 돈을 많이 번 사람이라도 크게 소비할 수 없을 때, 이미 사회주의의 근본적 구조가 마련된 것이고 거기에 더해 전쟁과 공산주의의 씁쓸한 평등까지 존재하는 것이다. 단지 효율의 관점에서 보자면 나치는 자신들이 구하겠다고 나선 바로 그 사람들을 파괴하고 국유화하고 무단 징발한 셈이다. 어차피 그들의 목적은 권력이지 특정한 사회적 형태가 아니기 때문에 그들은 개의치 않는다. 최고의 위치에 머물 수만 있다면 그것이 검거나 희거나 상관하지 않는다. 첫번째 단계가 반마르크시스트 구호에 맞춰 사회주의자들을 가격한 것이라면 그들은 성공적이었다. 두번째 단계에선 손바닥 뒤집듯 마르크시스트 구호에 맞춰 자본주의자들을 가격한 것이라면 그것 역시 꽤 성공적이었다. 진흙탕 싸움이었으며 유일한 규칙은 이기는 것이었다. 1928년 이래 러시아는 아주 유사한 정책을 반복했으며 항상 권력에서 지배적인 파벌을 유지하려고 했다. 전체주의 정부가 끊임없이 추동하는 혐오 캠페인의 경우, 진행될 때만큼은 끔찍이 살벌하지만 실상은 그때그때의 필요에 맞춰 지시되었을 뿐이다. 유대인, 폴란드인, 트로츠키주의자, 영국인, 프랑스인, 체코인, 민주주의자, 파시스트, 마르크시스트 등등 누구나 공공의 적 일순위로 떠오른다. 마치 용접공의 불꽃이 어디로 튈지 모르듯이 혐오는 매순간 방향을 바꾼다.

전쟁의 전략적 측면에 대한 보르케나우 박사의 관점은 좀 기대에 못 미친다. 그는 이탈리아의 예상되는 태도에 대해, 러시아-독일 협정의 군사적 효과에 대해, 국내 전선의 연대에 대해, 무엇보다도 전쟁에서 승리하여 평화를 쟁취하기 위한 현 정부의 힘에 대해 지나치게 낙관적인 시각을 갖고 있다. 그가 지적하듯이, 우리가 이뤄내야 할 것은 우리의 내부를 정비하는 것, 즉 숙청 및 검열의 집단주의뿐 아니라 좀더 인간적이고 자유로운 형태의 집단주의에 맞서는 것이다. 우리는 그 임무를 아주 쉽고 빨리 할 수 있지만, 먼저 현 정부가 앞장설 거라는 신뢰가 필요하다.

보르케나우 박사가 같은 주제로 더 길고 좋은 책을 쓸 거라고 나는 기대한다. 이번 책은 몇몇 뛰어난 부분에도 불구하고 급히 쓰인 듯한 인상을 주고 그 방식에도 오류가 있다. 그럼에도 보르케나우 박사는 히틀러가 영국에 선사한 가장 뜻깊은 선물이다. 정치학 분야의 거의 모든 책이 거짓과 어리석음으로 가득 차 있는 시대에 그의 책은 드물게도 옳은 목소리를 내고 있으며 앞으로도 그럴 것이다.

『시대와 조류』 1940년 5월.

모두가 피할 수 없는 체험, 전쟁과 똥

네빌 슈트^{Nevil Shute} 『처음 도착한 땅』^{Landfall}

알베르 코엔^{Albert Cohen} 『네일크런처』^{Nailcruncher}

모든 인간의 내면에는 좋은 책 한권이 나올 분량이 있다고 흔히들 말하는데 이 말은 모든 돌 한덩이는 조각상을 품고 있다는 말만큼이나 진실을 담고 있다. 아마도 이 말의 핵심은 누구든 펜을 들 수만 있다면 가식적이지 않은 좋은 소설을 쓸 수 있다는 의미일 것이다. 단, 인생의 어느 시기에 문학 사회로부터 벗어날 수만 있다면 말이다. 오늘날 현명한 작가가 부족하지는 않다. 문제는 그런 작가들이 시대적 삶에서 소외되어 평범한 사람들에 대해 쓸 수 없다는 것이다. 아주 '뛰어난' 현대 소설은 항상 일종의 예술가 내지는 예술가에 가까운 인물을 영웅으로 삼는다. 그러나 거의 모든 인간이 피할 수 없는 경험이 하나 있는데 그것은 전쟁이다. '지식인'은 증권거래소나 해양보험 같은 것들은 굳이 살펴보지 않지만 전쟁은 가까이서 볼 기회가 있으며 그래서 전쟁을 다룬 좋은 책들은 상당히 흔한 편이다. 현재의 전쟁은 그 독특한 성격으로 인해 아직 자체의 문학작품이 나오지 않았지만 네빌 슈트[*]의 『처음 도착한 땅』은 그 시초라 할 만하다. 이 작품은 직설적이면서도 설득력 있는 이야기로 앞으로도 슈트의 책들은 계속 주목을 받을 듯하다.

이 책의 매력은 영웅주의와 비열함이 뒤섞인 전쟁의 본질적 특성을 끌어낸 점이다. 전체 이야기는 해안사령부의 통제권을 차지하려는 해군과 공군의 암투를 중심으로 전개된다. 주인공인 젊은 비행사는 영국 잠수함에 폭격을 가해 침몰시킨 혐의를 받는다. 사실 그는 그런 짓을 하지 않았지만 그에 대한 편견을 가진 해군 장교로 구성된 조사위원회가 유죄를 선고한다. 책 후반에서 그는 우회적이지만 묘하게 설득력 있는 사건의 연쇄로 무죄를 선고받는데 그 사건을 연결해주는 핵심은 피임에 대한 지저분한 농담이다. 저자는 주인공을 통해 때로는 '생각하지' 않는 사람들처럼 살아야 생각하는 사람에게도 이득이 된다는 걸 보여준다. 그 젊은 비행사는 지적인 것과는 완전히 거리가 멀다. 그의 취미는 무선으로 방송을 잡아내거나 부품을 구입해 배 모형을 조립하는 것이다. 그는 바텐더와 연애 끝에 결혼을 하고 모든 장에 걸쳐 이중의미의 말장난이나 "오, 당신 정

---

[*] 영국의 소설가이자 항공 엔지니어. 평범한 사람들이 전쟁의 극한 상황에서 겪는 이야기를 주로 다뤘다.

말 끔찍하군" 같은 대화가 살롱 바를 가득 채운다. 하지만 저자는 어떤 것도 아이러니하게 다루지 않는다. 그는 젊은 비행사의 관점을 이해한다. 아마 저자 역시 종종 그의 체험을 공유했기 때문일 것이다. 저자는 그의 안과 밖에 정통하며 그가 영웅적이면서도 유치하고 유능하면서도 바보 같다는 것을 안다. 그 결과 기분 좋게 교활함에서 벗어나 때로는 진정으로 감동적인 훌륭하고도 간단한 이야기가 탄생했다.

한편 『네일크런처』는 내가 한동안 읽은 소설을 통틀어 가장 허세 넘치는 작품 중 하나다. 이 작품은 처음에는 그리스 케팔로니아 섬, 후반에는 스위스를 배경으로 몇몇 백치 같은 유대인들을 다룬 장대하고 우스꽝스러운 이야기다. 눈길을 끄는 장면은 꽤 길게 역겨운 배설을 묘사한 부분이다. 그런 첫 장면과 마주하자마자 나는 어떤 형용사를 발견하게 될지를 예감하며 책 재킷의 광고 문구로 돌아갔는데 역시 "라블레 풍의" Rabelaisian라는 형용사가 보였다.* 이 단어가 항상 칭찬의 의미로 사용된다는 것은 특이한 일이다. 우리는 포르노그래피는 비난받을 일이지만 '쾌활한 라블레 풍의 유머'(똥에 대한 집착을 의미한다)는 아무 문제없다고 말한다. 이는 아마도 라블레가 요즘 거의 읽히지 않기 때문일 것이다. 라블레는 '쾌활한' 작가라고 늘 주장되지만 실은 매우 삐딱하고 병적인, 심리분석의 한 대상이 될 만한 작가다. 하지만 엄격한 삶을 살아온 사람일수록 음

---

* 라블레는 프랑스 르네상스 시대의 작가로 풍자와 해학으로 중세적 사고방식을 비판하고 인문주의의 가치를 내세운 것으로 유명하다.

흉한 마음을 가지게 마련인지라 라블레는 빅토리아 시대에 상당한 명성을 지하세계에 구축했다. 아치디컨 그랜틀리^{Archdeacon Grantly}*는 몰래 라블레를 읽었으며 브라우닝의 시에 등장하는 독신자는 '라블레의 작은 판본'을 지니고 있었다. 라블레를 존경스러운 작가로 만들 단 하나의 방법은 배설물 애호증에 뭔가 '정상적'이고 '유쾌한' 면이 있다고 주장하는 것일지도 모른다. 이렇듯 그 전설은 그의 더러운 묘사들을 찾아 읽는 이 하나 없는 시대에까지 이어져왔다. 아무튼 '라블레 풍의'라는 말은 『네일크런처』에 대한 정확한 묘사다. 당신이 분변학糞便學을 좋아한다면 이 책이 취향에 맞을 것이다. 그러나 비위가 약하다면 이 책을 멀리해야만 한다. 책에 담긴 많은 묘사들은 평범한 사람들을 육체적으로 고통스럽게 하기 때문이다.

『뉴 스테이츠먼 앤 네이션』 1940년 12월 7일.

---

* 영국작가 앤서니 트로로프의 바셋셔 시리즈 소설에 등장하는 가상 인물. 권위적이지만 시대를 향해 흥미로운 질문을 던지는 캐릭터다.

영국은 왜 인도에서
품위 있게 사라지지 못할까

라이오넬 필든 Lionel Fielden* 『거지 내 이웃』 *Beggar My Neighbour*

상업 광고와 정치 선동을 비교하다보면 상대적으로 광고가 지닌 지적인 정직성에 놀라곤 한다. 적어도 광고주는 그가 목표로 하는 것—그러니까 돈—을 알고 있지만 선동가는 맥 빠진 사기꾼이 아닌 이상 종종 사적인 원한을 갖는 신경증 환자처럼 행동하며 자신이 홍보하는 것의 정반대를 열망한다. 필든 책의 표면적인 목표는 인도 독립의 대의를 증진하는 것이다. 그러나 책은 그런 효과를 얻지 못하며 저자가 그런 것을 원한다고 생각할 여지조차 주지 않는다. 만약 누군가 인도의 독립을 위해 진정으로 일한다면 무엇을 하겠는가? 어떤 세력들이 자기 편인지를 결

---

* 영국의 방송인으로, 인도에서 방송국 설립과 라디오 방송 발전에 중요한 역할을 한 인물.

정하는 데서 시작해 치약 광고주만큼이나 냉정하게 그 세력들에게 호소하기 위한 방법을 강구할 것이다. 필든은 그런 식으로 접근하지 않는다. 그의 책에는 많은 동기들이 뚜렷이 드러나지만 그중 눈에 띄게 확실한 것은 인도 정부, 인도 라디오, 그리고 다양한 영국 언론들과의 다툼을 해결하려는 욕망이다. 실제로 그는 인도에 대한 수많은 사실들을 모으고 마지막엔 몇 페이지에 걸쳐 건설적인 제안을 하기도 하지만 책의 대부분은 그저 잔소리와 영국 규율에 대한 근거없는 공격, 마치 관광객처럼 인도 문명의 우월함을 늘어놓는 데 할애된다. 모든 선동가들이 목표로 삼는 다정한 분위기를 연출하기 위해 그는 책 앞에 "유럽의 야만인들 사이에서"라는 헌정 편지를 띄우고 몇 페이지 후에는 서른아홉살의 독신녀가 남자를 평가할 때와 같은 싸늘함으로 서구 문명을 깎아내리는 상상의 인도인을 소개한다.

> 인도인은 자신의 전통을 매우 자랑스러워하며 유럽인들을 끊임없이 싸움을 일삼고 평화로운 사람들을 지배하기 위해 무력을 사용하며 머릿속엔 큰 사업, 위스키와 교각밖에 없는 사람으로 여긴다. 또한 유럽인들은 비교적 최근에 성장했으며 배관 시설에 과한 가치를 부여하면서도 전세계에 결핵과 성병을 퍼뜨린 사람들이라고 생각한다. (…) 흐르는 물에 몸을 씻는 대신 자신이 씻은 물에 앉아 있는 사람을 보면 인도인은 비위생적이며 더럽고 역겨운 인간이라고 말할 것이다. 나는 영국인이 인도인에 비해 더럽고 심지어 냄새나는 민족이라는 주

장에 절대적으로 찬성할 것이다. 여러 사람이 사용한 반쯤 씻은 포크와 스푼, 나이프로 식사를 하는 것이 인도인처럼 자기 손을 사용하는 것보다 야만적이라는 주장을 나는 틀렸다고 보지 않는다. 인도인은 아무것도 없는 벽과 아름다운 카펫을 갖춘 자신들의 방이 불편한 의자와 테이블 등이 흩어져 있는 유럽의 방보다 훨씬 우월하다고 확신할 것이다.

이 책 전체는 어느 정도 이런 맥락이다. 똑같은 잔소리, 히스테릭한 설명이 매 페이지마다 등장하고 비교를 끌어들일 수 있는 곳에선 매번 동양은 좋고 서양은 나쁘다는 결론을 내린다. 이런 식의 인식이 인도의 독립이라는 대의를 위해 정말 기여를 하느냐고 묻기 전에 한 가지 실험을 해볼 가치가 있다. 한 영국인이 필든의 인도인처럼 날카롭게 자신의 문명을 추켜세운다고 가정하고 내가 위의 문장을 다시 써보겠다. 영국인이 하는 말은 내가 위에서 인용한 인도인의 말만큼이나 솔직하고 진심이라는 걸 염두에 두는 게 중요하다.

영국인은 자신의 전통을 매우 자랑스러워하며 인도인들을 원숭이 같은 몸짓을 하는 떳떳하지 못한 종족이자 여성들에게 잔인하고 쉴 새 없이 돈 이야기를 하는 사람들로 여긴다. 또한 인도인은 서구 과학을 제멋대로 경멸하며 그 결과 말라리아와 기생충으로 썩어갈 민족이라고 생각한다. 더운 날씨에 흐르는 물에 씻는 게 나름은 좋겠지만 영국인은 추운 날씨엔 모든 동양인들이 자신들처럼 물을 받아 씻거나 인도의 산악 부족들처럼 아예 씻지 않는다고 말할 것이다. 서구인이라면 누구나 인도의 마을을 걸으면서 제발 후각기관이 사라지면 좋겠다고 생각할 것이고 나도 그 생각에 전적으로 동의한다. 구역질나는 소리를 내지 않고서는 손가락으로 음식을 먹는 것이 불가능하니 그건 야만적인 습관이라고 주장을 해도 나는 틀렸다고 보지 않는다. 나는 편안한 팔걸이의자와 다정한 책장이 있는 영국의 방이 등받이 없이 앉아 있어야만 하는 통에 마음까지 허해지는, 아무 것도 없는 인도의 방보다는 훨씬 우월하다고 확신한다.

여기서 두 가지 포인트가 떠오른다. 우선, 어떤 영국인도 지금 이렇게 쓰진 않는다. 의심할 여지없이 많은 사람들이 그렇게 생각하며 자기들끼리는 수군거리겠지만 그런 식의 글을 찾으려면 십년 전으로 거슬러 올라가야 할 것이다. 두번째, 이건 물어볼 가치가 있는데, 우연히 한 인도인이 진지하게 이 글을 접한다면 과연 어떤 느낌일까? 당연히 상처 받을 것이다. 그렇다면 내가 인용한 구절 또한 영국 독자들에게 똑같은 영향을 끼치지 않을까? 어떤 사람도 자신의 관습과 전통이 모욕당하는 걸 듣고 싶어 하지 않는다. 지금 시점에 인도에 관한 책은 각별히 중요하기 때문에 이는 결코 사소한 문제가 아니다. 어떤 정치적 해결책도 없는 상황에서 인도인들은 자유를 쟁취하지 못하고 있으며 영국 정부는 자유를 줄 생각이 없다. 현재 우리가 할 수 있는 일은 영국과 미국의 여론을 옳은 방향으로 끌어가는 것뿐이다. 하지만 그 일은 그저 반反유럽을 선동하는 것으로는 달성되지 못할 것이다. 일년 전 크립스 사절단$^{Cripps\ Mission}$*이 실패한 직후 나는 저명한 인도 민족주의자가 한 모임에서 왜 크립스의 제안이 거절당했는지 연설하는 것을 보았다. 그 자리에는 많은 미국 신문 기자들이 와 있었기 때문에 잘만 대처한다면 인도국민회의당에 대해 우호적인 의견을 미국에 형성할 수 있는 뜻깊은 기회였다. 기자들은 열린 마음으로 자리에 참석했다. 하지만 그 인도인이 자신의 주제에 집중하는 대신 앙심과 열등감이 뒤섞인 장광설을 쏟아내는 바람에 단 십분만에 기자들은 영국 정부의 열렬한 지지자로 돌아서버렸다. 치약 광고주라면 하지 않을 실수였다. 치약 광고주는 치약을 팔려는 것이지 15년 전 자신을 일등석에서 쫓아낸 늙은이에게 복수를 하려는 것은 아니기 때문이다.

그렇지만 필든의 책은 당장의 정치적 문제보다는 더 광범위한 문제들을 제기한다. 그는 서양이 물질적이고 과학적이며 거칠고 호전적인 데 비해 동양은 종교적이고 예술적이며 '진보'에 무관심하다는 이유로 서양에 비해 동양을 옹호한다. 영국의 가장 큰 범죄는 인도에 산업화를 강요한 것이다. (사실상 지난 삼십년간 영국의 진짜 범죄는 그 반대의 짓을 한 것이다.) 서양은 일 그 자체를 목적으로 바라보지만 동시에 '삶의 높은 기준'에 사로잡혀 있다. (필든이 반사회주의자이자 러시아 혐오자

---

* 영국 정치인 스태퍼드 크립스가 이끈 사절단으로 영국령 인도의 독립을 논의하려 했으나 실패했다.

이며 영국 노동계급을 다소 경멸한다는 사실에 주목할 필요가 있다.) 반면 인도는 기계로부터 자유로운 전통적인 단순함 속에서 살기를 원한다. 인도는 독립돼야 하며 동시에 탈산업화돼야 한다. 또한 명확히는 아니지만 인도가 지금 전쟁에서 중립을 유지해야 한다는 점도 수차례 주장되었다. 말할 것도 없이 필든의 영웅은 간디지만 간디의 재정적 배후에 관해서는 아무 말도 하지 않는다. "나는 간디의 전설이 동양의 수백만 사람들에게 타오르는 영감이 되었으며 아마도 서양 사람들에게도 그러하리라 생각한다. 황금 송아지 앞에 엎드려 절하지 않은 덕분에 당분간 동양이 풍성한 토양을 제공할 것이다. 또한 인간 행복은 특정 형식의 숭배에 의존하는 것이 아니며 물질의 정복은 곧 전쟁의 정복임을 인류에게 보여주는 것 역시 동양이 될 것이다." 간디는 이 책에 여러 차례 등장하며 부크맨주의Buchmanities에서 '프랭크'와 같은 역할을 한다.*

간디가 다가오는 몇해 동안 "타오르는 영감"으로 떠오를지 현재로선 잘 모르겠다. 인류의 숭배를 받는 사람들을 떠올려보면 그렇게 되지 않을 이유는 없는 것 같다. 하지만 인도가 독립을 '해야만' 하고 탈산업화돼야 하며 전쟁에서 중립을 지켜야 한다는 말은 터무니없는 주장이다. 우리가 정치적 투쟁의 세부 사항들을 잊고 전략적 현실을 바라본다면 다음의 두 사실은 모순으로 보일 것이다. 첫째로 독립의 '당위'야 그렇다 치더라도

---

* 프랭크 부크맨은 미국 출신 기독교 운동가로, 도덕 재무장 운동을 창시한 인물이다.

인도는 영국 또는 독일이 현재 독립된 것 같은 의미의 독립을 당분간 이루지 못한다. 두번째로 독립을 향한 인도의 '열망'은 현실이며 그 존재를 부정할 수 없다.

국가의 주권이 존재하는 세계에서 인도는 스스로를 방어할 수 없기 때문에 주권국가가 될 수 없다. 인도가 필든이 상상하는 소와 물레방아의 낙원일수록 더욱 그러하다. 지금 독립이라 불리는 것은 다량의 비행기를 생산할 수 있는 능력을 의미한다. 이미 세계에서 독립국가라고 순수하게 불릴 수 있는 나라는 다섯 나라에 불과하며 지금과 같은 경향이 지속되면 결국 세 나라만 남을 것이다. 장기적 관점에서 인도가 세계의 패권을 차지할 가능성은 거의 없으며 단기적 관점에서 인도 독립의 첫 발걸음은 연합군의 승리임이 분명하다. 비록 단기적이고 불확실한 단계가 되겠지만 인도의 지속적인 종속만이 대안이 될 것이다. 우리가 패배하면 일본이나 독일이 인도를 점령할 것이며 그러면 이야기는 끝이 난다. 만약 타협적인 평화가 있다면 (필든은 종종 이것이 바람직하다고 암시하지만) 그런 상황에서 영국은 이미 차지하거나 지켜낸 영토에 집착할 수밖에 없기 때문에 인도의 상황은 더 나아지지 않을 것이다. 타협적 평화는 항상 "능력껏 성취하는" 평화다. 필든은 가상의 인도인을 내세워 인도가 중립을 유지하면 일본이 그냥 내버려둘 것처럼 이야기한다. 책임감 있는 인도 민족주의자가 어떻게 그런 허튼소리를 할 수 있는지 의심스럽다. 좌파 그룹에서는 인도가 영국의 도움을 받지 않고 스스로 방어하는 게 더 낫다고 생각하지만 역시 감상적이다. 인도인들이 군사적으로 우수했다면 벌써 예전에 영국을 쫓아냈을 것이다. 많이 인용되는 중국의 사례는 오해의 소지가 매우 크다. 더 나은 소통만으로도 인도는 중국보다 지배하기가 수월한 나라다. 또한 중국은 최고로 산업화된 나라들의 도움을 받아 저항하고 있으며 그런 도움 없이는 무너지고 말 것이다. 다음 몇년 간 인도의 운명은 영국과 미국의 운명과 연결돼 있다고 결론을 내릴 수밖에 없다. 러시아가 서구에서 손을 털고 나오거나 중국이 강력한 군사력을 가진다면 문제가 달라질 것이다. 하지만 이는 또한 추축국(독일·이탈리아·일본 등)의 완전한 패배를 암시하며 필든이 바람직하게 여긴 중립과는 한참 거리가 멀다. 일본이 오더라도 사보타주와 '비협조'에 직면할 것이라는 간디의 생각은 착각에 불과하며 간디는 그걸 믿을 만한 어떤 강력한 조짐도 보여주지 않는다. 그런 방식은 한번도 영국을 심각한 곤란에 빠트리지 못했고 일본에게도 큰 인상을 주지 못할 것이다. 그나저나, 한국의 간디는 어디에 있다는 말인가?*

그러나 인도 민족주의가 속임수 백서나 마르크스의 몇 구절로 퇴치되는 것은 아니다. 그것은 감정적이고 낭만적이며 심지어 우월적인 민족주의다. "조국의 신성한 땅" 같은 구절은 현재 영국에서는 터무니없어 보이겠지만 인도 지식인들에게는 충분히 자연스럽게 다가갈 것이다. 일본이 인도를 침략하려고

---

* 글의 맥락상 간디의 감상적 민족주의가 일본의 식민지 한국까지 영향을 주지 못하고 있다는 뜻으로 보인다.

나타났을 때 네루는 실제로 "인도가 살아남으면 누가 멸망하는가?"라는 구절을 사용했다. 그렇게 한바퀴를 돌아 인도의 저항자는 키플링을 인용한다. 그리고 이 수준에 이른 민족주의는 간접적으로 파시즘에 복무한다. 인도가 실제로 독립할 수 있는 유일한 형식인 연방체제에 대해 매력을 느끼는 인도인은 극히 드물다. 연방주의에 대해 립서비스를 하는 사람들조차 서방에 대항한 군사연합을 고려하는 동양 연방만을 원한다. 계급투쟁이라는 개념은 아시아에서는 어디서도 환영받지 못하며 러시아나 중국 역시 인도에서도 크게 공감을 일으키지 못한다. 유럽의 나치 지배에 관해서는 오직 한줌의 인도인들만이 그것이 자신들의 운명에 영향을 끼친다는 점을 알아본다. 좀더 작은 아시아 국가들에서 "조국이 옳든 그르든" 하던 민족주의자들이 일본으로 넘어간 것은 전적으로 무지 때문은 아니었을 것이다.

  그러나 여기서 필든이 다루지 않은 문제가 제기된다. 그것은 바로 아시아 민족주의가 서구의 억압에 얼마나 시달리다 나온 결과인지 우리는 알지 못한다는 것이다. 한 세기 동안 일본을 제외한 모든 동양의 주요 국가들은 어느 정도 식민지 상태에 있었고 여러 민족주의 운동의 히스테리와 근시안적 경향은 바로 이런 점에 기인하고 있다. 외국인들에게 지배당한 이상 당장의 민족 주권이 민족 자유의 적이라는 점을 깨닫기는 매우 어려울

---

* 이 말은 영국 작가 러디야드 키플링이 쓴 문장으로 제국주의자 입장에선 인도가 독립하면 영국 제국주의는 몰락할 것이라는 뜻으로 받아들여지며 민족주의자 입장에서는 인도를 억압하는 세력은 결국 사라질 것이라는 암시를 담고 있다.

것이다. 동양 국가 중 가장 민족주의적인 일본 역시 한 번도 지배당한 적이 없는 나라이기 때문에 이것이 사실인지는 확신할 수 없다. 다만 적어도 다음과 같은 길을 따르지 않는다면 거의 해결책이 없다고 말할 순 있을 것이다. 패권정치가 상식적인 품위에 자리를 내어주지 않으면 세계는 우리가 이미 엿본 어두운 악몽으로 휘말려 들어가고 말 것이다. 세계 연방에 대한 우리의 이야기에 신뢰를 더하기 전 먼저 해야 할 일은 영국이 인도의 배후에서 물러나는 것이다. 이것이 지금 세계에서 가능한 유일한 대규모의 품위 있는 행동이다. 즉각적인 전제는 부왕령副王領과 인도사무소를 철폐하고 의회 포로들을 석방하며 인도 독립을 공식적으로 선포하는 것이다. 나머지는 세부적인 것들이다.[*]

하지만 어떻게 그런 일을 가능하게 할 수 있을까? 지금 이뤄진다면 자발적인 행동으로만 가능할 것이다. 인도의 독립은 영국과 미국의 여론 이외의 어떤 자산도 없으며 그것만이 유일한 잠재적 자산이다. 일본, 독일, 영국 정부는 모두 반대편에 있고 인도의 친구가 될 수 있는 중국과 소련은 목숨을 걸고 싸우고 있는지라 여력이 없다. 남는 것은 합당한 이유가 있다면 자국 정부에 압력을 가할 수 있는 영국과 미국의 민중들이다. 가령 크립스 사절단이 활동할 때 영국 여론이 정부를 압박하여 합당한 제안을 이끌어내기가 아주 쉬웠으며 그런 기회는 다시 찾아올 것이다. 그런데 필든은 크립스 개인의 정직성을 의문시하는

[*] 원서 주: 물론 당연한 귀결은 전쟁 수행을 위한 군사적 동맹이 될 것이다. 이를 보장하는 데 큰 어려움은 없을 것이다. 일본이나 독일의 지배를 받고자 하는 인도인은 거의 없기 때문이다.

데 전력을 다하면서 의회실무위원회가 만장일치로 크립스의 제안을 받아들이지 않은 것처럼 말하지만 이는 사실이 아니다. 사실 크립스는 정부로부터 그가 얻어낼 수 있는 최상의 조건을 쟁취했다. 더 나은 것을 얻기 위해서 그는 배후 여론의 적극적이고 지적인 지원을 받아야만 했다. 따라서 첫번째 임무는 이 나라의 보통사람들을 설득하는 것이다. 그들에게 인도 문제를 직시하도록 하고 인도가 수치스런 취급을 받았으며 보상받을 자격이 있음을 알도록 해야 한다. 하지만 영국인들을 모욕해서는 이 일을 이루지 못한다. 대부분의 인도인들은 영국의 인도 숭배자들보다 이 문제를 더 잘 이해하고 있다. 만약 어떤 책이 아무 논리 없이 모든 영국 제도를 모욕하고 가이드와 함께 여행을 떠난 고루한 미국 교사처럼 '동양의 지혜'를 예찬하며 히틀러에게 항복하자는 청원을 인도의 자유에 대한 청원과 섞어 놓는다면 과연 어떤 효과가 나타날 것인가? 잘해야 그 책은 이미 개종한 사람들을 개종할 것이고 그들 중 몇은 그나마 한 개종을 취소할 것이다. 그 책의 동기야 겉으로 드러나는 것보다 복잡할 수 있지만 온전한 효과는 영국 제국주의를 강화할 것이 분명하다.

표면적으로 필든의 책은 '물질주의'에 반하여 '정신주의'를 추구한다. 한편으론 동양적인 모든 것에 대한 숭배이자 다른 한편으론 서구, 특별히 영국에 대한 보편적인 혐오이며 과학과 기계에 대한 혐오, 러시아에 대한 의심, 사회주의 노동계급 개념에 대한 경멸이다. 결국 응접실 아나키즘으로 요약되는데 이는 배당금에 기초한 단순한 삶에 대한 요청이다. 물론 기계에 대한 거부는 항상 기계에 대한 전략적 수용에 기반하며 이는 간디가 면화 백만장자의 저택에서 물레로 실을 잣는 연기 장면으로 상징화된다. 간디는 그러나 또다른 방식으로 등장한다. 간디와 필든 모두 현재의 전쟁에 대해 과도하게 모호한 태도를 취한다는 점은 주목할 만하다. 영국에서 '순수한' 평화주의자 아니면 일본의 첩자라는 다양한 평가를 받고 있지만 간디는 사실 전쟁에 대해 기록하기 힘들 정도의 모순된 발언들을 많이 내놓았다. 한때는 그의 '도덕적 지원'이 연합군과 함께하다가도 다른 때는 폐기되며, 또다른 때는 일본과 타협을 하는 게 가장 좋다고 하다가도 다른 때는 비폭력적 수단으로—그는 수백만 명의 희생을 대가로 생각한다—일본에 대항하고자 한다. 또다른 순간엔 영국은 서구에서나 전쟁을 벌이고 인도가 침략되도록 놔두라고 하더니 다른 순간에는 자신은 "연합군의 대의를 거스를 생각이 없다"면서 연합군이 인도를 떠나지 말았으면 좋겠다고 선언한다. 전쟁에 대한 필든의 관점은 좀 덜 복잡하지만 모호하긴 마찬가지다. 그는 어디에서도 추축국의 패배를 바란다는 언급을 하지 않는다. 거듭 그는 연합국의 승리가 좋은 결과를 가져올 수 없다고 강조하지만 그러면서도 '패배주의'를 부인하며 인도의 중립이 군사적 의미에서 우리에게 유용하다고, 즉 인도가 걸림돌이 되지 않으면 영국이 더 잘 싸울 것이라고 주장한다. 이것이 무슨 의미냐 하면, 협상과 합의된 평화를 원한다는 의미일 것이다. 대놓고 말하지 못하지만 협상이 그가 원하는 바임을 나는 의심하지 않는다. 하지만 매우 흥미롭게도, 그것이 '제국주의자'의 해법이다. 타협하는 자들은 늘 승리나 패배가 아니라 또다른 제국주의 세력과의 협상을 원한다. 그들은 또한 전쟁의 명백한 어리석음을 논리로 이용하는 법을 알고 있다.

지난 수년 동안 수많은 지적인 제국주의자들이 많은 것을 포기하면서까지 파시스트들과의 타협을 선호해왔다. 오직 협상을 통해서만 제국주의가 살아남을 수 있음을 알았기 때문이다. 그들 중 일부는 지금까지도 이런 점을 공공연하게 암시하기를 두려워하지 않는다. 우리가 전쟁을 파괴적인 결말로 이끌어간다면 대영제국은 사라지거나 민주화되거나 아니면 미국의 노리개가 될 것이다. 다른 한편으로 현존하는 세계 체계를 유지하는 데 관심을 가진 다른 제국주의자들이 존재한다면 대영제국은 현재의 형태나 그 비슷한 형태로 살아남을 것이다. 우리가 독일, 일본과 합의한다면 우리 소유를 깎아먹을 수도 있지만(그조차도 확실하지 않다. 영토상으로 영국과 미국이 이번 전쟁에서 잃은 것보다 얻은 게 많다는 건 잘 알려지지 않은 사실이다) 적어도 이미 우리가 가진 것을 보장받을 것이다. 세계는 당분간 싸울 동기가 없는 서너 개의 거대한 제국주의 세력으로 갈라질 것이다. 독일은 러시아를 무력화하기 위해, 일본은 중국의 발전을 막기 위해 그 세력에 낄 것이다. 그런 체계가 구축된다면, 인도는 거의 무기한 종속상태에 머물 수밖에 없다. 그리고 그보다 더한 문제는, 타협적 평화가 어떤 다른 노선을 따를지 의심스럽기 때문에 응접실 아나키즘이 전혀 무해한 것처럼 보인다는 사실이다. 객관적으로 응접실 아나키즘은 최악의 타협주의자들이 원하는 것을 요구할 뿐이며 주관적으로는 이 나라에서 인도의 잠재적 친구들을 자극한다. 또한 이는 자신의 극단주의로 영국 대중을 멀어지게 하고 온건함으로 영국 정부를 구했던 간디의 행적과 어딘가 유사하지 않은가? 물론 의식적인 연합은 아니지만 개혁 불가능론과 반동은 보통 연합한다.

위선은 매우 드문 일이며 진정한 악행은 아마 착한 행동만큼이나 어려운 일일 것이다. 우리는 적대적인 진영들이 끊임없이 상대편으로 변해가는 미치광이 세상에서 살고 있다. 그곳에서 평화주의자들은 어느덧 히틀러를 숭배하고 사회주의자는 민족주의자가 되며 애국주의자는 매국노로 변신하고 불교신자들은 일본 군대의 성공을 기도하고 러시아가 공세를 펼치면 주식시장이 상승세로 전환한다. 하지만 이 사람들의 동기가 바깥에서 보기엔 뚜렷하더라도 막상 그들은 스스로에게 확신이 없다. 마르크스주의자들이 상상하듯, 사악한 부자가 작은 밀실에 앉아서 노동자들을 강탈할 계획을 세우는 그런 일은 세상에서 일어나지 않는다. 강도 사건은 일어나지만 몽유병자들에 의해서 저질러진다. 지금 부자들이 가난한 사람들에 맞서 사용하려고 발전시켜온 최고의 무기는 '영성'이다. 삶의 품위 있는 기준을 향한 욕망을 '물질주의'라고 노동자들이 믿게 만들 수 있다면 그들을 당신이 원하는 곳으로 데려갈 수 있을 것이다. 또한 인도인들이 노동조합 같은 고약한 것을 택하는 대신 '정신적'인 상태에 머물도록 유도할 수 있다면 그들을 영원한 막노동꾼으로 유지시킬 수 있을 것이다. 필든은 서구 노동계급의 '물질주의'에 분개하면서 노동자들이 라디오뿐 아니라 자동차나 모피 코트를 원한다며 부자보다도 더 나쁘다고 비난한다. 이런 감정들이 안락하고 특권적인 지위에 있는 사람들에게서 나와서는 곤란하다고 명확히 대답할 수 있다. 하지만 그 대답은 대답일 뿐 진단은 되지 못한다. 반감을 품은 지식인들은 부정직하더라도 전혀 문제가 되지 않기 때문이다.

지난 이십년 동안 서구문명은 지식인들에게 책임감 없는 안보를 제공했고 특히 영국에서 서구문명은 지식인을 특권계층에 꼼짝없이 묶어두면서 회의주의에 빠져들도록 교육했다. 지식인은 자신이 싫어하는 아버지에게 의존하면서 살아가는 젊은이의 처지가 되었다. 그 결과는 어떤 순수한 탈출의 욕구도 없는 깊은 죄의식과 분노의 감정이었다. 그러나 심리적 탈출, 자기정당화의 형식이 있어야만 하며 그중 가장 만족스러운 것은 전이된 민족주의다. 19세기 동안 일반적인 전이는 소비에트 러시아였지만 다른 대안들도 있었으며 현재는 스탈린주의가 아닌 평화주의와 아나키즘이 젊은이들 사이에 자리를 잡고 있다. 이런 신념들은 불가능한 것을 목표로 하므로 사실상 거의 요구하는 게 없다는 장점을 가진다. 당신이 동양의 신비주의와 간디에 열광하는 부크맨주의에 헌신한다면 반감을 품은 지식인에게 요청되는 모든 것을 갖춘 셈이다. 그렇게 되면 영국 신사의 삶과 성인의 도덕적 태도를 동시에 즐길 수 있다. 그저 당신의 충성심을 영국에서 인도로 옮기는 것만으로(전에는 러시아였지만) 그것이 무엇인지 안다면 절대 빠져들지 못할 모든 종류의 광신주의에 흠뻑 빠져들 수 있다. 평화주의의 이름으로 히틀러와 타협할 수 있고 '영성'의 이름으로 돈을 지켜낼 수 있다. 전쟁을 완전히 끝내길 원치 않는 사람들이 서구에 비해 동양을 극찬하는 것도 우연이 아니다. 실제적인 사실들은 그리 중요하지 않다. 동양의 국가들이 서구 국가들만큼이나 호전적이고 공격적인 면모를 보였으며 산업화를 거부하기는커녕 최선을 다해 빠르게 도입했다는 사실은 무의미하다. 왜냐하면 그 사람들이 원한 것은 탐욕스럽고 물질적인 서구에 맞선 평화롭고 종교적이며 애국적인 동양이라는 신화이기 때문이다. 당신이 산업주의와 사회주의를 거부하자마자 파시스트와 평화주의자가 협력하는 낯설고 기이한 나라에 들어서게 된다. 히틀러와 간디의 가르침은 똑같다는 독일 라디오의 언급 속에 실로 종말론적인 진실이 들어 있다. 미들턴 머리$^{Middleton\ Murry}$(문학, 사회 등 다방면의 글을 쓴 영국 작가—옮긴이)가 일본의 중국 침략을 칭송하고 제럴드 허드$^{Gerald\ Heard}$(영국의 과학 작가이자 역사가—옮긴이)가 힌두교도들조차 외면하는 힌두 카스트 제도를 도입하자는 걸 보면 그런 진실을 깨닫게 된다. 우리는 앞으로 수년 동안 동양 문명의 우월함에 대한 수군거림을 귀가 따갑게 듣게 될 것이다. 이 책은 좌파 언론에선 찬사를 받고, 좀더 지적인 우파 진영에서는 아주 다른 이유로 환영을 받을 말썽 많은 책이다.

『호라이즌』 1943년 9월; 『파르티잔 리뷰』 1944년 겨울호.

옮긴이의 말

학생 시절 조지 오웰에 관해서는 아는 것도 별로 없었고 관심도 크지 않았다. 당시 유행하던 세계문학전집에 포함된 『동물농장』이나 『1984』 같은 소설, 그리고 반공주의 성향을 가진 영국 작가라는 것 정도가 전부이지 않았나 싶다. 그러던 중 속속 출간된 오웰의 르포와 에세이를 접하면서 필자의 시각은 180도 달라졌다. 그때까지만 해도 스페인내전에 기자로 참여했던 헤밍웨이 정도를 용기있는 작가로 꼽던 필자는 스페인내전뿐 아니라 탄광촌, 런던과 파리의 밑바닥 생활까지를 두루 체험한 조지 오웰의 글을 보고는 상당한 감동을 받았다. 가혹하기 이를 데 없는 최하층 생활, 때로는 목숨이 왔다갔다하는 전장에서 오웰은 자신만의 뚜렷한 주관으로 제국주의와 자본주의, 전체주의 모두를 고발하고 있었다.

20세기의 작가들 대부분이 지식인층에 속하며 대체로 관찰자의 입장에서 부르주아 세계를 비판한 것에 비해 오웰은 지식인이면서도 전쟁과 하층계급의 생활을 겪어낸 매우 드문 작가다. 몸소 체험한 바가 자연스럽게 글에 스며든 장면들이 아직도 기억에 남는다. 가령 탄광에 들어가 좁은 갱도에서 탄을 캘 때의 고통을 묘사한 장면(『위건 부두로 가는 길』)이라든가 주린 배를 움켜쥐고 하루하루 끼니를 때울 일용직을 찾아다니는 장면(『파리와 런던의 밑바닥 생활』)은 현장을 직접 체험한 사람이 아니면 쓰지 못할 생생한 묘사로 기억된다.

묘사만 생생한 것이 아니다. 오웰의 산문은 사유의 명징함으로도 깊은 인상을 준다. 정치와 문학예술을 다루는 에세이에서 오웰은 좌우를 가리지 않고 인정할 것은 인정하되 비판할 것은 가차없이 비판하는 사유를 감행한다. 특히 스탈린주의와 친소련파들이 불러온 역효과에 대한 신랄한 비판이나 예술은 근본적으로 프로파간다에 다름 아니라는 과감한 선언 등(『나는 왜 쓰는가』)은 큰 울림을 남긴다.

우리에게 에세이라고 하면 보통 수필을 의미하며 '마음 가는 대로 쓰는 글' 정도로 해석된다. 그러나 이 장르를 처음 고안한 몽테뉴에 따르면 에세이는 사유의 '실험'을 의미한다. 그러니까 좋은 에세이는 내면의 풍경을 마음 가는 대로 풀어놓는 글이 아니라 시대의 여러 문제를 향해 도전적인 사유를 전개하는 실험이어야 한다. 조지 오웰은 온몸을 던져 시대에 참여했을 뿐아니라 어떤 위선도 없이 시대의 문제와 대결했던, 실험 정신 넘치는 에세이스트였다. 이 책 『좋건 싫건, 나의 시대』에서도 에세이스트로서의 오웰의 능력은 유감없이 발휘된다.

옮긴이의 말

1년 전쯤 대학 도서관에서 오웰의 에세이 선집을 찾아냈다. 총 4권으로 이뤄진 선집*에는 아직 한국에 소개되지 않은 에세이는 물론, 편지, 대담, 서평 등이 실려 있었다. 편집자이자 번역가로서 절대 놓칠 수 없는 순간이었다. 우선 한국에 소개되지 않은 에세이와 서평을 중심으로 글을 선별했고**, 지금 시대에 읽어도 손색이 없을 글들을 택하여 번역했다.

이 책을 번역하는 내내 에세이스트로서 오웰이 감행한 실험 정신과 비판 정신에 주목할 수밖에 없었다. 1부에 실린 에세이들은 오웰의 대담한 구상을 담고 있다. 언어가 우리의 시대와 감정을 제대로 전달하려면 새로운 단어들을 계속 만들어내야 한다는 구상은 어찌 보면 엉뚱하다 싶을 정도로 이상적이지만 그 실현 여부를 떠나 현실 언어에 갇혀 있는 우리들에게 흥미로운 상상의 나래를 펴게 해준다(「새로운 단어」). 대중 연설의 프로파간다에 구어체를 도입해야 한다는 주장 역시 참신하고 도전적이다. 연일 정치권에서 울려 퍼지는 구호 같은 언어들은 얼마나 메마르고 이해하기 어려운가. 오웰은 정치 연설에 우리가 흔히 쓰는 '입말'을 도입하여 쉽게 대중에게 다가가는 언어를 만들 수 있음을 흥미롭게 조명한다(「프로파간다와 대중 연설」).

민주적 사회주의와 유럽연방을 향한 구상은 이상주의자로

---

* Sonia Owell, Ian Angus ed., *The Collected Essays, Journalism and Letters of George Orwell 1-4*, A Harvest Book 1968.

** 필자가 찾아본 바에 따르면 이 책에 실린 글들 중 4개(「자전적 메모」「유럽연방을 향하여」「유럽의 재발견」「서툰 악인처럼 보였던 히틀러」)는 한국에서 번역된 적이 있다. 하지만 절판 등으로 시중에서 구하기 어렵고 다시 소개해도 좋을 만한 현재적 의미가 있는 글들이라 이 책에 포함시켰다.

서의 오웰의 면모를 보여주는 글이다(「유럽연방을 향하여」). 오웰은 유럽의 민주적 사회주의 국가들이 연방을 이루어 패권국과 맞서 평화를 이루어야 한다는 구상을 제시하는데, 우리가 목격하듯 이런 구상은 이후 유럽 사회민주주의의 발전과 유럽연합^{EU}의 탄생을 예견한 글이라 할 만하다. 놀라운 점은 오웰의 도전적 사유 뒤에는 늘 탄탄한 현실주의가 버티고 있다는 것이다. 한편으로 유럽연방이라는 실험을 제안하면서도 다른 편에서는 그 실험이 제국주의의 한계에 머무는 것을 강하게 경계하는 태도(「흑인은 제외하기」)에서 우리는 그러한 현실주의적 면모를 목격한다. 진보를 지지한다는 이유로 러시아의 극악한 범죄를 눈감아줘선 안 되며 권력의 추구를 벗어나지 못하는 사회구조의 변화는 새로운 형식의 과두제 불과하다는 지적(「파국적 점진주의」) 역시 이상을 추구하되 현실에 발 딛고자 한 오웰의 태도를 잘 보여준다.

문학예술에 관한 에세이들에서 오웰은 시대와 예술 모두를 중요시하는 균형잡힌 태도를 유지한다. 영국 시인 예이츠의 귀족적이고 신비주의적 성향에 숨겨진 파시즘적 경향을 분석한 글도 인상적이며(「W. B. 예이츠」), '시대'를 바라본 작가로서의 조지 기싱에 대한 평도 읽어볼 만하다(「조지 기싱」). 오웰이 견지하려 했던 것은 좌우의 이념을 떠나 예술적 기법과 시대적 내용 모두를 담아낸 문학이며, 이런 태도는 「유럽의 재발견」「예술과 프로파간다의 최첨단」 같은 에세이에서 잘 드러난다.

이 책의 2부에는 오웰이 쓴 서평들이 실려 있다. 서평가로서의 오웰은 그간 거의 알려지지 않았는데 오웰 특유의 아이러니한 비판 정신은 서평에서도 유감없이 빛을 발한다. 우선 눈에 띄는 것은 왕성한 독서가로서의 오웰의 면모다. 오웰은 멜빌, 스탕달, 엘리엇, 조이스 같은 대가들의 문학작품은 물론 전쟁이나 전체주의를 다룬 인문서에도 깊은 관심을 보인다. 오웰은 지나치게 자의적인 해석을 피하면서 작품을 시대와 연결지어 분석한다. 가령 허먼 멜빌의 『모비 딕』에서 산업주의 이전 미국의 강인하고 새로운 정신을 읽어내며, 스탕달 소설의 주제를 계급혐오에서 찾아내려 한다. 또한 오웰은 아무리 대가의 작품이라 하더라도 신랄할 정도로 비판적인 견해를 솔직하게 피력한다. 그리하여 T. S. 엘리엇의 후기 시들은 개인에서 탈출해 우울한 파시즘으로 후퇴해버린 시들로 비판되며(「엘리엇의 헛발질」) 위인 숭배에 감춰진 이기주의자로서의 칼라일의 면모 역시 가감없이 지적된다(「과잉된 명성에 가려진 이기주의자」).

오웰의 서평은 전쟁, 전체주의, 제국주의 같은 지난 세기의 문제들을 다루고 있지만 지금 읽어도 전혀 낡아 보이지 않는다. 그것은 현대 사회의 흐름뿐 아니라 인간의 마음속에 있는 본질적 측면들을 잘 간파한 덕분일 것이다. 오웰은 권력에 대한 추앙과 연약한 것들에 대한 혐오가 파시즘을 불러온다는 사실을 누구보다 뼈저리게 인식한다. 그리하여 독재와 전제정치는 오래 이어질 것이며 자유를 갈구하는 인간 본성까지 변화시킬 수 있다고 경고한다. 특히 전제정치가 주도하는 미디어의 강력한 영향력을 예언하면서 우리 사회가 언론, 교육 등의 집단 암시에 빠지지 말아야 한다고 주장한다(「전례 없는 독재자들」).

 이 책을 번역하는 와중에도 유럽과 중동에선 전쟁의 소식이 끊이지 않았고 민주주의 국가로 불리는 나라에서조차 극우 세력의 득세가 이어졌으며 심지어 대한민국에서는 계엄령이 포고되어 전 국민을 정신적 공황에 빠트렸다. 오웰이라면 이런 사태를 어떻게 바라봤을까? 아마도 몇명의 미친 지도자가 세상을 불행에 빠트렸다는 식으로 진단하지는 않았을 것이다. 오웰이라면 현대 사회가 인간의 마음을 어떻게 움직이는지를 먼저 바라보자고 제안했을 것 같다. 세상에 분노하긴 쉽지만 "오만 가지 스피커가 똑같은 소리를 낼 때 단 하나의 인간적인 목소리를 듣는 것"은 어려운 일이다. 오웰은 끊임없이 그런 목소리를 낸 사람이었고 이 산문집에서 누구라도 그 목소리를 듣는다면 옮긴이로서는 더 바랄 것이 없다.

 『좋건 싫건, 나의 시대』라는 제목은 이 책을 같이 편집한 김조을해 작가와 머리를 맞대고 지어본 제목이다. 이념과 성향, 계급과 종교, 성별을 떠나 오웰이 주목한 것은 시대를 살아가는 사람들의 마음이 아니었을까. 이제부터는 히틀러만 파헤칠 것이 아니라 히틀러를 추앙하는 사람들의 마음까지도 바라볼 일이다.

2025년 6월
안병률